Anonymus

Russische Hofgeschichten: Katharina II.

Anonymus

Russische Hofgeschichten: Katharina II.

ISBN/EAN: 9783743336216

Hergestellt in Europa, USA, Kanada, Australien, Japan

Cover: Foto ©ninafisch / pixelio.de

Manufactured and distributed by brebook publishing software
(www.brebook.com)

Anonymus

Russische Hofgeschichten: Katharina II.

Sacher-Masoch

—)✳(—

Katharina II.

Russische Hofgeschichten

Berlin W 50

—)✳(—

Verlag von Th. Knaur Nachf.

Nero im Reifrock

I.

„Eine neue Verschwörung der Garden ist entdeckt!"

Das war der Morgengruß Orlow's am 23. Mai 1765 an die Zarin Katharina II.

Sie sprang mit beiden Füßen aus dem Bette und faßte den Günstling bei dem Goldkragen seiner Uniform. „Hast du sie verhaftet, Gregor?" rief sie zornig.

„Sie sind in deiner Hand, Katharina."

Die Kaiserin nickte und zeigte vergnügt lächelnd ihre schönen Zähne, dann warf sie einen mit flandrischen Spitzen besetzten leichten Schlafrock über sich, riß an der Glocke und berief ihre Vertrauten. Ohne Orlow weiter zu beachten, ging sie, die Arme auf der Brust verschränkt, mit großen Schritten in ihrem Schlafgemache auf und ab. In wenig Minuten waren die Fürstin Daschkow, Graf Panin, Geheimrat Teglow, Generalleutnant Wegmare um sie versammelt.

Zuletzt erschien Frau von Mellin, die schöne Amazone, welche das Regiment Tobolsk als Oberst kommandierte, im grünen militärischen Überrock, den kleinen dreieckigen

Hut kokett auf das Toupet gestülpt, die Reitpeitsche in der Hand. Zu ihr wendete sich die Kaiserin zuerst.

„Setzen Sie sich zu Pferde, liebe Mellin," rief sie noch immer erregt, „teilen Sie scharfe Patronen an Ihre Soldaten aus und führen Sie das Regiment hierher zur Ablösung der Garden. Eilen Sie!"

Der schöne Oberst salutierte und flog dann rauschend aus dem kaiserlichen Schlafgemache.

„Eine neue Verschwörung der Garden," fuhr Katharina fort, „will die Empörung gegen mich kein Ende nehmen? Was wollen die Menschen, die sich unter meine Räder werfen, wie wahnsinnige Indier vor dem Wagen ihrer Göttin? Ich muß sie zermalmen und ich will doch kein Blut sehen. Seit zweiundzwanzig Jahren ist kein Schaffot in meiner Hauptstadt aufgerichtet worden, heute will ich aber ein Exempel statuieren! Graf Panin, eilen Sie in die Kaserne unserer Garden und sprechen Sie den Verführten zu; Sie, Teglow, versammeln den Senat. Ihre Truppen, General Wegmare, besetzen die Straßen zum Palast, Ihre Geschütze, Orlow, fahren unten auf dem Platze auf."

Die Kaiserin machte eine Bewegung gegen das Fenster.

Jeder neigte sich tief und eilte, den Befehl der unumschränkten Herrscherin Rußlands zu vollziehen.

Nicht lange danach verlangte eine Deputation der Garden, welche die Wache im Palaste bezogen hatten, von ihr Gehör. Katharina erbleichte, aber befahl kurz und stolz, sie einzulassen. Die Deputation marschierte herein, zwei Offiziere, zwei Unteroffiziere, zwei Soldaten, und stellte sich in Reih und Glied.

Die Kaiserin schritt langsam ihre Front ab, Mann für Mann fest ins Auge fassend, und blieb dann vor ihrem Toilettentisch stehen, die Hände nach rückwärts auf denselben gestützt.

„Wer hat euch gewählt?"

„Unser Regiment."

„Zu welchem Zwecke?"

„Wir verlangen Gerechtigkeit für unsere Kameraden."

„Ihr bittet um Gnade."

„Um Gerechtigkeit."

„Gerechtigkeit soll ihnen werden", rief die Kaiserin rot vor Zorn, „und euch! Bei dem nächsten Komplotte laß ich eure Regimenter decimieren."

„Wenn Ihr es wagt", rief der Sprecher der Soldaten, ein junger Offizier.

„Es wird sich zeigen, was ich kann, adieu!" Katharina kehrte ihnen den Rücken und trat an das Fenster. „Geht!"

Die Garden rührten sich nicht.

„Geht!" herrschte sie ihnen zu.

„Wir gehen nicht! — Gebt unsere Leute heraus!" schrien sie tumultuarisch durcheinander.

„Gib sie heraus!" rief der junge Offizier, unsanft Katharinens Arm fassend.

Die Fürstin Daschkow riß ihn zurück. In demselben Augenblick tönten die Trommeln des Regimentes Tobolsk, und der weiße Federbusch der Frau von Mellin winkte die Straße herauf.

„Ich gebe sie nicht", erwiderte Katharina kalt. „Strenge Strafe wird die Empörer treffen. Und nun zu Euch. Wer

für Rebellen bittet, ist selbst Rebell." Sie trat rasch auf
den jungen Offizier zu und riß ihm den Degen aus der
Scheide. „Ihr seid mein Gefangener. Und ihr" — rief
sie majestätisch den andern zu — „gebt euch gutwillig,
ihr seid in meiner Hand."

Kolben rasselten nieder, Frau von Mellin erschien in der
Türe, ihre Soldaten hatten alle Ausgänge besetzt. Stumm,
das Haupt gesenkt, ließen sich die Deputierten der Garden
verhaften und abführen. Bald rasselten von allen Seiten
die Trommeln, die Geschütze Orlow, Wegmare folgten
Frau von Mellin auf dem Fuße; das Volk wogte auf und
ab, planlos, mehr neugierig als aufgeregt, die Garden hatten sich gefügt und baten durch Panin um Gnade für die
Schuldigen. Die Empörung war zu Ende.

„Ich will ein Exempel statuieren," sprach Katharina,
„ich gab mein Wort." Zugleich streifte sie den Spitzen-
ärmel empor und besah den Fleck, den die rauhe Hand des
jungen Rebellen in ihren vollen Arm gedrückt hatte. „Ich
will ihre Köpfe fallen sehen."

„Für diesmal laß dir den Appetit vergehen," entgegnete
Orlow, „es ist nicht zu wagen. Eine öffentliche Hinrichtung kann uns neue unermeßliche Gefahren wecken."

„Sind wir so schwach?"

„Wir sind es, so lange Prinz Iwan lebt," sprach Panin, „ihn nannte man den Garden als den rechtmäßigen
Zar."

„Wer nannte ihn?"

„Die Priesterschaft, die dir mißtraut, die du mit deinen
Reformen beleidigst."

„Sollen die Rebellen deshalb straflos ausgehen?"
fragte die Daschkow.

„Sie müssen sterben," rief die Kaiserin mit funkelnden
Augen, „man begrabe sie in den Kasematten ohne Licht,
ohne Speise und Trank, dort sollen sie verfaulen."

Während sie mit heftigen Schritten durch das Gemach
ging, zeigte die schöne Frau ihren Anhängern den üppigen
zornig wogenden Busen ebenso erbarmungslos, wie sie das
Todesurteil ihrer Feinde sprach.

„Zieht die Truppen im Palaste, in den Kasernen zu=
sammen und laßt sie unter Waffen bleiben bis zum Abend.
Ich werde zu Pferde steigen und mich dem Volke zeigen.
Jetzt aber will ich mich ankleiden", fügte sie schelmisch
lächelnd hinzu. „Au revoir."

Sie waren allein, Katharina die Große, wie Voltaire
die Zarin getauft hatte, und Katharina die Kleine, wie der
Hof scherzweise die Fürstin Daschkow nannte.

Die Kaiserin war in der vollen Blüte ihrer Schönheit,
eine mittelgroße Gestalt von den feinsten Proportionen,
etwas zu üppig für den Reifrock, wie modelliert für das
Piedestal einer antiken Göttin. Die Ungebundenheit ihres
Spitzennegligees zeigte bald die kleinsten Füße, die nied=
lichsten Hände, bald den prächtigen Busen.

War sie auch eine Meisterin der Verstellung, ihr Kopf
verriet sofort das große Weib, das zum Herrschen geboren
war. Auf ihrem Antlitz lag eine naive Selbstvergötterung,
eine sonnige Freude an sich selbst. Die hohe edle Stirne,
das große, klare blaue Auge, die kühnen, zornigen Brauen,
die feine schwungvolle Nase, dieser kleine Mund mit den
allerliebsten dicken Lippen, beinahe zu klein zum Küssen,

dieses auffallend entwickelte runde harte Kinn, dieser Ama-
zonenhals, die kleinen neronischen Ohren, das üppige, trok-
kene, rotblonde Haar, das unter dem Kamme knisterte und
sprühte wie ein Miniaturgewitter, das alles sprach deutlich:
Dieses Weib verlangt unbändig nach Herrschaft und Genuß, aber sie hat auch das Genie zu lenken, zu gebieten,
zu genießen, den starken Willen, den Hindernisse nur
spornen. Es fehlt ihr aber auch nicht an List, dieselben zu
umgehen, wenn sie nicht zu zertreten sind.

In diesem Weibe ist keine Spur von Sentimentalität,
aber auch keine Grausamkeit. Sie wird kein Mittel scheuen,
ihren Zweck rasch und vollständig zu erreichen, sie wird
durch das Blut ihrer Gegner waten, wenn es sein muß,
aber sie wird niemand quälen. Ja, es spricht ein feiner
menschlicher Geist aus ihrem Antlitz, es liegt eine gewisse
Güte auf demselben, die Güte des Löwen gegen die Maus.

Sie ist die gefährlichste Despotin, sie strömt eine woll-
lüstige Atmosphäre aus, vor ihr beugt sich freiwillig jedes
Knie, und jeder Nacken ist bereit, sich ihr Joch aufzuladen.

Die „kleine Katharina" bildet den größten Gegensatz zu
ihr. Die Fürstin Daschkow ist eine schmächtige geistige Frau
mit unruhigen Bewegungen, einem bleichen, nervösen Gesichtchen, das unendlich gescheit, unendlich veränderlich und
unendlich pikant ist.

Die beiden Damen schweigen geraume Zeit, dann sehen
sie sich einen Augenblick an. Sie haben sich sofort verstanden.

„Wollen wir Toilette machen, Katinka?" spricht die
Kaiserin und öffnet ihr Haar. „Nein!" ruft sie plötzlich
und stampft mit dem Fuße. „Wir wollen plaudern."

Die Fürstin ging rasch zu der Türe, welche in den Vor=
saal führte, öffnete sie, blickte hinaus und schloß sie wieder.
Dann setzte sie sich auf ein Taburett zu den Füßen der
Kaiserin und sagte leise: „Iwan muß sterben.“

„Ja, er muß sterben“, sprach die Kaiserin trübe, dabei
stützte sie den Kopf schwermütig in die Hand, wie ein ver=
liebtes Mädchen.

„Du darfst nicht dulden, daß sich dir etwas entgegen=
stellt,“ flüsterte die Daschkow eifrig fort, „jeder Tag
bringt neue Gefahren, neue Hemmnisse. Du hast das
Recht, sie aus dem Wege zu räumen, und die Pflicht, denn
deine Bahn geht aufwärts. Du verfolgst große menschliche
Ideen, ihnen mußt du diesen blöden Knaben opfern. Iwan
muß sterben.“

„Du bist die einzige Seele, der ich wahrhaft vertraue,
meine einzige Freundin“, begann Katharina II.

„Nein, du hast keine Freunde,“ fiel die Fürstin ein, „du
machst aus Freunden wie aus Feinden Werkzeuge deiner
Taten. Du hast Recht. Auch ich bin nur dein Werkzeug,
aber du bindest mich mit den stärksten Banden echter
Sympathie. Ich liebe die Menschheit, ich liebe mein Vater=
land, und beiden dienst du, indem du die Zügel führst.“

„Ich will es,“ entgegnete Katharina II., „ob ich es
kann, wird die Zukunft, wird die Geschichte entscheiden.
Siehst du, ich denke so. Die französischen Philosophen
haben die große Wahrheit entdeckt: der Mensch ist zur
Freiheit geboren, frei kann er aber nur durch Bildung
werden. Ich beherrsche ein Riesenreich. Ich will in diesem
Reiche Bildung säen, damit auch hier einst die Saat der
Freiheit reift.

Ich weiß, daß kein Mensch das Recht hat, andere zu
knechten, aber meine Natur verlangt nach Herrschaft, nach
unumschränkter Herrschaft. Und wenn ich Bildung, Freiheit erst zertreten müßte, um zu herrschen, ich zweifle keinen Augenblick, daß ich es täte und ohne Bedenken. In
diesem Reiche aber hat mein Wille keine Schranken, ich
kann hier gebieten, wie ein Alexander, jede meiner Launen
sättigen, wie ein Nero, und für die Menschheit wirken, wie
ein Philosoph. Die Gegenwart ist mein, die Zukunft kann
ich neidlos meinem Volke geben. Die „Semiramis des
Nordens", wie Voltaire mir schmeichelt, will ich nicht bloß
heißen, sondern wahrhaftig sein.

Glaube mir, man verzeiht uns Mächtigen der Erde
unsere Laster, aber keine Schwächen, und sind meine Entwürfe nicht groß, nicht menschlich genug, ihnen manchen
tollen Kopf zu opfern, manche Unmenschlichkeit zu vergeben?"

„Deine Politik überrascht Europa," erwiderte die Daschkow, „Frankreich und Österreich sehen sich durch dich getäuscht, indem du mit Friedrich dem Großen Hand in
Hand gehst. Die katholischen Mächte sehen staunend, wie
du die Dissidenten in Polen offen zu beschützen wagst, wie
du diesem unruhigen Volke in Poniatowski einen König
gibst, der dein gekrönter Sklave ist."

„Mut ist alles, Katinka. Ich habe den Mut, der eine
große Politik macht. Ich bin entschlossen, vorwärts zu
gehen, ohne Rücksicht, ohne Erbarmen. Ich will Rußland
vor allem groß machen. Die Fäden meiner Diplomatie
spielen mit Erfolg nach allen Richtungen, meine Heere be-
drohen zugleich Schweden, Polen, die Türkei und Asien.

Ich will die Türken aus Europa jagen und Polen teilen:
Mein Volk soll sich aus der Barbarei erheben. Große Re=
formen sind in das Leben getreten. In religiöser Duldung
steht mein Reich oben an, der Handel, die Gewerbe blühen
auf. Ich kenne das Übel, das unsern Landbau hemmt und
will es an der Wurzel anfassen, ich will die Leibeigenschaft
aufheben, ich will Deputierte aller Stände, aller Völker
meines Reiches nach meiner Hauptstadt berufen, damit
sie ein neues Gesetzbuch schaffen, und diese Versammlung
soll der Anfang eines Parlamentes sein.

Hat je ein Monarch dies alles freiwillig getan, wenn
ihn keine Empörung dazu zwang?

Ich tue es, weil ich will, und dies gibt mir ein Recht
zu herrschen. Daß ich dies Recht so schwer erkaufen muß,
ist das meine Schuld? Ich hasse Maria Theresia, weil es
ihr so leicht gemacht wird, zugleich groß und tugendhaft zu
sein. Kein starkes Herz kann ohne Liebe und ohne Ehrgeiz
leben.

Ich habe meinen Gatten gestürzt, getötet, weil ich
mußte, weil ich ihn nicht liebte und weil ich herrschen
wollte. Er konnte es nicht. Hätte er mir den Thron frei=
willig geräumt, ich hätte ihn geschont. Ich habe einmal
Blut vergießen müssen, um zu regieren, jetzt kann von
etwas mehr oder weniger nicht mehr die Rede sein. Wer
sich gegen mich empört, soll in den Kasematten meiner
Festungen verfaulen. Ich habe ein Recht zu herrschen, und
ich will herrschen!"

Die Fürstin sah sie mit einem bedeutungsvollen Blicke
an.

„Du glaubst wohl, Katinka, ich täusche mich über meine

Lage", fuhr die Kaiserin fort. „Ich schrieb einmal an Voltaire — wie gleich?" — sie dachte nach.

„So war es:

„In der ungeheuren Ausdehnung Rußlands ist ein
Jahr nur ein Tag, wie tausend Jahre vor dem Herrn.
Dies meine Entschuldigung, daß ich noch nicht so viel getan habe, als ich sollte. Dazu die vielen rohen und wider-
strebenden Elemente, die Unzufriedenheit aller jener, welche
auf die Thronumwälzung ihre Hoffnung gebaut haben
und sich getäuscht sehen, aller jener, die sich durch meine
Reformen in ihren Interessen bedroht finden. Bis jetzt
habe ich glücklich laviert, die Partei Orlow und die Partei
Panin gegeneinander abgenützt, mir beide dienstbar gemacht, meine Mitschuldigen vor meinen Triumphwagen gespannt. Liegt nicht sogar Humor darin, wenn ich den Arzt, der
dem Vater das Gift bereitet, zum Leibarzt des Sohnes machte?"

„Zum Leibarzt deines Sohnes, des Thronfolgers",
warf die Fürstin ein.

Die Kaiserin zuckte die Achseln. „Ich habe sogar aus
dem Geliebten meinen Sklaven gemacht, und doch bedroht
mich jeder neue Tag mit neuen schlimmen Zeichen. Als ich
in Moskau festlich einzog, im kaiserlichen Hermelin, hat
mich auch nur ein einziger Jubelruf begrüßt? Das Volk
stand schweigend in den Straßen und staunte das Ge-
pränge an. Die Garden bereuen ihre Tat, und diese ehrgeizige Priesterschaft, die ich mit den Waffen des Jahrhunderts bekämpfe, stellt mir diesen Popanz entgegen,
diesen blöden Prinzen Iwan? Aber dieser Popanz hat
zum Unglück Blut in den Adern, und ich werde dieses
Blut vergießen müssen, gegen meinen Willen."

„Aber wie?" fragte die Daschkow mit reizender Nai=
vität.

„Wie?" Die Kaiserin versank in Nachdenken. „Wie?
— das ist es. Auf dem Hermelin sieht man jeden Blut=
fleck abscheulich. Ich darf kein neues Blut vergießen."

„Ist das nötig?" lachte die kleine Fürstin mit den
Spitzen spielend, welche den Schlafrock ihrer Herrin um=
säumten. „Du wirst ihn liebenswürdig töten, ohne Auf=
sehen."

„Meinst du? — Apropos — du siehst so blaß aus.
Härmst du dich um deinen General in Polen? Soll ich
deinem Gatten einen Urlaub geben?"

„Um Gotteswillen," fiel die Daschkow lebhaft ein, die
Hände flehend zu der Despotin erhoben, „du erschreckst
mich."

Die Zarin lachte und legte den Arm leicht auf ihren
Nacken. „Hat Panin deine Schlinge noch fest um den
Hals, meine Kleine?"

„Er wohnt mit mir in Gatschina."

„Sehr gut. Du darfst ihn jetzt am wenigsten loslassen,
Katinka, du mußt ihn unter deiner Aufsicht behalten. Der
alte Geck hätte nicht übel Lust, meinen Sohn auf den
Thron zu setzen, den Knaben Paul, und den Regenten
zu spielen. Behalte ihn im Auge und — in der Schlinge."

„Verlasse dich auf mich."

Die Kaiserin erhob sich, trat an das Fenster und schwieg.

„Es gibt doch Augenblicke, meine Kleine," sprach sie
dann nach einer Weile, „wo mich die Herrschaft müde
macht und trostlos."

Die Daschkow rührte sich nicht.

„Und was das schlimmste ist, Katinka, Orlow lang=
weilt mich!"

Die „kleine Katharina" sah überrascht zu der großen
Katharina empor, dann spielte ein allerliebstes mutwilliges
Lächeln um ihre Mundwinkel.

„Jetzt wollen wir Toilette machen," rief die Kaiserin
lachend, „und dann zu Pferde steigen und unserem treuen
Volke unser Antlitz zeigen."

II.

Die Zarin gab Audienz im Sommerpalaste.

Zwei Weltteile hatten die seltsamsten Typen in ihrem
Vorsaal zusammengeworfen. Neben dem runden Kauf=
mann von Nowgorod mit vollem Barte, dicken goldenen
Ringen in den fleischigen Ohren, stand ernst der magere
Tartar mit bronzenen Zügen, langem, schwarzem Schnurr=
bart. Über den gelben, kahlen geschlitzten Kopf des Kal=
mücken blickte das edle Antlitz, das kühne Auge des Ko=
saken. Leibeigene Bauern, mächtige Große, Soldaten, Po=
pen, Juden, Lipowaner, Jesuiten. Eine wunderliche Anti=
chambre.

Mitten drin stand ein junger Offizier, schlank, wohl=
gebaut, mit dem bleichen träumerischen Gesicht, den gro=
ßen ruhigen Märtyreraugen eines Fanatikers.

„Leutnant Mirowitsch vom Regiment Smolensk", rief
der bienstthuende Kammerherr. Wenige Augenblicke danach
stand der junge Offizier vor seiner Kaiserin.

Sie trug über dem schwarzen Kleide, das sich knisternd
über dem weiten Reifrock bauschte, ein breites blaues

Ordensband, in dem hohen weißen Toupet einen kleinen
Reichsapfel aus einem einzigen großen Diamanten mit
dem griechischen Kreuze, als die einzigen Attribute der
Herrschaft.

Der junge Offizier sah aber nur den weißen Busen, der
das blaue Band hob, die üppigen Locken, welche von dem
gekrönten Haupte hinabfielen, er sah zum ersten Male das
schönste Weib seines Reiches, das ihn vom Kopfe bis zum
Fuße wohlgefällig musterte und gnädig wie einen Sklaven.
Er kniete nieder und überreichte seine Bittschrift.

„Steht auf."

„Ich huldige der schönen Frau," sprach bescheiden der
Offizier, „von der Monarchin verlange ich mein Recht."
Damit erhob er sich und sah Katharina II. furchtlos in
das Auge, über dem sich die stolzen Brauen etwas zu=
sammenzogen.

„Wie ist Ihr Name?"

„Mirowitsch."

„Leutnant?"

„Im Regiment Smolensk."

„Sie bitten um eine Gnade?"

„Um mein Recht."

Wieder zogen sich die stolzen Brauen zusammen.

„Nun, was wollen Sie?"

„Vor allem eine Frage an Eure Majestät richten."

„Nun, die Audienz ist mindestens originell. Fragen Sie
also, Leutnant — wie gleich?"

„Mirowitsch."

„Leutnant Mirowitsch, Sie unterhalten mich."

Mirowitsch biß die Zähne zusammen und wurde blutrot.

„Nun fragen Sie mich. Ich befehle es.“

„Ertragen Sie die Wahrheit, Majestät?“

Die neronischen Brauen zuckten, aber im nächsten Augenblicke schon ruhte das schöne Auge der Monarchin mit wollüstigem Interesse auf dem jungen Offizier.

„Nun eine Frage an Sie, Leutnant — wie gleich?“

„Mirowitsch.“

„Leutnant Mirowitsch, lieben Sie die Lektüre?“

„Leidenschaftlich, Majestät.“

„Sie lesen Romane, ich merke, Ihre Phantasie ist danach, Ihr Ton — nun, ich habe auch lange Zeit Romane gelesen. Lesen Sie gute Bücher, Mirowitsch, allenfalls Voltaire. Ich lese eben seine Geschichte Peters des Großen und habe die Absicht, die Briefe des Monarchen, in denen er sich selbst malt, herauszugeben. Wissen Sie, was mir an seinem Charakter am besten gefällt? Daß auf ihn — so zornig er auch war — die Wahrheit jederzeit ihre volle Wirkung übte.“

„Majestät!“

„Nun, sagen Sie mir jetzt, was Sie wollen.“

„Ich bin ein Ukrainer, Majestät, der Sohn eines stolzen, freien Volkes, der Enkel jenes Mirowitsch, der mit Mazeppa focht, dessen Name in den Liedern der Kosaken lebt. Er büßte, wie viele seines Volkes, den Abfall vom Zar mit dem Verluste seiner Güter. Hier steh’ ich als sein Enkel, Majestät, mit einem großen edlen Namen, arm und dürftig, und bitte um mein Recht. Vergebens habe ich dies Recht bei allen Ämtern, allen Gerichtshöfen dieses Reiches gesucht. Da dachte ich, das größte Herz in diesem Reiche müßte auch das beste sein und das gerechteste, und nun

steh ich vor Eurer Majestät und bitte jenen Spruch der
Willkür aufzuheben, mich in das Besitztum meiner Väter
wieder einzusetzen."

Die Kaiserin lächelte. „Sie haben viel zu viel Romane
gelesen, Mirowitsch," sagte sie mit der Gutmütigkeit der
Löwin, „Ihr Recht soll geprüft werden, so sehr ich mir
auch erlaube, an demselben zu zweifeln. Vertrauen Sie
aber auf meine Gnade und — lesen Sie gute Bücher."

Die großen Augen des armen Ukrainers fieberten der
Kaiserin entgegen, er verneigte sich und machte eine Bewegung nach der Türe.

„Küssen Sie mir die Hand, Mirowitsch."

Der junge Offizier warf sich der Zarin zu Füßen und
zwei Tränen fielen auf ihre Hand.

„Sie sind ein Kind, Leutnant," rief Katharina II.
überrascht, „lesen Sie Voltaire und — warten Sie hier
meine Entscheidung ab. Verstehen Sie, Mirowitsch?"

Verwirrt preßte dieser die kleine warme Hand der Kaiserin noch einmal an seine Lippen und noch einmal. Dann
erhob er sich und stürzte aus dem Kabinett.

Katharina II. blickte einen Augenblick lächelnd zu Boden, dann klingelte sie und berief den Polizeiminister.

„Notieren Sie —"

Die Exzellenz zog ihr Portefeuille.

„Mirowitsch, Leutnant im Regimente Smolensk."

„Alter?"

„Sie sollen ja keinen Paß schreiben."

„Also dieser Mirowitsch —?"

„Jung, schön, mutig, ehrgeizig. Legen Sie mir so
schnell als möglich seine Konduite vor."

2*

Der Polizeiminister verneigte sich.

„Apropos, ich will auch wissen, ob er Liaisons gehabt hat und mit wem und — ob er in diesem Augenblicke eine Geliebte hat. Verstehen Sie?"

„Ich verstehe. Eine Geliebte."

III.

Mehr als eine Woche war seit der Audienz des jungen Offiziers verflossen, er wartete noch immer auf eine Erledigung seiner Bittschrift.

Da fand er eines Abends, als er von einem Spaziergange zurückkehrte, ein elegantes Billet auf dem Boden seiner Stube liegen, es war offenbar durch das offene Fenster hereingeworfen worden. Die Adresse war an ihn gerichtet. Eine unbekannte Schrift, die kleinen, unruhigen Züge einer Frau.

Der Inhalt lautete:

„Mein Freund! Sie erwarten eine Entscheidung der Kaiserin über Ihr Schicksal. Sie können lange warten. Die Kaiserin ist gütig aber — vergeßlich. Um an diesem Hofe etwas zu erreichen, brauchen Sie Protektion, die Protektion einer Frau, denn die Frauen regieren in Petersburg. Ich will Ihre Protektorin sein. Wenn Sie Mut haben, so finden Sie sich heute Nacht, wenn die Uhr elf schlägt, vor der Kirche von Kasan ein. Sie werden dort einen Wagen treffen. Man wird Ihnen die Augen verbinden, Hände und Füße schließen. Lassen Sie alles mit sich geschehen. Fragen Sie nicht. Ein süßer Lohn erwartet Sie.

Eine Freundin."

Mirowitsch ging mit sich zu Rate, er faßte und verwarf ein Dutzend Entschlüsse.

Der Zeiger der Uhr gab zuletzt den Ausschlag. Er nahm seinen Mantel, drückte den Hut tief in die Stirne und verließ das Haus. Die Nacht war sternenlos finster.

Dichte Nebel wallten um die Kirche von Kasan.

Als Mirowitsch dem Portale nahte, trat der dunkle Wagen beinahe gespenstisch hervor, die schwarzen Pferde scharrten ungeduldig den Boden. Zwei Vermummte empfingen ihn, legten ihm schweigend leichte Hand- und Fußschellen an und verbanden ihm die Augen mit einem weißen Tuche.

Derlei Abenteuer waren in Petersburg zur Zeit des Frauenregiments unter drei Zarinnen — Anna — Elisabeth — Katharina — so gewöhnlich, daß kaum ein Vorübergehender über die geheimnisvolle Prozedur erstaunt gewesen wäre.

Es ging aber niemand vorüber. Mirowitsch wurde in den Wagen gehoben, der Schlag geschlossen, und fort ging es im rasenden Laufe.

Als das unheimliche Fuhrwerk hielt, und Mirowitsch wieder festen Boden unter den Füßen fühlte, wehte eine scharfe, schneidende Luft um ihn, er war offenbar im Freien.

Man führte ihn breite Steintreppen empor, durch einen Korridor, eine Reihe von Zimmern. Jetzt war er allein. Ein Lichtschimmer drang durch das Tuch.

Noch einen Augenblick, dann sprach eine angenehme weibliche Stimme: „Besorgen Sie nichts, Mirowitsch, Sie sind in guten Händen." Ein Frauengewand rauschte, zwei zarte Hände bemühten sich, den Knoten des Tuches zu lösen, die Binde fiel. Er sah sich in einem kleinen, mit orientalischem Luxus eingerichteten Gemache und wie er den Kopf wendete, erblickte er eine kleine zarte Frau in einem dunklen Überrock, eine schwarze Samtlarve vor dem Gesichte.

„Geduld, ich muß Sie vorerst von Ihren Fesseln befreien." Sie nahm ihm die Handschellen ab. „Nun lösen Sie selbst den Rest Ihrer Ketten." Mirowitsch gehorchte.

Eine kleine zitternde Hand faßte die seine und zog ihn auf eine Ottomane nieder.

„Verzeihen Sie meine Seltsamkeit", sprach die Dame mit der Maske, „aber ein Kavalier darf sich von seiner Dame schon etwas gefallen lassen. Ich habe wichtige Gründe, mich mit Geheimnissen zu umgeben, aber nichts soll mich hindern, Ihnen zu nahen, Sie zu lieben, Sie mein zu nennen. Ich liebe Sie, Mirowitsch!" Sie lehnte sich an seine Schulter und schlang den Arm um seinen Hals. Mirowitsch fühlte sein Herz stärker schlagen, er faßte die Hand der geheimnisvollen Freundin, führte sie an die Lippen und sprach beinahe verschämt: „Vergeben Sie, daß ich Ihnen nicht von Liebe spreche, Madame, daß ich Sie bitte, mich sofort zu entlassen. Sie haben meinen Mut herausgefordert und mich so gezwungen, vor Ihnen zu erscheinen, aber ich kann Sie nicht lieben. Mein Geständnis kann Sie nicht verletzen, noch kenne ich Sie nicht, noch habe ich Ihre Züge nicht gesehen."

„Sie sollen sie sehen."

„Um Gotteswillen — nein!"

Die Dame antwortete mit einem mutwilligen Lachen

und nahm die Maske herab. Er war ein fremdes, aber reizendes Gesichtchen, zwei große dunkle Augen schmachteten Mirowitsch entgegen, zwei rote Lippen boten sich den seinen zum Kusse.

„Nun, gefalle ich Ihnen nicht?"

Mirowitsch warf sich der reizenden Frau zu Füßen.

„Lachen Sie über mich, Madame, Sie verdienen, daß man Sie anbetet, daß man sich töten läßt, aber mein Herz verbietet es mir, Sie zu lieben, meine Ehre — Sie zu täuschen."

„Sie lieben!" rief die Schöne überrascht.

„Ja, Madame", entgegnete Mirowitsch, indem er sich erhob.

„Eine andere?"

„Ja — eine andere."

„Und man sagte mir doch —", murmelte die Dame.

„Was Madame?"

„Daß Sie keine Liaison haben, noch keine Liaison gehabt haben."

„Man sagte Ihnen die Wahrheit."

„Wie versteh' ich das?"

„O Madame, Sie sind schön, Sie sind vornehm, wenn Sie lieben, lieben Sie glücklich. Können Sie eine Liebe verstehen, wie die meine, eine Liebe ohne Glück, ohne Hoffnung, eine Liebe, die vor sich selbst erschrickt?"

„Ich verstehe Sie, Sie lieben eine Frau, die Ihnen unerreichbar scheint. Törichtes Kind, wer sagt Ihnen, daß für die Liebe etwas unerreichbar ist. Es wäre denn die Mutter Gottes von Kasan."

„Es kommt beinahe auf dasselbe hinaus, Madame."

„Sie lieben —?" rief die Dame heiter.

„Meine Kaiserin! Der Untertan seine Monarchin, der Sklave seine Herrin!"

In diesem Augenblicke bewegte sich der Vorhang, welcher das Fenster des Gemaches von oben bis unten schloß.

„Das ist freilich schlimm", sprach die Dame, „aber ich habe ein gutes Herz, ich will Ihnen helfen, so gut ich kann. Ich habe eine Freundin, Mirowitsch, welche die Gestalt der Kaiserin —"

„Nein, Madame, Sie verstehen mich nicht. Ich beschwöre Sie, entlassen Sie mich", rief Mirowitsch.

„So sehen Sie sie doch nur an — es ist ganz Ihr Geschmack. Da ist sie."

Der Vorhang teilte sich und eine hohe üppige Frau in einem schweren blauen Seidenkleide, das vorne nach der Mode viereckig ausgeschnitten ihre herrliche Brust unverhüllt zeigte, eine schwarze Samtlarve vor dem Gesichte, näherte sich dem überraschten Offizier. Ein Wink von ihr entfernte ihre Freundin, sie machte zugleich eine Bewegung nach dem Divan und lud Mirowitsch mit der Hand ein, sich zu ihr zu setzen.

Dem jungen Offizier stand das Herz still. Diese Frau hatte etwas Wollüstiges in ihrer Erscheinung, das ihn berauschte, etwas Herrisches in ihrem Wesen, das ihn vollständig unterwarf. Nachdem sie, die Arme auf der Brust gekreuzt, ihn eine Weile angesehen hatte, lachte sie und fragte mit einer Stimme, bei der ihn ein tiefer, wollüstiger Schauer überkam: „Wirst du mich lieben können, Mirowitsch?"

„Nein."

Sie lachte wieder. „Du liebst also deine Kaiserin?"

„Ich liebe sie und so leidenschaftlich, so wahnsinnig, daß eine Dame Ihres Standes dies nicht verstehen kann", rief Mirowitsch.

„Warum nicht?"

Mirowitsch sprang auf und ging im Gemache auf und ab.

„Beruhigen Sie sich. Man sagt, daß die Kaiserin sehr verliebt ist und galante Abenteuer liebt. Vielleicht finden Sie Gnade vor ihren Augen."

Mirowitsch blieb stehen und sah die üppige Schöne beinahe erschreckt an.

„Ich glaube, Sie würden sich vor Ihrem Glücke fürchten?"

Mirowitsch trat einen Schritt zurück, er war bis in die Lippen bleich geworden und bebte am ganzen Leibe. Jetzt kannte er diese wollüstige Stimme, er sank in die Knie und mit dem Antlitz zur Erde.

„Hast du den Mut, deine Kaiserin zu lieben?" rief sie und riß die Maske herab. Vor ihm stand Katharina II. gebieterisch in hinreißender Schönheit.

„Komm!" Sie hob ihn auf — „du bist mein. Ich liebe dich." Die üppigen Arme der Despotin schlangen sich um ihn und zogen ihn an ihre leidenschaftlich wogende Brust. Mirowitsch fieberte.

Katharina II. stampfte mit dem Fuße.

„Mut, Mirowitsch, du sollst mich lieben, ich will es. Du bist mein Sklave, sans phrase. Es gibt Stunden, wo ich ein Kind bin und ein Spielzeug brauche. Komm, ich will mit dir spielen."

Das war zu viel.

Mirowitsch riß seinen Degen aus der Kuppel und warf ihn zu Boden, dann faßte er die Zarin leidenschaftlich in seine Arme. Sie lag an seiner Brust, ihre Lippen sogen ihm die Seele aus, seine Hände wühlten in ihren Locken, daß der Puder wie ein leichter Reif auf seine Schultern fiel.

„Ich liebe dich“, flüsterte die Kaiserin, „ich will dich glücklich machen, wenn du Mut hast, wenn du ein Geheimnis bewahren kannst. Niemand darf ahnen, daß ich dir gehöre. Hier im Schlosse von Gatschina, im Pavillon der Fürstin Daschkow sollst du mich fortan an jedem Abend sehen. Aber es wird eine Zeit kommen, wo meine Liebe dich erhöhen wird vor allen andern. Dein Schicksal ist in deiner Hand. Sei kühn, sei vorsichtig und liebe mich. Es tut mir wohl, geliebt zu werden.“

IV.

Im Pavillon von Gatschina saßen Katharina II. und die Fürstin Daschkow im vertraulichen Gespräche. Die Zarin war zu Pferde gekommen, sie trug hohe Männerstiefel von Saffian, wie sie von russischen Bäuerinnen und Kaufmannsfrauen im vollen Staate getragen werden, einen dunklen Männerüberrock, wie ihn die Modedamen damals trugen, einen kleinen dreispitzigen Hut mit wallender weißer Feder. Voll Ungeduld klopfte sie den Absatz ihres Stiefels mit der Reitpeitsche, stand von Zeit zu Zeit auf und warf sich wieder unmutig in die Polster der Ottomane.

Die Daschkow betrachtete sie mit großer Neugier und plötzlich spielte ein feines Lächeln um ihre Lippen.

„Du lachst über mich, Katinka", sprach die Zarin, „was lachst du?"

„Du bist sehr verliebt."

„Weiß Gott, sehr verliebt, in wahrhaft unkaiserlicher Weise."

„Seit einem Monat siehst du Mirowitsch bei mir Abend für Abend, und er ist dein, wie ein Sklave, und doch hat sich dein Vergnügen an ihm noch nicht abgenützt. Ich bewundere dich. Und heute, nachdem er mehr als einen Monat dir gehört, bist du sogar die erste bei dem Rendezvous und kannst deine Ungeduld, ihn zu sehen, kaum bemeistern. Du bist wahrhaftig verliebt."

„Wahrhaftig", nickte die Kaiserin und legte nachlässig ihr rechtes Bein über das linke. „Ich bin verliebt, das ist es aber nicht allein. Mirowitsch liebt mich. Man wird nicht zu oft geliebt und niemals so mit ganzem Herzen, mit ganzen Sinnen, daß kein Gedanke, keine Regung bleibt für eine andere. Er ist mein mit Leib und Seele. Ich ergötze mich an ihm und seiner Liebe, wie ein Gourmand an einem seltene Gerichte."

Die beiden Frauen schwiegen eine Weile. Die Kaiserin horchte auf. „War das nicht der Hufschlag eines Pferdes?"

„Nein."

„Mir schlägt das Herz", sprach Katharina II. und legte die Hand gegen die Brust.

„Du große kleine Frau", rief die Daschkow, „und was willst du mit ihm anfangen?"

„Ich weiß es nicht", entgegnete die Kaiserin und trat an das Fenster, um ihre Verlegenheit zu verbergen.

„Du weiß es nicht?"

„Das eine weiß ich nur", begann die schöne Despotin ernst, „gemein darf er nicht enden."

„Wie also?"

„Wie eine Flamme, die sich selbst verzehrt."

„Das ist ein grausamer Gedanke."

„Vielleicht, aber ein Gedanke voll Poesie."

„Muß er überhaupt enden?" fragte die Fürstin.

Die Kaiserin nickte. „Ich habe mich in ihm getäuscht, Katinka. Mein Herz ist befangen, aber mein Kopf ist frei. Mirowitsch ist kein Mann, um einen Orlow zu stürzen, zu ersetzen, er ist ein Schwärmer. Das, was ihn mir so liebenswürdig macht, macht ihn gefährlich für den Staat. Mit ihm kann es nur ein kurzes wollüstiges Intermezzo geben. Was aber dann mit ihm anfangen?"

„Deine Liebe hat eine furchtbare Logik."

Katharina II. ging auf und ab, die Hände auf dem Rücken, das Haupt gesenkt. „Er wird mir unbequem werden, er liebt mich, er ist leidenschaftlich, mutig, er wird Spektakel machen, mich kompromittieren."

„Und dich langweilen", warf die Daschkow ein.

„Vielleicht auch das. Was also mit ihm anfangen? Er muß entfernt werden, aber wie?" — Die schöne Frau dachte jetzt kalt und ruhig über den Geliebten nach, wie über ein Staatsgeschäft: „Sein Fanatismus könnte mir vielleicht nützlich werden. Warte nur." Sie stand still und verschränkte ihre Arme auf der Brust. Plötzlich flog ein grauenhaftes Lächeln über ihre strengen Züge. „Welch ein Gedanke", rief sie, „ich habe es! — Was sagst du dazu," ihre Stimme sank zum Flüstern herab, „wenn ich diesen Mirowitsch benütze — um mich von Iwan zu befreien?"

Die Daschkow schauerte zusammen.

„Fürchte nichts, Katinka, der sterbende Tronprätendent soll den unbequemen Liebhaber mitreißen in das Grab."

„Wie?"

„Überlaß das mir — ja, dabei bleibt es. Ich bin entschlossen. Zwei Sorgen fallen zugleich von meiner Brust, zwei ernste große Sorgen, die mir den Schlaf raubten und die Ruhe. Ich werde bald wieder schlafen können."

„Du bist grausam, Katharina!"

„Nur klug, meine Kleine."

Die Fürstin überlegte. „Kannst du ihn für diese Tat gewinnen, so tue es bald", sagte sie dann, „tue es heute noch. Iwan muß sterben und bald sterben, so bald als möglich. Gewinne Mirowitsch, wenn du es kannst und heute noch."

„Nein, Katinka", erwiderte die Kaiserin, „noch macht er mir zu viel Vergnügen. Er soll enden in einer Tat, die mich befreit, die mich erlöst, aber dann — dann erst, wenn ich ihn satt habe — und heute! — O! —" sie schrie entzückt auf. „Das ist sein Schritt, seine Stimme!" Die Kaiserin flog Mirowitsch entgegen und warf sich mit zärtlichem Lachen an seine Brust.

Wenige Tage später erschien die Fürstin Daschkow im Kabinette der Kaiserin, welche eben an Voltaire schrieb.

„Es ist die höchste Zeit, deinen Plan auszuführen", sprach sie erregt. „Iwan muß sterben. Du kennst die Macht, welche die Priesterschaft über dein Volk hat. Deine Reformen gefährden diese Macht, und sie kehrt sich, heute noch in voller Kraft, gegen dich. Sie nennen dich eine Fremde, eine Aufklärerin, welche das alte Recht verletzt, die alten Sitten, den alten Glauben, und nennen gegen dich den rechtmäßigen Zar Iwan, den Erben Rußlands, nach dem Testamente der Zarin Anna."

„Verdammt", rief die Kaiserin und stampfte mit dem Fuße.

„Du mußt Mirowitsch opfern, die Liebe deiner Größe opfern."

„Wer sagt dir, daß ich Mirowitsch liebe?" sprach Katharina II., „aber er ist mein liebstes Spielzeug. Ich werde weinen, wenn ich es zerbrochen habe."

„Du findest kein besseres Werkzeug zu dieser Tat als Mirowitsch", fuhr die Daschkow fort, „eile, ihn zu gewinnen."

„Noch unterhält er mich, und ich soll —"

„Du mußt — heute noch."

„Nein, heute nicht. Heute will ich ihn noch einmal lieben, wie ein Weib liebt."

„Also morgen", fiel die Daschkow ein.

„Morgen? — Eh bien! Morgen will ich dafür ein Nero im Reifrock sein. Ist das nicht geistreich gesagt, kleine Daschkow? Das kommt daher, wenn man mit Voltaire im Briefwechsel steht. Ich muß morgen schön sein. Ich will eine Toilette machen, die ihm gleich von vornherein die Besinnung nimmt. Sonst schmückt man das Opfer, ich will mich für mein Opfer schmücken. Also morgen."

V.

Als Mirowitsch an dem nächsten Abend in den Pavillon von Gatschina eintrat, lag die Kaiserin auf der Ottomane und schien zu schlafen. Sie lag auf dem Rücken, die eine Hand unter dem Kopfe. Ein halbdurchsichtiges Gewand von rosigem persischen Stoffe, ein offener dunkelgrüner Schafpelz, mit schwarzem Zobel verschwenderisch ausgeschlagen und gefüttert, umflossen sie. Ihre göttlichen Formen badeten sich in dem dunklen Pelze. Im Atmen wogte ihre Brust, zuckten ihre Lippen.

Mirowitsch näherte sich leise, kniete nieder und küßte ihren bloßen Fuß, welcher den Pantoffel abgestreift hatte.

Katharina II. erschrak empor, stieß ihn von sich, sah ihn mit großen Augen an und zog ihn dann rasch an ihre Brust. „Ich habe einen bösen Traum gehabt", flüsterte sie, „mir war, als hätte ich dich verloren. Liebst du mich noch?"

Statt einer Antwort sank das Haupt des Geliebten auf ihre Knie, und er bebte am ganzen Leibe. Katharina betrachtete ihn mit grausamem Vergnügen. „Geh', du liebst mich nicht", sprach sie dann mit einem Tone, der ihm ins Herz schnitt. „Rühre mich nicht an, ich will nichts von dir wissen."

Entsetzt sprang Mirowitsch auf und warf sich im nächsten Augenblicke wieder leidenschaftlich zu ihren Füßen nieder. „Katharina, du machst mich wahnsinnig", schrie er auf, „binde mich an einen Pfahl und peitsche mich, bis mein Blut mich badet, ich werde jauchzen! Lege mich wie die christlichen Märtyrer auf einen glühenden Rost."

„Narr!" rief die Kaiserin.

„Sag mir: Du langweilst mich, ich will noch dein sein bis zum nächsten Neumond, dann aber fällt dein Haupt, und ich will dir danken wie meinem Gott."

Katharina lachte. „Nun, womit wollen wir beginnen?" sprach sie, indem sie ihm das verwirrte Haar aus der Stirne strich, „mit dem glühenden Rost?"

Mirowitsch schlang beide Arme um sie, preßte sein glühendes Gesicht an ihre Marmorbrust und zitterte.

„Rühr' mich nicht an", sagte sie wieder lachend, „ich will dich heute prüfen, ich will grausamer sein als Peitsche und Rost."

Mirowitsch sah sie an. „Du hast heute etwas vor", sprach er, „du bist so seltsam schön."

„Ja", rief sie heiter, „ich will dich fangen."

„Bin ich nicht gefangen?"

„Noch nicht ganz."

„Nun, so ziehe das Netz zusammen. Da hast du mich", flüsterte er in Liebeswahnsinn, „mache mit mir, was du willst."

„Narr! Bedarf ich dazu deiner Erlaubnis?" entgegnete Katharina mit einem Blick, welcher Mirowitsch das Blut in den Adern erstarren machte.

Er küßte ihre üppige Schulter, von der der Pelz herabgesunken war.

„Küsse mich nicht", rief die Kaiserin und stieß ihn roh und schnöde mit dem Fuße von sich. „Ich will dich erst wieder lieben, wenn du ganz mein bist, ein Ding in meiner Hand."

„Das bin ich, Katharina", beteuerte er mit feuchten weinenden Augen. „Ich verlange, dir nur etwas zu sein, ein Sklave, ein Ding, ein Spielzeug, ein Instrument, mache aus mir, was du willst, und wirf mich weg, wenn ich dir unnütz bin."

Die Kaiserin sah ihn beinahe gerührt an. Dann beugte sie sich zu ihm und küßte ihn auf die Stirne. „Mirowitsch", sprach sie mit sanfter Stimme, „wenn du mich liebst, befreie mich von meiner größten Sorge — von —"

„Du hast Sorgen?" sprach Mirowitsch zärtlich leise. „O sprich, befiehl deinem Sklaven."

„Ich kann nicht ruhig schlafen, mein Geliebter" — sie beugte sich zu ihm und legte die Lippen an sein Ohr, „solange Iwan lebt."

„Prinz Iwan!" rief Mirowitsch.

„Er ist der rechtmäßige Zar durch das Testament der Kaiserin Anna. Ich muß es selbst bezeugen. Ich habe ihn nicht entthront, die Zarin Elisabeth riß ihn aus der Wiege in den Kerker. Dort wuchs er auf wie ein Tier im Käfig, fern von der menschlichen Gesellschaft. Ein Mann, mit den Gedanken, mit dem Herzen, mit der Ausdrucksweise eines Kindes, reizt dieser blöde Prinz jetzt den Ehrgeiz aller Unzufriedenen, aller meiner Feinde. Man stellt ihn mir entgegen, man will mich durch ihn stürzen."

„Nimmermehr!" rief Mirowitsch. Er richtete sich groß auf, ein blinder Fanatismus lag in diesem Augenblicke auf seinem bleichen Gesichte, in seinen versunkenen Augen.

„Der nächste Tag kann meinen Thron zertrümmern,

mein Geliebter, willst du mich im Kerker sehen, oder" — — sie preßte die Hände vor das Gesicht.

„Soll ich ihn morden?" flüsterte Mirowitsch, „Geliebte!" Seine Stimme war heiser vor Aufregung.

„Mirowitsch!" schrie Katharina auf, sie schien erschreckt.

„Du mußt ihn aus dem Wege räumen", fuhr er eifrig fort, „so sprich sein Todesurteil, und ich vollstrecke es. Laß mich dann auf das Rad flechten, rette deinen Namen, ich sterbe gerne für dich, Katharina!" Er küßte ihre Hände, ihre Füße und weinte.

„Beruhige dich, mein Freund", sprach die Kaiserin, „ich werde deine treuen Hände nicht mit Blut beflecken. Ich habe einen Plan. Du sollst ihn erfahren. Willst du also in dieser Sache ganz nur mein Werkzeug sein?"

„Ich will", entgegnete Mirowitsch, „ich bin ja dein — dein bis in den Tod."

„Sprich nicht vom Tode", flüsterte die Kaiserin, „mir schauert." Einen Augenblick war ihr schönes Antlitz grauenhaft entstellt. „Heute winkt uns das Leben, Mirowitsch", rief sie dann mit dem Lachen einer Bacchantin, „küsse mich! —"

VI.

„Die Kaiserin geht nach Livland", flog es von Mund zu Mund. Die widersprechendsten Meinungen über den Zweck dieser Reise wurden laut. Zuletzt einigte man sich darin, daß Katharina II. dieselbe unternehme, um mit Poniatowski zusammen zu kommen. Sie habe Orlow satt,

hieß es, die Liebe zu dem ritterlichen Polen sei wieder
mächtig in ihr erwacht, und dergleichen mehr.

Ehe der Nero im Reifrock den Reisewagen bestieg,
wurde die Fürstin Daschkow in das kaiserliche Kabinett
berufen.

Katharina II. ging unruhig im Zimmer auf und ab.
Sie schien ausnehmend heiter, summte eine frivole italie=
nische Arie und betrachtete sich von Zeit zu Zeit mit einem
gewissen Stolze im Spiegel.

„Ich bin schön“, sprach sie lebhaft, „ich habe Miro=
witsch glücklich gemacht, seine kühnsten Träume über=
flügelt, er kann nun für mich sterben. Aber ich will ihn
nicht mehr sehen, der Abschied würde mich aufregen.
Hier sind die Instruktionen für ihn, hier die Summen,
die er braucht.“ Sie übergab beides der Fürstin, schritt
dann zu ihrem Schreibtische, nahm ein Aktenstück von
demselben, las es noch einmal aufmerksam und unter=
zeichnete hierauf rasch. „Lies.“

Die Daschkow las. Es war eine Ordre an die beiden
der Kaiserin treu ergebenen Offiziere, Kapitän Wlassiew
und Leutnant Tschekin, welche den Prinzen Iwan in
seinem Kerker in Schlüsselburg bewachten und mit ihm
in einem Zimmer schliefen, und enthielt den Befehl, so=
bald ein Versuch zur Befreiung des Gefangenen gemacht
werde, denselben auf der Stelle zu töten. Begründet
war derselbe durch die Aufregung, welche zugunsten des
Prinzen immer bedrohlicher an den Tag trat.

„Für Petersburg habe ich meine Maßregeln getroffen“,
sprach Katharina II. mit imposanter Ruhe, „Orlow nehme
ich mit mir, Panin bleibt, ich überlasse ihn dir, du be=

wachst ihn, du haftest mir für ihn. Mein Sohn, der Thronfolger, bleibt in seinen Händen.“ Die Daschkow machte eine Bewegung. „Ich kenne Panin“, fuhr die Zarin majestätisch fort, „es könnte ihm einfallen, meine Abwesenheit zu benützen, den Großfürsten Paul zum Kaiser auszurufen und für den Knaben zu regieren, aber Panin ist vorsichtig und unentschlossen. Bei der ersten Regung einer Empörung bemächtigst du dich meines Sohnes und bringst ihn zu mir. Die besten Offiziere der Garde begleiten mich, was hier bleibt, sind junge Leute ohne Kriegserfahrung. Im entscheidenden Augenblicke werden an die Feldregimenter scharfe Patronen ausgeteilt, und wagen die Garden den Aufstand mit der blanken Waffe, dann habe ich die Armee in Livland, und wehe ihnen, wenn ich als Siegerin in meine Hauptstadt einziehe. Lebe wohl! —“

An demselben Tage, an welchem die Kaiserin Petersburg verließ, kehrte auch Mirowitsch zu seinem Regimente zurück, welches eben in der Stadt Schlüsselburg in Garnison lag. Die Kompanien desselben zu hundert Mann lösten sich Woche für Woche bei dem Dienste in der Festung ab.

Acht Mann bewachten den Gang zu der Kasematte, in welcher der rechtmäßige Zar Iwan gefangen gehalten wurde.

Mirowitsch verbrannte sofort nach seinem Eintreffen in Schlüsselburg seine Instruktionen sorgfältig in dem Feuer seines Kamins und ging dann mit ebensoviel List als Fanatismus an die Ausführung derselben.

Mit dem Gelde, das ihm die Fürstin Daschkow ein-

gehändigt hatte, bestach er drei Unteroffiziere und zwei
Soldaten seines Regiments. Er sagte ihnen, der Prinz
Iwan sei ihr rechtmäßiger Zar nach dem Testamente der
Kaiserin Anna, und er habe den Entschluß gefaßt, den=
selben aus seinem Kerker zu befreien.

Kurz darauf traf ihn selbst der Wochendienst und
er benützte denselben, um alle Verhältnisse der Festung
auszukundschaften, und bestimmte endlich die Nacht des
sechzehnten Juli für den Losbruch.

An demselben Abende ging sein Dienst zu Ende. Er
bat den Kommandanten Berednikow um die Erlaubnis,
denselben noch fortsetzen zu dürfen. Der Festungskomman=
dant erteilte sie ihm nicht nur bereitwillig, sondern vergaß
sogar, wie es schien, ihm die Schlüssel der Festung abzufordern.

In der Nacht des sechzehnten Juli 1765, Schlag ein
Uhr öffnete Mirowitsch seinen Mitverschworenen die Aus=
fallspforte. Sie eilten auf die Wache, riefen die Kom=
panie zusammen, und Mirowitsch las den Soldaten mit
lauter Stimme einen falschen Ukas des Senates vor: „Da
die Kaiserin Katharina II. müde ist, über barbarische,
undankbare Völker zu herrschen, die ihren ruhmwürdigen
Bemühungen in keiner Weise entgegenkommen, hat sie den
Entschluß gefaßt, das russische Reich zu verlassen und sich
mit dem Grafen Orlow zu vermählen;" — bei diesen
Worten zitterte seine Stimme — „jetzt, wo sie an der
Grenze ihres Reiches angelangt ist, will sie die Kaiser=
krone dem unglücklichen Fürsten Iwan zurückgeben. Dar=
um befiehlt der Senat dem Leutnant Mirowitsch, den=
selben aus dem Gefängnisse zu befreien und sofort nach
Petersburg zu bringen."

Die Soldaten brachen in wilden Jubel aus, mehr als fünfzig derselben griffen sofort zu den Waffen, einige hoben Mirowitsch auf die Schultern und fort ging es unter Hurrarufen zu der Wohnung des Kommandanten. Berednikow war seltsamerweise noch nicht zur Ruhe gegangen und kam ihnen in voller Uniform entgegen.

„Im Namen des rechtmäßigen Kaisers Iwan, den Ihr ungerecht gefangen haltet, Euren Degen!" rief Mirowitsch.

Berednikow übergab ihn schweigend und wurde auf Mirowitschs Befehl von zwei Verschworenen in seiner Wohnung bewacht.

Mirowitsch drang nun mit seiner Schar in die Kasematte, welche zu Iwans Kerker führte. Die Wachen gaben Feuer. Von beiden Seiten fielen Schüsse, ohne daß jemand verwundet wurde. Man hatte den Soldaten blinde Patronen ausgeteilt.

Mirowitsch erreichte zuerst die Türe des Gefängnisses und pochte mit seinem Degengefäß an dieselbe.

„Wer da?" rief Kapitän Wlassiew.

„Gute Freunde," schrie Mirowitsch, „öffnet, im Namen des Senats, öffnet!"

„Wir dürfen nicht", entgegnete Leutnant Tschekin.

„Dann brechen wir die Türe auf", rief Mirowitsch, zugleich stemmten sich mehrere der Empörer gegen dieselbe. „Gebt unseren Zar heraus!"

„Wir können keinen Widerstand leisten," schrie Wlassiew, „wir müssen den Prinzen töten, so lautet unsere Ordre."

Prinz Iwan war eben durch den Lärm erwacht und saß bleich mit erschrockenen Augen auf seinem Bette.

Die beiden Offiziere warfen sich mit einem Male auf

ihn. Iwan sprang auf Wlassiew los und suchte ihm den Degen zu entreißen, in demselben Augenblicke stieß ihm Leutnant Tschekin den seinen in den Leib. Der Prinz wankte und brach mit einem Schrei zusammen. Beide stachen nun in ihn hinein, bis er mit acht Wunden in seinem Blute lag. Dann öffnete Wlassiew die Türe mit den Worten: „Da habt ihr euren Zar."

Mirowitsch und die Soldaten, welche mit ihm in den Kerker gedrungen, standen gesenkten Hauptes schweigend um einen Sterbenden. In wenig Augenblicken war alles vorbei. Mirowitsch wandte sich erschüttert ab. „Flieht!" rief er den Soldaten zu, „der Zar ist tot. Unsere heldenmütige Tat hat diesen traurigen und verderblichen Ausgang herbeigeführt. Ich gebe mich der Kaiserin gefangen." Damit reichte er seinen Degen dem Kapitän. Die Empörer warfen zugleich die Waffen weg und baten um Gnade.

Noch in derselben Nacht sandte der Festungskommandant einen Kurier an die Kaiserin. Als Katharina II. die Nachricht empfing, leuchtete einen Augenblick eine entsetzliche Freude in ihrem Antlitz. Dann biß sie die Zähne zusammen. Sie dachte an Mirowitsch.

Eine Stunde später war sie auf dem Wege nach Petersburg.

VII.

Der Tod des Prinzen Iwan rief in der Hauptstadt eine ungeheuere Aufregung hervor, man beschuldigte den Hof, die Kaiserin, geradezu des Mordes. Der Pöbel, die Garden zeigten eine verdächtige Bewegung.

Die Fürstin Daschkow gab sofort im Namen der Kai=
serin dem Generalleutnant Wegmare den Befehl, die Feld=
regimenter in den Kasernen zu konsignieren und ließ scharfe
Patronen an dieselben austeilen.

Mitten in der Verwirrung erschien die Kaiserin, ruhig,
siegesgewiß. Sie betrachtete die Volkshaufen, welche ihrem
Wagen folgten, mit einem verächtlichen Lächeln, indem sie
mit den Fingern auf dem Wagenschlage trommelte.

Noch an demselben Tage trat sie vor den Senat mit
eiserner Stirne im vollen kaiserlichen Pomp.

„Eine entsetzliche, blutige Tat ist geschehen,“ sprach sie
majestätisch, „eine Schar von Wahnsinnigen hat sich gegen
Uns empört und in der Absicht, den unglücklichen Prinzen
Iwan zu befreien und auf Unseren Thron zu erheben,
dessen Tod herbeigeführt. In bezug auf diesen von meinen
Vorgängern als Staatsgefangenen behandelten Prinzen
habe ich nur die Befehle bestätigt, welche den mit seiner
Bewachung betrauten Offizieren von der letzten Regierung
erteilt worden sind. Ich hätte als absolute Herrscherin in
diesem Reiche das Recht, den Zusammenhang des Schlüs=
selburger Attentates durch eine von mir ernannte Kommis=
sion unmittelbar unter meinen Augen untersuchen zu
lassen. Mir ist aber dieses verabscheuungswürdige Ver=
brechen so sehr zu Herzen gegangen, daß ich mich für
diesen ganz besonderen Fall meiner höchsten Gewalt ent=
kleide und dem Senate hiermit die Machtvollkommenheit
erteile, die Untersuchung über die bei diesem Attentate ver=
wickelten Personen zu führen und in letzter Instanz ohne
Appellation über dieselben die rechtskräftigen Urteile zu
fällen.“

So groß die augenblickliche Wirkung dieser Erklärung auf den Senat war, nahm das Volk dieselbe doch nur mit Mißtrauen auf und in der Gesellschaft flüsterte man, die zwölf Senatoren, welche in diesem Gerichtshof gewählt wurden, seien durchaus ergebene Kreaturen des Hofes, das Ganze ein abscheuliches abgekartetes Spiel.

Indes waren Mirowitsch und seine Mitschuldigen in Ketten nach Petersburg gebracht worden. Der erstere zeigte einen Gleichmut, ja, eine Heiterkeit, welche neuen Verdacht erregte. Gleich im ersten Verhör sagte er ruhig, er habe die Absicht gehabt, die Kaiserin zu stürzen, den wahren Herrscher zu befreien. In diesem Sinne beantwortete er alle Fragen, welche im Laufe des Prozesses an ihn gerichtet wurden, klar, besonnen, ohne Umschweife, ohne sich nur ein einzigesmal in Widersprüche zu verwickeln. Der „Nero im Reifrock“ konnte mit seinem Opfer zufrieden sein.

Am 20. September 1765 wurde endlich das Urteil in diesem historischen Prozesse gesprochen.

Mirowitsch wurde mit Zustimmung des Synods, der Inhaber der drei ersten Rangklassen und der Präsidenten der Kollegien als Aufrührer und Reichsverräter schuldig erkannt und zur Enthauptung durch das Beil verurteilt. Er hörte das Urteil schweigend, mit kaltem Blute an, dann senkte er das Haupt und ein seltsames Lächeln flog über sein bleiches Gesicht. Seine Mitschuldigen, 68 an der Zahl, wurden teils zu Spießruten, teils zu Zwangsarbeit ver= urteilt.

Das Urteil wurde der Kaiserin durch den Senator Ne= glujew zur Bestätigung vorgelegt.

Katharina II. saß an dem riesigen holländischen Ka=

mine ihres Arbeitszimmers und las der Daschkow einen launigen Brief Voltaires vor. Neglujew übergab das Aktenstück, Katharina blickte hinein, warf es gleichgültig auf den Kaminsims und entließ den Senator mit einer gnädigen Kopfbewegung.

„Es ist das Urteil", sprach die Daschkow erregt.

„Ja, Mirowitsch ist zum Tode durch das Beil verurteilt", entgegnete die Kaiserin nachlässig.

„Wirst du es unterzeichnen?" fragte die Fürstin rasch.

„Hör' erst den Brief zu Ende", sprach Katharina heiter. Die Daschkow überlief es.

Als die Zarin zu Ende war, hob sie das Urteil vom Kaminsimse und breitete es auf ihren Knien aus.

„Gib mir eine Feder, Katinka."

„Du wirst sein Todesurteil unterzeichnen?" schrie die Daschkow auf.

„Gewiß. Die Feder!"

Die Fürstin erhob sich langsam.

„Rasch!" Die Kaiserin ergriff die Feder, welche ihr die Daschkow zögernd reichte, und setzte mit einem energischen Zuge ihren Namen unter das Todesurteil des Geliebten.

„Du wirst es aber nicht vollziehen lassen, du kannst es nicht!" rief die Fürstin.

„Und warum nicht, Kleine?"

„Panin war bei mir," fuhr die Daschkow fort, „Mirowitsch rechnet zuversichtlich auf Gnade."

Katharina zuckte die Achseln. „Ich könnte ihn begnadigen," sprach sie lächelnd, „ihn verbannen, aber wird er leben können ohne mich? Und könnte er es, dann ließe ich

ihm das Haupt erst recht mit wahrer Lust herunter=
schlagen."

„Du kannst noch scherzen!"

„Nun denn, Ernst, Katinka", fuhr die Kaiserin mit
strengem, unerbittlichem Gesichte fort. „Man klagt uns des
Mordes an in ganz Europa, man beschuldigt uns des Ein=
verständnisses mit Mirowitsch, wenn ich ihn schone, be=
stätige ich den Verdacht. Ich muß ihn opfern."

„Und wenn du dich in seinem Charakter irrst?" warf
die Daschkow ein, „er hofft auf Gnade. — Wenn er sich
getäuscht sieht? Wenn er auf dem Schafotte Enthüllungen
macht?"

„Auch das ist zu bedenken," sprach die Kaiserin, „er
liegt nun zwei Monate in Ketten, und es muß erbärmlich
kalt in einem Kerker sein. Wenn seine Gluten verloschen
sind, wenn sein wollüstiger Rausch verflogen ist?" — —

Die Kaiserin lehnte sich zurück und hob die Augen zum
Plafond empor. „Ich möchte ihn sehen — ich sollte ihn
sehen. Der arme Teufel! Nichts kann ihn retten, er muß
sterben, aber er muß bis zum letzten Augenblicke glauben,
daß ich ihn liebe, daß das Ganze nur ein grausames Spiel
ist, und in diesem Glauben muß ihn das Beil des Henkers
treffen."

VIII.

Es war die Nacht vor der Hinrichtung.

Mirowitsch lag auf dem feuchten Strohlager seines
finstern kalten Kerkers, das Antlitz zur Erde, und seltsame
Gedanken, seltsame Empfindungen zogen durch sein Hirn,

seine Brust. Er sah die Mutter, die ihm am winterlichen Feuer die alten Geschichten seines Volkes erzählte und wunderbare Märchen und ihm Kosakenlieder sang voll wildem Freiheitssinn und Lebensübermut, er sah den alten Diener, der ihn zum Regimente geleitet und ihn bewacht hatte, wie seinen Sohn, der den jungen Fähnrich nach einer in Trunk und Spiel durchwachten Nacht am Morgen wie ein Vater schalt und meisterte. Beide lagen längst im Grabe, und er war allein, allein im Kerker, in Ketten, und auch sie hatte ihn verlassen, die er bis zum Wahnsinn liebte, für die er zum Rebellen, zum Mörder geworden war. —

— Nein — sie nicht.

Die Wand rasselte und tat sich auf, ein Luftzug kam über ihn, ein Gewand rauschte, er richtete sich auf. Katharina II. stand an seinem Lager und er — er lag jetzt zu ihren Füßen und küßte diese kleinen Füße, und seine Tränen flossen auf sie herab.

Die Kaiserin war durch eine geheime Türe in seinen Kerker getreten, sie hielt eine Fackel in der Hand, welche sie in einer eisernen Schließe an der Wand befestigte, um sich dann zärtlich über ihn zu beugen.

„Es ist kalt hier", sprach sie, indem sie fröstelnd den kostbaren Pelz über ihrer Brust zusammenzog. „Du bist so bleich. Wie ist dir, mein Freund?"

„Gut, gut", sagte er leise und lehnte sein Haupt an ihr Knie, seine Augen glühten wie im Fieber. „Nur manchmal —"

„Was sagst du?"

„Manchmal faßt mich doch ein Schauer," fuhr er fort, „ich bin so lange schon im Kerker in schweren Ketten und verurteilt, und du hast das Urteil bestätigt. Das Spiel ist furchtbar ernst geworden, Katharina. — Ich habe mich, wie du gewollt, ganz in deine Hand gegeben. Da hast du mich nun, wie ein Ding. Ja, schlimmer noch, denn das Ding hat kein Empfinden, keine Gedanken, keine Einbildungen. Und ich bilde mir mancherlei ein. Ich habe dich so lange nicht gesehen, du bist mir fremd geworden, und mein Leben und Tod ist bei dir."

Die Kaiserin schwieg.

„Liebst du mich noch?" begann Mirowitsch wieder. „Oh, wenn du mich satt bist und kein Erbarmen hast! Und doch — dann — dann lieber sterben."

Katharina hob ihren Pelzüberwurf graziös in die Höhe, ließ sich auf dem Stroh nieder und nahm das Haupt des Unglücklichen sanft in ihren Schoß. Es war ein wollüstiges Grauen, ein Kitzel für ihre weltmüden Nerven, zu denken, daß dieses Haupt, das so wahnsinnig von ihr träumte, das jetzt noch zwischen ihren Händen glühte, morgen durch das Beil des Henkers fallen sollte.

„Wir spielen ein furchtbares Spiel," sprach sie dann, „aber das Spiel muß zu Ende gespielt werden. Ich kann es dir nicht ersparen. Man klagt mich laut des Einverständnisses mit dir an. Ich darf dich erst auf dem Schafott begnadigen.

Mirowitsch sah sie entsetzt an, mit großen Augen wie ein Kind.

„Fürchte nichts", rief sie und zog ihn höher an ihre Brust.

„Verrate mich nicht", flehte er mit zitternder Stimme. „Wenn du mich töten mußt, sag es, ich sterbe gern für dich."

Die Kaiserin lächelte sonderbar, und leise wie in Gedanken senkte sie die wollüstig feuchten Lippen zu den seinen und küßte sie wieder. Er fieberte in ihren Armen, die düstere Wölbung des Kerkers schwand für einen Augenblick.

„Steige mutig die Stufen zu dem Blutgerüst empor, mein Freund, denn ich will nicht, daß man sich an deiner Todesangst ergötzt. Sei ruhig, ich selbst bringe dir Gnade, und statt des weißen Tuches winkt von weitem schon mein Hermelin." Die Kaiserin streichelte ihn, sah ihm lange stumm in das Auge und erhob sich dann.

Mirowitsch stützte das glühende Gesicht in beide Hände.

„Wenn du mich täuschen könntest," murmelte er, „wärst du teuflisch grausam."

„Ein Nero im Reifrock", lachte die Kaiserin, aber ihr Lachen klang so hölzern, gezwungen, daß eine entsetzliche Angst über ihn kam, er warf sich vor ihr nieder und umfaßte verzweifelt ihre Knie.

„Mir schaudert, Herrin, wenn du mir nicht gnädig bist — wenn du mich töten läßt. Ich zittere vor dir. Erbarme dich!"

Katharina II. lachte. „Es ist bloß kalt und feucht hier," rief sie, „auch mich fröstelt. Ich werde gehen." Kaltblütig machte sie sich von ihm los und nahm die Fackel. Seine Hände sanken herab, er kniete vor ihr stumm, apathisch, wie der Sklave vor der Gebieterin, der Verbrecher vor seinem Richter.

„Ich leide furchtbar, Katharina," flüsterte er, „aber ich leide ja für dich."

In der Tür wendete sie sich noch einmal zu ihm.

„Du sollst bald erlöst werden," sprach sie milde, „leb wohl."

„Leb wohl!"

IX.

Der Tag brach an.

Tiefer Schnee lag auf Dächern und Straßen, die Sonne schwamm als eine rote Dunstkugel in dem weißen Himmel.

Das Kommando, welches Mirowitsch zur Hinrichtung abholte, fand ihn schlafend, ein heiteres Lächeln verklärte sein Gesicht. Er hörte die Kolben rasseln und richtete sich auf. Aus seinen Träumen schwebte das Bild des wahnsinnig geliebten Weibes in die furchtbare Wirklichkeit herüber und erfüllte sein Herz mit süßer Hoffnung. Sie konnte nicht so entsetzlich grausam sein, sie konnte ihn nicht verraten.

Mirowitsch stand auf und verließ festen Schrittes seinen Kerker, ihm winkte Glück und Freiheit. Er grüßte freudig die scharfe Luft, die seine Wangen kühlte, das rosige Licht, den heimatlichen Schnee.

Aufrecht, das Haupt stolz erhoben, ein Lächeln um die Lippen, schritt er im Zuge, den rauhen Soldatenmantel um die Schulter. Seit zweiundzwanzig Jahren hatte die Hauptstadt keine Hinrichtung gesehen. Landvolk war herbeigeströmt, der Zug konnte durch die vollgepfropften Straßen nur langsam vorwärts kommen. Alle Fenster, alle

Balkone waren besetzt, und Schritt für Schritt kam er
dem Blutgerüste näher; der Gedanke machte Mirowitsch
wieder erbleichen, ihn fröstelte. Der Priester sprach zu ihm
von der Sünde, der Vergeltung und dem ewigen Leben.
Er hörte nichts, ihm klang immer nur ihre Stimme im
Ohr: „Ich selbst bringe dir Gnade.“

Aber es war so früh, die Nebel lagen noch auf der Erde,
wenn sie ihn vergaß? Wenn sie die Stunde verschlief?

Schon sah er das Schafott, es ragte hoch über die
Häupter des Volkes empor, welches es umgab. Ein Regiment Fußvolk hatte ein großes Viereck um dasselbe ge-
bildet, nur einzelne Schlitten vornehmer Damen, welche in
prächtigen Pelzen dasaßen und ihn lorgnettierten, um
jedes leise Zucken der Todesangst von seinem Gesichte herab
zu lesen, hatten in demselben Einlaß gefunden.

Am Fuße des Gerüstes empfing der Gerichtshof den
Verurteilten. Noch einmal wurde feierlich das Schuldig
über ihn gesprochen. Kalten Blutes, ruhigen Angesichts
hörte Mirowitsch das Urteil verlesen, sah er den Stab
brechen, die Kerze verlöschen.

Man übergab ihn dem Henker.

Als man ihm die Hände auf den Rücken band, überlief es ihn. Er fühlte sich nun vollkommen willenlos der
Gewalt, der Gnade oder Ungnade der Geliebten hinge-
geben. „Ich selbst bringe dir Gnade!“ murmelte er, und
ein sanftes Lächeln überflog sein entsetzlich bleiches Gesicht.

Man zögerte noch. Der Polizeimeister blickte auf die
Uhr und flüsterte mit dem Henker, er hatte den Befehl,
bis zu einer bestimmten Stunde und Minute auf Begna-
digung zu warten.

Jetzt führten sie Mirowitsch endlich die Stufen des Schafotts empor, jetzt stand er oben und blickte umher. Eine unabsehbare Menge umgab dasselbe, totenstille. Noch keine Bewegung, welche das Nahen der Monarchin angekündigt hätte! Ein tiefer Schauer kam über Mirowitsch, die Knie bebten ihm. Da stand der furchtbare Block, der Henker stützte das blanke Beil auf denselben. Man wollte Mirowitsch die Augen verbinden, er wies es zurück und blickte gen Norden. Von dort mußte sie kommen, kalter Schweiß stand auf seiner Stirne, das Herz schlug ihm bis zum Halse hinauf.

Da sah er einen Schlitten, der pfeilschnell herangeflogen kam, näher, immer näher, sie war es — ihr Hermelin glänzte im Sonnenlicht.

Lächelnd kniete er nieder, noch einmal blickte er hinüber, er erkennt sie, die Menge wogt auf und ab, er legt sein Haupt auf den Block und lacht.

Die Kaiserin fliegt im phantastischen Schlitten, in Zobelfelle köstlich gebettet, herbei, sie trägt einen Überwurf von blutrotem Samt mit Hermelin — er sieht alles deutlich — und hat eine hohe Mütze von Hermelin auf dem göttlich schönen Haupte. Heute ist sie eine Göttin, die Leben gibt und nimmt. An ihrer Seite sitzt die Fürstin Daschkow und zittert.

Der Schlitten der Kaiserin teilt die Menge, sie sieht das Schafott, sie sieht Mirowitsch knien — ein Blitz fährt durch die Luft.

Die Fürstin Daschkow schließt die Augen.

Jetzt hebt der Henker ein blutiges Haupt empor und zeigt es der Menge.

Amor mit dem Korporalstock.

Zwischen den gestutzten Taxushecken des Parkes von
Zarskoje Selo, welche rechts und links wie glattpolierte
grüne Wände standen, promenierten zwei von schwerer
Seide umbauschte junge Frauen in heiterer ungezwungener
Unterhaltung. Wie sie lachten und von Zeit zu Zeit nach
den bunten Frühlingsfaltern haschten, hätte niemand ge=
ahnt, daß die kleine, schön gebildete Hand der einen, welche
jetzt so harmlos mit dem Fächer spielte, zu gleicher Zeit
das Szepter des größten Reiches in Europa mit männ=
licher Energie führte. Es war die Zarin Katharina II.,
noch immer in voller, beinahe jugendlicher Schönheit
strahlend. Sie war nur mittelgroß, aber ihre wahrhaft
kaiserliche Haltung und ihre majestätische Büste ließen
sie hoch und gebieterisch erscheinen, noch mehr jedoch wie
ihre Gestalt imponierte ihr Kopf mit den schön strengen
Zügen eines Nero, der kleine festgeschlossene Mund über
dem runden, festen Kinn, die kleine, kühn gebogene
Nase, der finstere Schwung der dunklen Brauen über den
durchdringenden großen blauen Augen, und der Blick
dieser Augen war es vor allem, der die Millionen wie

die einzelnen zu ihren Füßen niederwarf, dieser Blick, in dem zu gleicher Zeit so viel dämonische Herrschsucht, selbstbewußte Gelassenheit und wohlwollende Güte lag.

Die Begleiterin der Kaiserin, im offenen Schlafrock von rosa Atlas à la Watteau, dieselbe um einen halben Kopf überragend, mit diabolischen schwarzen Augen und einem kleinen eigensinnigen Stumpfnäschen, ist eine junge Witwe, Frau von Mellin, von ganz aparter, man möchte sagen Furcht einflößender Schönheit. Sie hat etwas von einer Tigerin, vor allem die ein wenig verkürzte grausame Katzenlippe, welche die herrlichsten Zähne hervorblicken läßt, und dann jenen weichen, elastischen sprungbereiten Gang wie auf Samtsohlen. Wenn sie lacht, wird sie erst recht unheimlich.

„Also Sie haben Ihrem armen Seladon den Abschied gegeben, liebe Mellin," sagte gerade die Kaiserin, „in aller Form?"

„Ich habe ihn wie einen Hund vor die Türe gejagt", erwiderte die schöne Witwe; diesmal knisterte der Sand zornig unter ihren Füßen.

„Aber es wird Eklat geben," fuhr Katharina II. fort, „er galt doch bereits als Ihr erklärter Bräutigam!"

„Majestät hätten in meiner Lage gewiß nicht anders gehandelt", entgegnete Frau von Mellin.

„Wer weiß!" sprach Katharina II.

„Ich bitte Majestät, sich nur die Szene zu vergegenwärtigen", erzählte die beleidigte Schöne; „Kapitän Pauloff hatte mich soeben verlassen, mich, die er anzubeten vorgab. Ein unglückseliger Zufall führt mich wenige Augenblicke später in den Vorsaal und was sehe ich — o! es

4*

ist schändlich, es ist ehrlos! — ich sehe ihn, wie er seinen Arm um die Taille meiner Zofe geschlungen hat und im Begriffe ist, ihr einen Kuß zu rauben."

„Einen Kuß!" rief die Kaiserin lachend, „und deshalb —"

„Oh! Ich habe ihn gezüchtigt dafür", fuhr Frau von Mellin fort; „aber damit ist es nicht genug; ich werde Rache an ihm nehmen, an dem ganzen lügnerischen, treulosen Geschlechte; ich hasse die Männer mehr als je, ich verachte sie so sehr, daß ich nicht begreifen kann, wie es möglich war, daß diese schwachen willenlosen Geschöpfe so lange über uns geherrscht haben. Aber Sie werden die Welt umkehren, Majestät, schon haben sich die Frauen seit Ihrer glorreichen Thronbesteigung des Hutes, Oberrockes und Stockes des Mannes bemächtigt, sie haben sich den Sattel und die Waffen erobert, und mehrere der kühnen Amazonen dienen in den Reihen Ihres Heeres als Offiziere*), eine Frau von hohem Geiste und tiefer Gelehrsamkeit hat sich den Präsidentenstuhl der Akademie der Wissenschaften errungen**), wir dürfen nicht ruhen, ehe wir nicht regieren und die Männer uns vollständig untertan sind. Wie beneide ich Eure Majestät um die unumschränkte Macht, welche Sie über Millionen dieser Elenden haben, welche nicht viel mehr sind als Ihre Sklaven, Ihrer Willkür preisgegeben!"

„Sind Sie nicht im kleinen eine absolute Herrscherin

---

*) Es ist historisch, daß unter Katharina II. viele Frauen dienten und Regimenter kommandierten. Die Gräfin Saltikoff kämpfte tapfer gegen die Türken.

**) Die Fürstin Daschkoff.

wie ich?" erwiderte Katharina II. heiter; „gibt es nicht
mehr als zweitausend Seelen, welche Ihr Eigentum sind?"

„Aber ich möchte Sklaven haben," rief die schöne
Männerfeindin, „welche denken, fühlen, wie ich selbst,
nicht vertierte Leibeigne, gebildete Männer —"

„Und vor allem Pauloff —", fiel Katharina II. ein.

„Ja — Pauloff."

„Sie hassen ihn wirklich?"

„Ob ich ihn hasse —"

„Es würde mich in der Tat unterhalten," sagte die
Zarin nachsinnend, „aber wie könnte man das machen?"

„Lassen mich Eure Majestät nur einen Tag an Ihrer
Statt regieren", flehte die schöne Witwe mit erhobenen
Händen.

„Was fällt Ihnen ein?" antwortete die Kaiserin, ein
wenig die Stirn runzelnd, „aber — ich hab's — Sie
sollen ein Regiment bekommen —"

„Ein Regiment?" staunte Frau von Mellin.

„Das Regiment Tobolsk ist eben frei," sagte Katha=
rina II., „ich ernenne Sie zum Obersten desselben."

„Welche Gnade!" — Die schöne Witwe küßte die
Hände der Kaiserin.

„Als Herrin über Tod und Leben Ihrer Soldaten
und Offiziere haben Sie Gelegenheit genug, Ihre grau=
samen Launen zu befriedigen. Aber, ich bitte sehr, ohne
Ungerechtigkeit."

„Und ist Pauloff in dem Regimente?" fragte die
rachlustige Schöne rasch.

„Nein, soviel ich weiß."

„Aber Sie geben mir ihn, Majestät?"

Katharina II. lachte. „Wir werden sehen!“

„Ich bitte Eure Majestät kniefällig,“ rief Frau von Mellin, indem sie sich vor der Kaiserin niederwarf, „geben Sie mir diesen Menschen — er verdient unter den Korporalstock zu kommen, er ist der frechste, leichtfertigste und hochmütigste Mann in Rußland, und er hat unser ganzes Geschlecht beleidigt.“

„Indem er Ihre Zofe küßte?“ lachte die Zarin.

„Er schmäht die Frauen bei jeder Gelegenheit,“ fuhr Frau von Mellin fort, „ja, er wagt es, Sie selbst —“

„Mich?“ Die Zarin biß sich in die Lippe.

„Eure Majestät können sich selbst überzeugen.“

„Ja, ich will mich überzeugen“, rief Katharina II., riß zornig einem Schmetterling, den sie eben gefangen hatte, die Flügel aus und warf ihn in die Dornen.

II.

Die Hauptwache der Garde in Zarskoje Selo war das Rendezvous sämtlicher junger Offiziere jener Regimenter, welche die schöne nordische Despotin zu hüten hatten vor Soldatenverschwörungen und Palastrevolutionen. Vom Morgen bis zum Abend und vom Abend bis zum Frührot rollten hier die Würfel, die Silberrubel mit dem Bilde Katharinas auf dem schmutzigen Tische von rohem Holze. Um Mitternacht, wenn die Kaiserin in ihrem Kabinette arbeitete, neue Gesetze prüfte, Depeschen las, an Voltaire oder Dierot schrieb, die Hofdamen sich hinter die Gardinen ihrer hohen Himmelbetten zurückgezogen hatten,

der Palast und die Gärten der neuen Semiramis zu
schlafen schienen, war hier der Lärm der Spielenden, Trin=
kenden, Betrunkenen, Streitenden am größten und artete
nicht selten zur wüsten Orgie aus.

So auch heute. Die Talglichter, mit denen der kleine,
unsaubere Raum spärlich beleuchtet war, und welche voll=
kommen heruntergebrannt waren, warfen ihre düsteren
Lichter auf etwa zwanzig vom Wein erhitzte, gerötete, oder
von der Leidenschaft bleich verzerrte Gesichter junger Leut=
nants und Kapitäne, welche durcheinander schrien, johl=
ten und sangen. Diesmal spielten sie Onze et demi.

Kapitän Pauloff hielt die Bank. Es war ein hoher,
schlanker Mann mit hübschem Gesicht, großen, lebhaften
Augen und einem Anstrich von Kühnheit, der ihm sehr
wohl stand. Er saß in dem allgemeinen Toben ruhig, ja
schwermütig, denn er verlor immerfort. Von Zeit zu Zeit
biß er sich in die Lippe oder zerschnitt mit seinem Sporn
unter dem Tische die Diele, aber er beklagte sich nicht
und fluchte auch nicht.

Unbemerkt waren zwei neue Gäste an den Tisch heran=
getreten, offenbar Offiziere, denn sie trugen den russischen
Soldatenmantel, aber sie hatten sich so eingewickelt und die
dreieckigen Hüte so tief in die Stirne gedrückt, daß man
das Regiment nicht erkennen und ihre auffallend hübschen,
beinahe weiblichen Züge nicht unterscheiden konnte.

Eben rief ein Dragoner: va banque! —

Die Bank war gesprengt.

Kapitän Pauloff zog leise an seinem kleinen, schwarzen
Schnurrbart, der glückliche Reiteroffizier strich das Geld
ein — ein Rubel fiel zur Erde.

Pauloff hob ihn auf, betrachtete die imposante, von Hermelin umrahmte Büste der Zarin mit einem zweifelhaften Lächeln und warf ihn dann zu den anderen.

„Nimm sie, die silberne Dame," rief er, „ist meine letzte, ich habe einmal kein Glück mit den Frauen."

Die Kameraden lachten.

„Weil sie wissen, daß du sie nicht liebst", murmelte der höher Gewachsene der beiden Ankömmlinge.

„Oh! Ich liebe sie schon," entgegnete Pauloff, verächtlich mit den Lippen zuckend, „aber ich achte sie nicht."

„Und warum nicht?"

„Warum? Weil das Weib an und für sich ein untergeordnetes Geschöpf ist," sagte Pauloff, „indes war es doch auszuhalten, solange die Frauenzimmer ihre Kinder aufzogen, kochten, spannen und nähten, jetzt aber präsidieren sie die Gelehrten und kommandieren Regimenter."

Ein wüstes Gelächter folgte seinen Worten.

„Und gibst du keine Ausnahme zu?"

„Eine Ausnahme?" antwortete Pauloff trocken, „ich weiß keine."

„Nun — unsere Zarin!"

„Oh! Das ist freilich eine große Frau, ein starker Geist," spottete Pauloff, „die versteht das Regieren, wie eine Marionette das Komödienspielen, gestern hieß das Stück Orloff, heute heißt es Potemkin, und kein Mensch weiß, wie es morgen heißen wird!"

Diesmal entstand tiefe Stille, und ein jeder der Anwesenden sah den andern mißtrauisch an.

„Du hast zu viel getrunken", sagte endlich der Dragoner.

„Fehlgeschossen," fiel ein finnischer Jäger ein, „der spricht genau so, wenn er nüchtern ist."

„Nimm dich in acht vor den Frauen", sagte plötzlich eine sonore Stimme hinter Pauloff — in demselben Augenblick fühlte er eine Hand, die ihm auf die Schulter klopfte.

Zugleich erhoben sich die Kameraden, und in dem allgemeinen Tumult war es den beiden Vermummten gelungen, unbemerkt in das Freie zu gelangen.

„Was beschließen Eure Majestät?" begann der größere der beiden, welche rasch dem Palaste zuschritten. Es war Frau von Mellin.

„Der Unverschämte soll mir büßen," rief Katharina II. stehenbleibend und zornig mit dem Fuße stampfend, „Sie sollen ihn haben, liebe Mellin, Sie sollen ihn haben!"

III.

Am nächsten Morgen unterzeichnete die Zarin zwei Dekrete. Das eine ernannte Frau von Mellin zum Kommandanten des Regiments Tobolsk, das zweite versetzte den Kapitän Pauloff aus dem Regimente Simbirsk in jenes des schönen weiblichen Obersten. Vier Tage später stand das Regiment in dem großen Hofe seiner Kaserne im Viereck aufgestellt, um seinen neuen Befehlshaber im Reifrock zu erwarten. Die Offiziere witzelten unter sich halblaut, die alten grauen Soldaten machten finstere Gesichter, die Rekruten lachten und stießen sich mit den Ellenbogen.

Endlich kündigte ein Vorreiter in roter Livree auf
weißem Pferde die Erwartete an, welche gleich danach in
vergoldeter Staatskarosse, von vier prächtigen Schimmeln
gezogen, vorfuhr, und ehe der Oberstleutnant ihr den
Schlag öffnen konnte, kühn und elastisch heraussprang.
Sie trug über einem grauen Seidenkleide die Uniform
des Regiments in Form einer eng anschließenden grünen
Samtjacke mit rotem Aufschlag und goldener Borte,
auf dem hohen schneeweißen Toupet einen kleinen dreieckigen Hut mit wallender weißer Feder und frischem
Eichenlaub, an der Seite den Degen, in der Hand den
langen Rohrstock mit Elfenbeinknopf, wie er damals bei
Offizieren, Standespersonen und vornehmen Damen Mode
war. Sie schritt, während die Fahne gesenkt wurde,
die Trommeln wirbelten, die Pfeifen durcheinander schrill-
ten, Musterung haltend die Front des Regiments ab,
und blieb dann in der Mitte des Vierecks stehen, die
Arme stolz auf der Brust gekreuzt.

„Soldaten", sprach sie, „ihr seht in mir euern neuen
Obersten. Indem Ihre Majestät, unsere glorreiche Kaiserin Katharina II., mich zu diesem ehrenvollen Posten
berief, wollte sie weniger mich und meine geringen Ver-
dienste, als vielmehr ihr Geschlecht ehren, das bisher
eine unverdiente Zurücksetzung erfahren hat. Meine Aufgabe ist es, euch nun zu beweisen, daß die Hand einer
Frau euch sanft und gütig leiten kann, ohne jener Festigkeit zu entbehren, welche irrtümlich dem Manne als ein
Vorzug seines Geschlechts zugeschrieben wird. Ich werde
liebevoll gegen euch sein, solange ihr eure Pflicht tut,
jederzeit gerecht — aber streng und unerbittlich, wo es

der Dienst Ihrer Majestät, die Ehre unserer Fahne ver=
langt. Sie, meine Offiziere, ersuche ich, in meine Ab=
sichten einzugehen, Ihre Untergebenen als Menschen zu
behandeln und, wo Strafen unvermeidlich sind, solche zu
wählen, welche das Ehrgefühl des Soldaten schonen, ins=
besondere verbiete ich den Stock und will, daß, wo körper=
liche Züchtigung unvermeidlich ist, dieselbe durch die
Peitsche oder das Gassenlaufen vollzogen wird. Die Peitsche
ist poetisch, der Stock gemein und entehrend."

„Es lebe unser Mütterchen Oberst!" riefen die Sol=
daten nach dieser originellen Anrede.

Zuletzt ließ sich Frau von Mellin die Offiziere vorstellen.
Als die Reihe an Pauloff kam, heftete sie ihre schwarzen
blitzenden Augen geradezu drohend auf ihn.

„Nehmen Sie sich in acht, Herr Kapitän," sagte sie,
„ich höre, Sie sind ein wenig leichtfertig, ein Nachtschwär=
mer und Spieler und dazu noch ein Feind meines Ge=
schlechtes, von welchem doch alle Verfeinerung der Sitten
kommt. Ich wünsche nicht, daß Sie sich nachlässig im
Dienste oder in irgendeiner Weise widerspenstig gegen
meine Befehle zeigen, es würde die schlimmsten Folgen
haben." —

Es wurde ihm nun eine Kompanie zugeteilt, in der
sich sehr viele Rekruten befanden. Der leichtlebige junge
Offizier mußte infolgedessen beinahe den ganzen Tag
auf dem Exerzierplatze zubringen und fand Gelegenheit
genug, sich in dem Reglement wie in Geduld zu üben.
Sein schöner Oberst erschien auffallend oft auf dem Platze
und sah mit einem ganz besonderen Interesse zu, wie
Pauloff seine Rekruten drillte. Bis jetzt hatte sich der

sonst so leidenschaftliche Mann keine Blöße gegeben, aber deshalb entsagte seine Feindin der Hoffnung nicht, ihn doch einmal zu fangen, und war er einmal nur in ihre Hand gegeben, dann Gnade Gott!

Als der Kapitän wieder einmal beschäftigt war, seine Wilden zu drillen, geschah es, daß ein alter Korporal einen Rekruten, welcher sich besonders ungeschickt zeigte, mit dem Kolben seines Gewehres auf das Bein schlug. In diesem Momente erschien Frau von Mellin.

„Herr Kapitän Pauloff!" begann sie kalt im Befehls= habertone. Der Kapitän grüßte mit dem Degen und näherte sich dann.

„Wie können Sie dulden," fuhr der weibliche Oberst fort, „daß dieser Mann so mißhandelt wird?"

„Ich habe nichts bemerkt", erwiderte Pauloff.

„Sie sollen alles bemerken, was auf dem Exerzierplatze bei Ihren Leuten geschieht", sprach Frau von Mellin trocken. — „Weshalb hast du diesen Mann mit dem Kolben gestoßen?" wendete sie sich dann an den Korporal.

„Zu Befehl, gnädige Frau Oberst," entgegnete der alte Soldat, „weil er nicht begreifen will."

„Und da meinst du, daß er den Kolben besser verstehen wird als dich?" sagte Frau von Mellin, die Brauen zu= sammenziehend; zugleich trat sie rasch vor den Rekruten hin — blieb aber vor demselben geradezu sprachlos stehen.

Es war ein Mann von zugleich so blendender und vollendeter Schönheit, wie ihn Frau von Mellin noch nie gesehen hatte und wie er um so weniger an dem Hofe Katharinas zu finden war. Er mußte auf eine Frau, welche weder die Gemälde der großen Italiener, noch

die Bildwerke der Griechen kannte, einen wahrhaft unbe=
schreiblichen Eindruck machen. Kaum älter als zwanzig
Jahre, bartlos, duftig, weiß und voll wie ein Mädchen,
erschien der junge Grenadier trotz seiner Höhe von bei=
nahe sechs Fuß eigentlich nicht groß, so proportioniert
war sein Bau im ganzen wie in den Einzelheiten. Am
überraschendsten wirkten jedoch der Adel und die har=
monische Feinheit seiner Gesichtszüge. Kurz, es war ein
Adonis im Soldatenrock, welcher vor der Rokoko=Venus
stand.

Nach einer Pause sagte Frau von Mellin zu dem Kapi=
tän: „Wie nennt sich der Mann?“

„Iwan Nahimoff“, erwiderte der Gefragte.

„Wie lange dient er?“

„Kaum vierzehn Tage.“

„Um so mehr Nachsicht darf er für sich in Anspruch
nehmen,“ erwiderte der weibliche Oberst, „ich wünsche,
daß Sie diesen prächtigen Rekruten nicht den rohen Hän=
den und Stöcken der Korporale überlassen, sondern sich
selbst mit seiner Ausbildung befassen!“

„Ich?“

„Ja, Sie.“ Frau von Mellin nickte dem schönen Gre=
nadier, der von dem Ganzen nicht viel verstand, gnädig
zu und wendete sich nach einer anderen Abteilung ihres
Regiments.

„Also ich soll persönlich das Vergnügen haben, dein
Exerziermeister zu sein?“ murmelte Pauloff, als seine
Tyrannin ihm den Rücken gedreht hatte. „Wohl nur
deshalb, weil du ein bißchen länger und hübscher bist

als die anderen! — Meinetwegen. Aber nimm dich zusammen, Bursche, denn ich habe noch weniger Geduld als der alte Schnauzbart mit seinem Kolben. Also: Habt acht! Marsch! Einundzwanzig, zweiundzwanzig!"

Der Kapitän nahm den schönen Grenadier tüchtig in die Arbeit. Anfangs war alles ganz gut, wie es aber an die Gewehrgriffe beim Laden ging, welche damals, nach preußischem Muster, sehr stramm und rasch eingeübt wurden, wollte es durchaus nicht klappen, und plötzlich pfiff das spanische Rohr Pauloffs, das er gleich jedem Offizier der Rokokozeit trug, über Jwans Rücken. Zu seinem Unglücke hatte sich sein schöner Oberst ihm eben wieder unbemerkt genähert.

„Pfui!" rief Frau von Mellin zornig, „habe ich meinen Offizieren nicht befohlen, ihre Soldaten gut zu behandeln? Ist dies das gute Beispiel, das Sie Ihren Unteroffizieren geben?"

„Vergeben Sie, gnädige Frau," erwiderte Pauloff, dessen Antlitz flammende Röte bedeckte, „aber der Mann ist ungeschickt und faßt schwer auf."

„Das wollen wir doch gleich sehen", sprach Frau von Mellin. „Man muß eben Geduld haben und ein wenig Philanthropie."

Sie nahm das Gewehr aus Jwans Händen und zeigte ihm die Griffe, einen nach dem andern, indem sie jeden für sich von ihm wiederholen ließ.

„Gut — sehr gut — sehen Sie, wie das geht — Sie haben keine Geduld — Sie haben Ihre Damen im Kopfe, anstatt Ihre Soldaten", fielen inzwischen die Worthiebe auf Pauloff.

„So — jetzt — alles zusammen", befahl der weib=
liche Oberst. Iwan machte die Tempos.

„Halt, du haft vergessen, die Patrone abzubeißen",
rief Frau von Mellin. „Noch einmal!"

Iwan schulterte und begann das Laden von vorne.

„Halt, du mußt den Ladestock aufsetzen," unterbrach
sie ihn, „so — kräftig — kräftiger — noch einmal!"

Der schöne Grenadier schulterte und fing wieder mit
der Wendung halblinks und dem Beifuß des Gewehres
an.

„Aber, Iwan," rief Frau von Mellin schon ein wenig
minder sanft, „du haft wieder die Patrone nicht abge=
bissen."

Der Adonis machte ein unbeschreiblich dummes Gesicht;
er begriff offenbar nicht, welche Bedeutung es für sein
russisches Vaterland und sein Mütterchen, die Zarin, haben
könne, ob er eine Patrone, die nur in der Einbildung
seines Korporals, seines Kapitäns und seines Obersten
existierte, abbeiße oder nicht.

„Also noch einmal!"

Wieder die unglückselige Patrone.

„Beiß sie doch ab", fuhr der weibliche Exerziermeister
auf.

Jetzt war es vollends aus; sobald Iwan sah, daß man
mit ihm die Geduld verlor, stieg ihm das Blut zu Kopfe
und er sah und hörte nichts mehr.

„Hörst du, die Patrone —"

Iwan starrte vor sich hin in das Leere.

„So beiß doch!" schrie Frau von Mellin.

Der Rekrut machte ein rundes Maul wie ein Karpfen.

„Hörſt du nicht? —"

Iwan hörte in der Tat nichts mehr. Da klatſchte eine tüchtige Ohrfeige auf ſeine Wange, welche ihn zur Beſinnung brachte.

Pauloff, der ſich bis jetzt heroiſch bezwungen, brach in ein ſchallendes Gelächter aus. —

„Sie lachen," ſtammelte der weibliche Oberſt wütend, „Sie wagen zu lachen? — Das iſt Inſubordination, das iſt ein Akt der Widerſetzlichkeit gegen Ihren Vorgeſetzten."

„Aber, Madame —"

„Kein Wort mehr —"

Pauloff lachte fort.

„Sie lachen noch immer?" ſagte Frau von Mellin bleich vor Zorn. „Gehen Sie ſofort zum Profoſen."

Pauloff verneigte ſich und verließ, ſich noch immer vor Lachen ſchüttelnd, den Exerzierplatz.

Der weibliche Oberſt ging hierauf, die Hände auf dem Rücken, ſchweigend vor dem ſchönen Grenadier auf und ab, dann in einiger Entfernung vor ihm ſtehenbleibend, begann er: „Biſt du wirklich ſo ein Tölpel, Iwan Naſimoff, oder iſt es mehr Trotz und Eigenſinn bei dir?"

Der Adonis gab keinen Laut von ſich.

„Nun, antworte doch, kannſt du dir nicht merken, daß du die Patrone abzubeißen haſt?"

„Nein", ſagte der Rekrut.

„Und weshalb nicht? Weshalb merkſt du dir, daß du den Ladeſtock in den Lauf zu ſtoßen haſt?"

„Weil ich den Ladeſtock in Händen halte, die Patrone aber nicht," entgegnete der Grenadier, „und überhaupt nicht weiß, wie eine Patrone ausſieht."

„Es ist Logik in dem, was du sagst", meinte Frau von Mellin. Dann rief sie den alten Korporal und befahl, eine scharfe Patrone zu bringen.

Die Patrone in der Hand, machte sie jetzt das Exerzitium noch einmal durch und reichte sie dann Iwan.

„Wirst du es jetzt treffen?"

„Ja."

„Also — gib acht auf das Kommando!"

Es ging vortrefflich.

„Sehr gut, noch einmal."

Wieder lief die Sache ohne Anstand ab.

„Ah! ich merke, du bist ein Sohn der Natur," rief Frau von Mellin, „dir taugt das Abstrakte nicht, du mußt sehen, hören oder in Händen halten, was du auffassen sollst. Kannst du lesen?"

„Nein."

„Möchtest du es erlernen?" fragte sie.

„O! für mein Leben gern", antwortete der schöne Grenadier.

„Warte nur, wir wollen gleich einen Versuch machen." Frau von Mellin zog ein kleines Buch aus der Tasche ihres grünen Samtüberrockes und begann, die kleine Hand auf die Schulter des Soldaten legend, ihm die Buchstaben zu zeigen und zu erklären.

„Aber dies sind keine russischen Buchstaben", sagte Iwan.

„Woher weißt du das?"

„Ich habe oft die großen Kirchenbücher gesehen bei unserem alten Kirchensänger."

„Ja, du hast recht, es sind lateinische Buchstaben."

„Und die Worte verstehe ich auch nicht," sagte der Grenadier, „es ist nicht unsere Sprache."

„Ganz recht," gab Frau von Mellin zur Antwort, „es ist Französisch, das Buch nennt sich Candide und der Mann, der es geschrieben, Voltaire, ist der größte Geist der Zeit, den die Kaiser und Könige wie ihresgleichen achten."

„Ich möchte das Buch lesen," meinte Iwan, „ich möchte überhaupt alles lesen, alles lernen, alles erfahren, was war und ist und die zukünftigen Dinge, ich möchte die alten Chroniken kennen und wissen, wie es in fremden Ländern ist, in Frankreich und bei den Türken."

„Nun, dein Wunsch soll in Erfüllung gehen," sagte Frau von Mellin lächelnd, „du gefällst mir, du gefällst mir sehr gut, ich werde dich unterrichten lassen, ja, ich selbst werde deine Bildung übernehmen."

„Gott soll es Ihnen lohnen," rief der Grenadier, indem er sich nach der Art russischer Bauern vor seinem Obersten niederwarf und den Saum des hellen Frauengewandes küßte, „alle Heiligen sollen Sie beschützen, schönes Mütterchen, und werde ich auch Französisch erlernen?"

„Ja, — auch Französisch!" lachte Frau von Mellin.

IV.

Ein Jahr und darüber war seit dem Morgen auf dem Exerzierplatze des Regiments Tobolsk verflossen, und Iwan Nahimoff war dank der von Rousseauschen Prinzipien geleiteten Fürsorge seines schönen Mütterchen Oberst, seinen Lehrern und noch mehr der erstaunlichen russischen Bild=

samkeit, aus einem unwissenden Bauern, einem halbwilden
Leibeigenen ein Mann von Bildung und feinen Sitten
geworden, freilich nicht in dem Sinne unserer Zeit, aber
er wußte von der Welt, ihren Geschicken und Einrichtun=
gen, von Geschichte, Geographie, Naturgeschichte und Lite=
ratur beiläufig so viel, wie die Hofleute Katharinas, er
bewegte sich mit dem Anstand und der Grazie eines
Kavaliers Ludwig XV., und was die Hauptsache war,
er sprach französisch besser als die meisten Russen jener
Zeit, und las französisch, was die wenigsten seiner „ge=
bildeten" Landsleute imstande waren.

Und vor allem war er ein strammer Soldat, nicht
allein, daß er nie mehr vergaß, die Patrone abzubeißen,
er hatte es in den Ladetempos zu einer Schnelligkeit ge=
bracht, wie sie nur den besten alten Grenadieren Fried=
richs des Großen eigen war, und galt als der beste „Dril=
ler" junger Soldaten. Längst zierte die Auszeichnung des
Sergeanten seinen Uniformrock, aber er strebte weiter. Es
war eine Zeit, wo gemeine Soldaten durch ihre Tapfer=
keit vor dem Feinde, ihre Talente oder die Gunst schöner
Frauen zu den höchsten militärischen Würden stiegen, die
Zeit der Orloff und Potemkin. Auch Iwan Rahimoff
träumte von goldenen Epauletten und dem breiten Bande
des Georgskreuzes. Jede Minute, welche ihm der Dienst
der Kaiserin frei ließ, verwendete er unermüdlich dazu,
sich in militärischen Dingen zu unterrichten; mit einem
preußischen Deserteur, einem deutschen Pastorsohne, stu=
dierte er die Taktik der Griechen und Römer und die
Feldzüge der Preußen. Man begann sich in militärischen
Kreisen und sogar am Hofe für ihn zu interessieren.

5*

Böse Zungen nannten ihn den Potemkin der Frau von Mellin.

Indes ebenso gewiß Amor es war, der ihn mit dem Korporalstock in den verschiedenen Wissenschaften drillte, ebenso unschuldig waren bisher die Beziehungen des schönen Grenadiers zu seinem Oberst im Reifrock gewesen. Frau von Mellin selbst war sich über den Charakter ihres Interesses für ihn am wenigsten klar.

Eines Abends — Iwan Nahimoff hatte eben mit seiner Kompanie die Wache im Palaste bezogen — saß er in einem der duftigen Holunderbüsche des Parkes von Zarskoje Selo gleich einem scheuen Vogel verborgen und las, als unerwartet ein Frauengewand ganz in seiner Nähe rauschte. Iwan hielt den Atem an, aber vergebens.

„Wer ist hier?" fragte eine schöne energische Stimme.

Iwan trat hervor und nahm Stellung. Vor ihm stand eine majestätische Frau, deren gebietender Blick freundlich auf ihm haften blieb. „Ein Soldat?" sagte sie lächelnd, „und ein Soldat, der liest? —"

Sie nahm das Buch aus seiner Hand. „Französisch sogar — der Anti-Marchiavell — nun, mein Bruder Friedrich kann zufrieden sein, er ist bei Lebzeiten in das Volk gedrungen. Wie nennst du dich?"

„Iwan Nahimoff."

Die Dame zog ein Notizbuch hervor und schrieb den Namen hinein; dann gab sie dem Soldaten das Buch zurück, lächelte und ging weiter die Allee hinab.

Am andern Morgen, kurz vor der Ablösung, rief die Wache in das Gewehr. Iwan stand am Flügel, die

Mannschaft präsentierte, die Fahne wurde zur Erde ge=
senkt, die Trommeln wirbelten, von vier Rappen gezogen
flog eine schöne Frau im Hermelin vorbei. Iwan hatte sie
sofort erkannt, es war die Dame von gestern.

„Wer war die Frau in dem Wagen?" fragte er leise
seinen Nebenmann.

„Du kennst sie nicht?" erwiderte dieser, „wer kann es
sein, als unser Mütterchen, die Zarin!"

Iwan wurde purpurrot.

„Warum bist du wieder so rot im Gesicht?" rief Pau=
loff, indem er seinen Degen einsteckte, „das ist gegen das
Reglement, es ist nicht erlaubt, daß ein Soldat im Gliede
röter ist als die andern. Ich lasse dich dafür auf vierund=
zwanzig Stunden krumm schließen."

V.

Es schlug sechs Uhr abends. Die Stunde, zu der Frau
von Mellin ihr großes Ziehkind, den schönen Grenadier,
bei sich erwartete. Die junge reizende Frau schritt seit einer
halben Stunde aufgeregt in ihrem Boudoir auf und ab,
nur von Zeit zu Zeit vor dem großen Trumeauspiegel
stehenbleibend, um von neuem zu sehen, wie anmutig ihr
der offene Schlafrock von weißem Mull mit den Rosa=
bändern ließ. Noch eine halbe Stunde verstrich, Iwan
kam nicht. Die Ungeduld der schönen Amazone, welche zu
befehlen, alles ihrem Winke folgen zu sehen gewohnt war,
wuchs von Minute zu Minute. Sie begann Klavier zu
spielen. Es schlug sieben Uhr.

Der Oberst=Kommandant sprang zornig auf und schickte in die Kaserne.

„Wo bleibt er?" rief sie dem zurückkehrenden Diener entgegen.

„Iwan Rahimoff ist im Arrest."

„Im Arrest — wer hat gewagt?"

„Der Herr Kapitän Pauloff hat ihn krummschließen lassen."

„Krummschließen!" seufzte der weibliche Oberst. „Nun wohl — wir werden sehen! — —"

Als Iwan an dem nächsten Tage pünktlich zur festge= setzten Stunde erschien, fragte Frau von Mellin hastig: „Was hast du begangen, weshalb hat dich dein Kapitän krummschließen lassen?"

„Weil ich rot geworden bin."

„Weil du — ah! Es ist nicht zu glauben, der abscheu= liche Tyrann!" rief die schöne Amazone.

„Und bei welcher Gelegenheit bist du rot geworden?" forschte sie weiter.

„Als Ihre Majestät, die Zarin vorbeifuhr", berichtete Iwan in aller Unschuld.

„So — dann hast du es verdient", stotterte Frau von Mellin; ihre Lippen zuckten unheimlich, ihre dunklen Augen loderten. „Was hast du rot zu werden, wenn du die Zarin siehst, gefällt sie dir so sehr, bist wohl verliebt, was? Weißt du nicht, daß das ein Verbrechen ist, wenn du in deine Kaiserin verliebt bist, ja, wenn du überhaupt ver= liebt bist? — Du sollst nur an deine Flinte denken und an deine Bücher. Oh! Es gibt indes noch Mittel, dich zu kurieren, siehst du hier!" Die eifersüchtige Frau hatte

ihren Rohrstock ergriffen und hielt ihn ihrem erschreckten
Günstling unter die Nase.

„Verstehst du mich?"

„Ja, ich verstehe", sagte Iwan, aber er hatte von der
ganzen Sache nichts weiter verstanden, als daß Iwan der
Schreckliche und sein Leibwächter, wie sie im Volksliede
verkörpert sind, wahre Engel gegen seinen Kapitän und
seinen Obersten waren.

„So," sagte Frau von Mellin, „jetzt wollen wir in
Ovids Kunst zu lieben weiter lesen." Sie setzte sich auf das
kleine Sofa und Iwan auf ein Taburett zu ihren Füßen.
Sie reichte ihm den französischen Ovid. Er schlug das Buch
auf, wo das rotseidene Merkzeichen darin lag, und las —
aber seine Stimme zitterte.

VI.

Das war ein böser Tag für das Regiment. Der schöne
Oberst erschien in der bösesten Laune beim Morgenrapport,
in jener Laune, in der die gefürchtete Soldatendespotin
stets „gerecht", aber mit unerbittlicher Strenge und ohne
das geringste Erbarmen, so lange Knute und Spießruten
spielen ließ, bis die Falten von ihrer Stirne verschwunden
waren. Auch heute mußte sie Strafen diktieren, Seufzer
hören, Blut sehen, und das alles nur, weil sie Iwan
gestern abend trotz seiner Versicherungen nicht verstanden
hatte.

Ihre düstere Toilette, ein Oberkleid von schwarzem
Samt mit dunklem Zobelpelz besetzt das über dem Unter=

kleide von gleichem Stoff und gleichen Farben eng in die
Taille schloß und dann weit nach rückwärts auseinander=
floß, paßte vortrefflich zu ihrer neronischen Stimmung.
Sie hätte am liebsten gleich die Kaserne angezündet und
ihr ganzes Regiment verbrannt.

Vor ihr standen Offiziere und Unteroffiziere und er=
statteten ihre Berichte.

„Der Soldat Peter Repkin wurde auf frischer Tat bei
einem Einbruch in das Gewölbe des Kaufmanns Nowasil=
koff ergriffen“, meldete ein Kapitän.

„Ist dies sein erster Fehltritt?“ fragte Frau von Mellin.

„Allerdings, er hat sich bisher ganz gut aufgeführt —“

„Er soll also nur gepeitscht werden.“

„Wieviel Hiebe?“

„Fünfzig.“

„Dimitri Paschkan hat seinen Kameraden bestohlen —“,
sagte ein anderer Kommandant.

„Paschkan? War der nicht schon abgestraft?“ fragte der
militärische Nero, die Brauen zusammenziehend.

„Allerdings, wiederholt abgestraft.“

„So, da muß man den Burschen diesmal schärfer
fassen,“ entschied Frau von Mellin böse lächelnd, „er soll
mir vorerst durch eine Woche in den Bock gespannt wer=
den, und zwar in einem finstern Kerker bei Wasser und
Brot, und dann soll er Spießruten laufen, zehnmal durch
zweihundert Mann.“

„Das wird der Mann kaum aushalten,“ sagte der
Kommandant, „er ist noch jung und schwächlich.“

„Nun, soll er meinetwegen in der Gasse sterben!“ rief

die schöne Frau, „an so einem Menschen verliert die Gesell=
schaft nichts."

„Der Sergeant Isidor Tscholowik hat sich bei einem
Raufhandel in der Schenke seinem Leutnant widersetzt und
die Hand gegen ihn erhoben."

„Solche Fälle müssen besonders streng gestraft wer=
den," sagte Frau von Mellin, „sonst lösen sich alle Bande
der Disziplin. Der Mann ist zu begradieren und zwanzig=
mal durch zweihundert Mann zu jagen. Hält er es aus,
so ist er nach Sibirien abzuführen."

Nach einem köstlichen Diner sich halb träge, halb miß=
mutig auf dem Balkon ihres kleinen Palastes die Zähne
stochernd, sah Frau von Mellin den Exekutionen zu, welche
auf ihren Befehl auf dem großen Platze vor der Kaserne
vollzogen wurden. Sie sah kaltblütig die von ihr Verur=
teilten an den Pfahl binden, unter der Peitsche des Pro=
fosen bluten oder in der Gasse vor den Bajonetten, welche
dieselbe sperrten, zusammenbrechen, und warum nicht? —
Sie tat kein Unrecht, sie quälte niemand, sie fand nur
Vergnügen an der Gerechtigkeit, welche sie nach Recht und
Gewissen übte.

Plötzlich trieb es sie, in die Kaserne zu gehen. Sie
konnte sich keine Rechenschaft von dem geben, was sie da=
hin zog, aber sie mußte hin. Sie setzte eine kleine runde
Mütze von Zobelpelz auf ihr weißgepudertes Haar und
schritt, ihr spanisches Rohr in der Hand, rasch über den
Platz hinüber. Welch ein Schauspiel bot sich ihr im Ka=
sernenhofe! Vor der Front seiner Kompanie stand Pau=
loff auf den Degen gestützt, während zwei Korporale ihren
Günstling Iwan, welcher die Hände gebunden hatte und in

höchster Verzweiflung Verwünschungen ausstieß und weinte, auf die bereitstehende Prügelbank zu schnallen suchten. Schon schien der Widerstand des schönen Grenadiers fruchtlos, und die Kameraden freuten sich, ihn, der längst ihren Neid erregt, unter dem Korporalstock stöhnen zu hören, da brachte Frau von Mellin Hilfe zu rechter Zeit.

„Was geschieht hier?" rief sie von weitem schon.

Sofort hielten die Korporale ein.

„Ich strafe einen Soldaten", sagte Kapitän Pauloff kalt, während in ihm alles kochte, denn auch er hielt Iwan für seinen glücklicheren Nebenbuhler.

„Wofür?" fragte der weibliche Oberst, „und mit welchem Recht?"

„Mit dem Rechte, welches mir als Kompaniechef zusteht, meine Leute für Dienstvergehen zu strafen", erwiderte Pauloff noch immer gelassen.

„Was hat der Mann begangen?" warf Frau von Mellin ein, „gewiß wieder eine Bagatelle, ist er diesmal vielleicht bleich geworden, als er im Gliede stand?"

„Er ist gestern abend eine volle Viertelstunde nach dem Zapfenstreiche nach Hause gekommen", sagte der Kapitän.

„Wahrhaftig, eine volle Viertelstunde?" höhnte der weibliche Oberst, „und dafür eine so unmenschliche, entehrende Strafe?"

„Ob der Zapfenstreich um eine Minute oder um eine volle Stunde überschritten wird," entgegnete Pauloff, „ist gleichgültig — übrigens handelt es sich hier noch um etwas ganz anderes. Dieser Mann verschmäht es, sich zu rechtfertigen, ja, er verweigert trotzig jede Antwort darüber, wo er den gestrigen Abend zugebracht und auf welche Weise er abgehalten wurde —."

„Wenn es nichts weiter ist," sagte Frau von Mellin, „darüber kann ich Aufklärung geben. Ich weiß, wo Iwan Nahimoff gestern abend war. Dies wird Ihnen wohl ge= nügen, Herr Kapitän."

„Nein, dies genügt mir nicht," rief Pauloff, dem die Zornesadern auf der Stirn schwollen, „ich muß wissen, wo der Mann war."

„Müssen Sie das wirklich wissen?" spottete Frau von Mellin, „nun gut, Iwan Nahimoff war gestern abend bei mir! —"

Pauloff entfärbte sich, in der Kompanie entstand eine unbeschreibliche Bewegung.

„Wenn der Mann trotzdem eine Strafe verdient," sagte Frau von Mellin mit einer Würde, welche Pauloff förm= lich zu Boden schmetterte, „so strafen Sie ihn menschlich ... vergessen Sie nie, daß es einer Ihrer Brüder ist, der gefehlt hat."

„Oh! Wir kennen diese lächerlichen Sentenzen, diese modernen Ideen französischer Philosophen," erwiderte Pau= loff, welcher die Herrschaft über sich vollkommen verlor, „es stünde Ihnen besser an, nicht zu vergessen, was Sie mir, dem Edelmanne und Offiziere, schuldig sind, als mich — und sich selbst — eines gemeinen Soldaten wegen dem Gelächter preiszugeben."

„Glauben Sie?" sagte Frau von Mellin, deren Augen Blitze schossen, welche aber immer ruhig, ja spöttisch blieb. „Ich finde dagegen nichts lächerlicher als Prätentionen, welche sich auf Vorzüge stützen wie Adelsbrief und Offi=

zierspatent, die man jeden Augenblick zerreißen kann. Was bleibt dann übrig, wenn das einzige nicht vorhanden ist, was heutzutage noch geachtet wird, der echte Menschenwert?"

„Noch bin ich Offizier!" rief Pauloff.

„Sie sind es nicht mehr", gab der Oberst im Reifrock keck und schneidend zur Antwort und riß zugleich Pauloff die Epauletten herab.

„Sie wagen...?" stammelte dieser, nach dem Degen greifend.

„Ich bin hier an der Zarin Stelle, wer mir ungehorsam ist, verletzt seine Pflichten gegen die Monarchin", fuhr Frau von Mellin fort, während ihr Samtkleid drohend knisterte; „ich habe strengstens verboten, meine Soldaten mit dem Stocke zu strafen. Sie haben mein Verbot verhöhnt, Ihre Pflicht als Offizier mit Füßen getreten. Sie sind ein Rebell, Sie verdienen exemplarisch gestraft zu werden. Ich degradiere Sie hiermit zum gemeinen Soldaten und Sie, Iwan Nahimoff, ernenne ich zum Kapitän und Kompaniechef."

Pauloff war nahe daran umzusinken. Er brachte keinen Ton hervor, Tränen füllten seine Augen, während Iwan, dessen Bande rasch gelöst wurden, vor der schönen Amazone dankend seine Knie beugte.

„Darf ich Sie an einem Tage, wo Sie mich so mit Gnaden überschütten," sagte der neue Kapitän, „noch um eine besondere Gunst bitten, gnädige Frau?"

„Nun?"

„Geben Sie mir den Gemeinen Pauloff in meine Kompanie", bat Iwan mit feindselig lauerndem Blicke.

Ein diabolisches Lächeln überflog das schöne erbarmungslose Antlitz der beleidigten Frau. „Es sei, aber unter einer Bedingung —"

„Sie haben zu befehlen", sagte Nahimoff.

„Ich befehle also den Gemeinen Pauloff zu Ihrem persönlichen Dienst, Herr Kapitän," sagte Frau von Mellin, „und was die lächerlichen philanthropischen Sentenzen der französischen Philosophen betrifft, so suchen Sie dieselben bei dieser Gelegenheit zu vergessen, lieber Nahimoff, und kaufen Sie sich beizeiten eine Peitsche, denn Hunde und Diener muß man peitschen!"

VII.

Wenige Tage nach der Katastrophe, welche Pauloff aus seiner eingebildeten Höhe zu den Füßen seiner Feinde herabstürzte und ihn rettungslos der Willkür und dem Übermute derselben preisgab, wurde das Regiment Tobolsk in das Lager beordert, welches zur Übung der Truppen nach preußischem Muster nur eine Stunde von Zarskoje Selo entfernt auf besonderen Befehl Katharinas, der Verehrerin Friedrichs des Großen, errichtet worden war.

Der neue Kapitän Iwan Nahimoff war hier der Gegenstand der lebhaftesten Aufmerksamkeit von seiten der Offiziere wie der Damen des Hofes, welche ihn, wie es damals Sitte war, teils ungeniert vor aller Welt, teils ungenannt mit den kostbarsten Dingen beschenkten. Er saß eben mit einigen Kameraden in seinem Zelte beim Kartenspiel, als ein Lakai in der Livree, wie sie von der Palast-

Dienerschaft der Zarin getragen wurde, eintrat, sich ver=
neigte, dem Liebling Fortunas ein großes Paket übergab
und sofort wieder verschwand.

„Ein neues Präsent, du Glückspilz! Was mag das
sein!" riefen die jungen Offiziere durcheinander.

Nahimoff öffnete vorsichtig die Umhüllung, sie enthielt
einen jener kostbaren Pelze, mit denen Katharina II. die
französischen Philosophen zu beschenken pflegte, wenn sie
nach Petersburg sie zu besuchen kamen.

Ein allgemeiner Ruf der Überraschung folgte der Ent=
hüllung.

Nahimoff hob das wahrhaft kaiserliche Geschenk empor
und hielt es auseinander; es war ein großer weiter Pelz
von grünem Samt mit dunklen Zobelfellen gefüttert und
verschwenderisch ausgeschlagen.

„Ein Pelz für einen Großfürsten!" schrie einer der
Kameraden.

„Ja, für den Zaren selbst", beteuerte ein anderer.

„Aber was mache ich damit?" seufzte Nahimoff, der
bereits eitel wie ein kokettes Weib war. „Ich kann ihn
doch nicht zu meiner Uniform tragen!"

„Was fällt dir ein," unterbrachen ihn mehrere zu=
gleich, „es ist ja ein Schlafpelz!"

„Komm, probiere ihn", sagte ein junger Leutnant und
wollte Iwan hineinhelfen.

„Nein, nein," erwiderte dieser, „wozu hätte ich denn
meinen Diener? He! Pauloff!"

Der ehemalige Kapitän trat rasch und gehorsam, aber
durchaus nicht demütig herein. Er trug jetzt den gewöhn=

lichen Soldatenrock, war aber noch immer mit Sorgfalt
frisiert.

„Hilf mir in den Pelz da!" befahl Nahimoff.

Pauloff gehorchte schweigend.

„Prachtvoll!" riefen die Offiziere. Nahimoff sah in
der Tat wunderbar schön in dem Schlafpelz aus, beinahe wie
ein verkleidetes Weib, eine der kühnen Amazonen Katharinas.

„Aber dazu gehören unstreitig türkische Pantalons und
Hausstiefeln!" entschied ein junger Graf, der in Paris gewesen war.

„Glaubst du?" sagte Nahimoff, „nun, das läßt sich
ja machen." Er setzte sich auf sein Bett und streckte Pauloff den einen Fuß hin. „Verstehst du nicht?" schrie er
auf, als der ehemalige Kapitän sich einen Augenblick besann. „Ausziehen! Du bist jetzt ein gemeiner Soldat, mein
Diener, also so gut wie mein Sklave, gehorche, oder —"

Pauloff gehorchte. Als die Toilette beendet war, trat
Nahimoff vor den Spiegel und betrachtete sich in demselben wohlgefällig von allen Seiten.

„Nun, deine Schöne ist aber wirklich splendid", sprach
der junge Graf.

„Wie? Wer?" fragte Iwan erstaunt.

„Ich denke, unser schöner Oberst, Frau von Mellin!"

Pauloff erbleichte bis in die Lippen.

„Frau von Mellin!" staunte Nahimoff, „meinst du,
daß sie —"

Die Kameraden brachen in ein lautes Lachen aus. Zufällig hatte Nahimoff indes die Hände in die Taschen

seines Schlafpelzes gesteckt. „Was ist das?" murmelte er, ein kleines Etui hervorziehend.

„Noch etwas? Laß sehen", baten die Kameraden.

Nahimoff öffnete und blieb mit allen anderen sprachlos, denn das Etui enthielt das Bild der Zarin in Brillanten gefaßt und ein Billett von ihrer Hand.

„Dem ausgezeichneten Kapitän Iwan Nahimoff von seiner wohlaffektionierten Kaiserin
Katharina II."

Nahimoff war bis an die Ohren rot geworden, aber nicht, wie die Kameraden glaubten, über die unverhoffte vielverheißende Gunst der Kaiserin, sondern über die Idee des Grafen, das Geschenk müsse von Frau von Mellin sein.

„Also es ist eine ausgemachte Tatsache," sagte er zu sich selbst, „daß dich dieses schöne Weib liebt, und daß du sie wieder liebst. Alle wissen es, nur du und sie, ihr selbst habt keine Ahnung davon. Aber die Kameraden haben recht, — es soll anders werden!"

Und als wollte sie Antwort bringen auf seinen halb erbitterten, halb lustigen Monolog, erschien zu rechter Zeit Frau von Mellin, von zwei anderen Amazonen, der Fürstin Lubina Mentschikoff und Hedwig Samarow, begleitet, auf der Schwelle seines Zeltes.

„Oh! Gnädige Frau!" stammelte Nahimoff in unbe= schreiblicher Verwirrung, „ich bin, wie Sie sehen, gar nicht in der Verfassung, Damen — diese Toilette —"

„Eine Toilette, die ebenso kostbar, als geschmackvoll und reizend ist", sagte Frau von Mellin, den Adonis durch ihre Lorgnette betrachtend.

Pauloff stand seitwärts mehr tot als lebendig.

„Gewiß ein Geschenk", begann Frau von Mellin, vor Eifersucht fiebernd.

„Ja, ein Geschenk", erwiderte Nahimoff furchtsam wie ein Schulknabe.

„Von einer Dame?"

„Ja — von — einer Dame."

„Wer ist diese Dame?"

„Es ist — es" — Nahimoff wischte sich den Armensünderschweiß von der Stirne — „es ist die Kaiserin."

„Die Kaiserin!" wiederholte Frau von Mellin, scheinbar gleichgültig. „Das habe ich mir gleich gedacht, sie hat Geschmack, den besten, feinsten Geschmack."

„Aber wollen die Damen nicht Platz nehmen?" bat Nahimoff, dem das Blut zu Kopfe stieg. „He! Stühle, Pauloff!"

Frau von Mellin, welche ihren ehemaligen Anbeter erst jetzt bemerkte, ließ ihre dunklen Augen lange und seltsam auf demselben haften, dann ließ sie sich mit der Fürstin Mentschikoff auf eine Ottomane nieder, welche vor dem Zelte stand.

„Wir wollen im Freien sitzen", sagte sie.

„Also Tische und Stühle vor das Zelt!" gebot Nahimoff.

Der ehemalige Kapitän gehorchte mit dem Eifer eines Sklaven, der die Peitsche fürchtet.

Nachdem alle Platz genommen hatten, befahl Nahimoff etwas kalte Küche und Wein.

Augenblicklich war alles zur Stelle.

„Wie sind Sie mit Ihrem Diener zufrieden?" fragte Frau von Mellin nachlässig, während Pauloff die Gläser füllte.

„Vortrefflich," sagte Nahimoff, „er ist gehorsam wie ein Hund und schnell wie ein Blitz. Wäre er übrigens anders, so bin ich der Mann, ihn mir zu dressieren. Noch eine Flasche!"

Pauloff eilte sie zu bringen.

„Oh! Wie schön Sie heute sind!" begann Nahimoff, seinen Feldsessel näher zu Frau von Mellin rückend.

„Ich? — und warum gerade heute?" lächelte Frau von Mellin, „Sie haben noch nie bemerkt, daß ich schön bin, Herr Kapitän."

„Ich — in der Tat," stammelte Iwan — „wie hätte ich auch wagen sollen, aber ich habe immer darauf geschworen, daß Sie die schönste Frau an unserem Hofe sind."

„Ich bitte — nach der Kaiserin", fiel Frau von Mellin boshaft ein.

„Nein, vor der Kaiserin."

„Wie galant auf einmal!"

„Ich bin nicht galant, ich bin verliebt", flüsterte Nahimoff.

Frau von Mellin zuckte die Achseln.

„Ich weiß, daß Sie eine Männerfeindin sind," fuhr der Adonis fort, „daß ich ohne Hoffnung liebe."

Eben war Pauloff zurückgekehrt und hörte, während er die Flasche auskorkte, die letzten Worte.

„Warum ohne Hoffnung?" erwiderte Frau von Mellin, kokett mit dem Fächer spielend.

„Oh! Sie machen mich zum Glücklichsten der Sterblichen!" jubelte Nahimoff, „fülle die Gläser — Pauloff!"

Der ehemalige Kapitän zitterte am ganzen Leibe vor
Wut und Eifersucht, und so geschah es, daß er den roten
Wein statt in das Glas der schönen Frau, die er jetzt
rasender als je liebte, über ihre weiße, mit Buketts in
farbiger Seide gestickte Robe goß.

„Wie ungeschickt!" rief Frau von Mellin.

Nahimoff sprang auf, riß die Peitsche, welche am Ein-
gange seines Zeltes am Nagel hing, herab und wollte Pauloff schlagen, dieser zog aber blitzschnell ein Messer aus
seinem Gürtel und stieß damit gegen die Brust des Übermütigen.

Nahimoff wich dem Stoß geschickt aus, stürzte sich mit
überlegener Kraft auf den vor Erregung Bebenden, ent-
wandt ihm die Waffe, warf ihn zu Boden und setzte ihm
den Fuß auf die Brust.

Dies alles war das Werk eines Augenblickes. Die
Damen, welche entsetzt aufgesprungen waren, begannen zu
lachen, als sie den unglücklichen Pauloff sich in ohnmäch-
tiger Wut wie einen Wurm unter dem Fuße Nahimoffs
krümmen sahen.

Soldaten liefen herbei und banden Pauloff an Händen
und Füßen. Während sie ihn wegführten, sah er noch, wie
Frau von Mellin ihr Glas gegen Nahimoff erhob und auf
sein Wohl trank. Dann sah er nichts mehr. Es wurde
Nacht vor seinen Augen.

VIII.

Pauloff hatte die Hand gegen seinen Vorgesetzten er=
hoben mit der offenkundigen Absicht, denselben zu töten.
Das Kriegsgericht verurteilte ihn zum Tode.

Frau von Mellin erwartete, daß er sie um Gnade bitten
werde.

Drei Tage verstrichen. Pauloff bat nicht.

Es kam der Morgen, an welchem die Hinrichtung statt=
finden sollte. Ein Offizier suchte, als der Tag graute,
den Verurteilten auf und forderte ihn auf, um Pardon zu
bitten.

Pauloff schüttelte den Kopf.

„Frau von Mellin selbst erwartet es,“ sagte der Offi=
zier, „ja, ich darf beinahe sagen, sie hat mich hierher ge=
schickt —“

„Oh! Ich kenne diese Frau,“ erwiderte Pauloff mit
einem schmerzlichen Lächeln, „sie will nur sehen, daß ich
mich vor ihr demütige, daß ich, womöglich auf den Knien
um mein Leben bettle, um dann um so gewisser keinen
Pardon zu geben.“

„Sie irren sich.“

„Ich irre mich nicht, ich danke Ihnen, aber ich irre
mich nicht, und ich werde nie und niemals um Gnade
bitten“, schloß der Verurteilte.

Als die schöne Amazone von seinem Entschlusse Mel=
dung erhielt, stampfte sie zornig mit dem Fuße und be=
fahl dann, auf der Stelle zur Exekution zu schreiten.

Es war ein Frühlingsmorgen voll Licht, Duft und

Frische, als Pauloff in der Mitte eines Detachements
Grenadiere den Weg zum Tode ging. Auf den blühenden
Zweigen der Kirschbäume zwitscherten Sperlinge und Finken, vom nahen Dorfe klangen freundlich hell die Kirchen-
glocken herüber.

Auf der Richtstätte erwartete Frau von Mellin, ganz
in grünen, zobelbesetzten Samt gekleidet, den Rohrstock in
der Hand, vor der Front ihres Regimentes den Verurteilten.

Bei dem Anblicke des schönen, geliebten, grausamen
Weibes durchschauerte es Pauloff — aber er verlor keinen
Augenblick seine Fassung.

Noch einmal trat der Offizier, welcher das Exekutionskommando führte, an ihn heran und forderte ihn leise auf,
eine Gnade zu erbitten.

„Ich danke Ihnen von ganzem Herzen," sagte Pauloff,
„und bitte Sie, nach meinem Tode Frau von Mellin und
Iwan Nahimoff zu sagen, daß ich ihnen vergeben habe,
aber ich bitte nicht um Gnade." Zugleich warf er Rock
und Mütze ab und trat festen, ruhigen Schrittes vor den
Sandhaufen.

Der Profos verband ihm die Augen.

Das Exekutionskommando marschierte auf.

Sechs Mann traten vor, sechs Flintenläufe zielten auf
Pauloffs Brust.

„Feuer!"

Die Decharge knallte, exakt wie auf dem Exerzierplatze;
aber Pauloff stand noch immer aufrecht.

Und ehe er noch verstehen konnte, was geschehen war,
fiel die Binde von seinen Augen, und das schöne, grau-

same, angebetete Weib lag unter Tränen lachend an seiner Brust.

So seltsam ist das weibliche Herz! So lange sie in Iwan Nahimoff den armen Leibeigenen, den gemeinen Soldaten, den Halbwilden sah, während ihr Pauloff als ihresgleichen stolz und übermütig gegenüberstand, haßte sie den letzteren und glaubte den ersteren zu lieben. Wie sie aber einmal Nahimoff zu sich erhoben hatte, wie er durch seine Gaben sogar zu glänzen begann, war er ihr nicht mehr interessant und die Wagschale des unglücklichen, auf das tiefste gedemütigten Pauloff stieg.

Gerade in dem Augenblicke, wo sie ihn unter dem Fuße Nahimoffs sah, erwachte die Liebe zu ihm in ihrer Brust mit verdoppelter Gewalt, und sie war von da an entschlossen, ihm nicht allein das Leben, sondern auch ihr Herz und ihre Hand dazu zu schenken. Aber sie konnte es sich nicht versagen, seine Festigkeit, seinen Mut auf eine Probe zu stellen, welche er, so schwer sie auch war, glänzend bestanden hatte.

„Sie lieben mich?" waren die ersten Worte, welche Pauloff stammelte, „und Sie haben mich so sehr gehaßt?"

„Ich habe Sie nie gehaßt", flüsterte Frau von Mellin.

„Weshalb haben Sie mich dann so entsetzlich gequält?" sagte Pauloff.

„Nicht ich — Amor war es —."

„Amor?"

„Ja — aber Amor mit dem Korporalstock."

Eine Frau auf Vorposten

Auf allen Heerstraßen Rußlands marschierten Regimen=
ter, zogen Geschütze und Munitionskolonnen nach dem
Süden. „Es gibt Krieg mit den Türken“, sagten die
Soldaten, „unser Mütterchen, die Zarin, will Frieden
haben, aber Potemkin will den Krieg, und so gibt es
Krieg.“

Die armen Soldaten, welche scheinbar kampfluſtig, ihre
Lieder ſingend, in das Lager von Cherſon einrückten, dabei
aber mit ſchwerem Herzen an die heimatliche Stube mit
den rauchigen Heiligenbildern oder an ihr blauäugiges
Liebchen zurückdachten, trafen in ihrer Naivität das Rich=
tige. Katharina II. hatte alle Luſt, auf den blutigen Lor=
beeren, die ſie geerntet, auszuruhen, und bot alles auf,
den drohenden Zuſammenſtoß mit der Pforte hinauszu=
ſchieben, aber Potemkin, der Taurier, drängte zum Krieg
und forderte durch ſeinen Hochmut den Sultan in beiſpiel=
loſer Weiſe heraus.

Schon wimmelte es um Cherſon von Regimentern der regu=
lären Linie und Kavallerie, von Koſaken und den neu ausge=
hobenen Tartaren, und man ſprach in dem Kreiſe, der
Potemkin umgab und den man in Petersburg im Hinblick

auf die schönen Amazonen, welche in demselben den Ton
angaben, das Serail Potemkins nannte, von dem Feld-
zuge als einer ausgemachten Tatsache, und schien sich nur
noch durch einige rauschende Feste für die bevorstehenden
Gefahren und Entbehrungen entschädigen zu wollen, als
unerwartet der Staatssekretär Fürst Besborodko im Lager
erschien.

Potemkin stampfte zornig mit dem Fuße, als man
ihm die Ankunft desselben meldete, denn er war keinen
Augenblick darüber im Zweifel, daß die Mission des
Fürsten Stillstand in seinen Unternehmungen zu bedeuten hatte und ein Werk seiner Gegner am Hofe sei, vorzüglich der Woronzow, mit denen Besborodko eng liiert
war, aber der übermütige Taurier wußte ebensogut, daß
der Fürst ein Liebling der Kaiserin sei und daß es in
diesem Falle zuvorkommend und fein zu sein galt, er
empfing daher den Staatssekretär mit ostensibler Liebenswürdigkeit.

„Mein lieber Besborodko,“ rief er, ihn bei den Händen fassend, „was führt Sie zu uns, Sie, die Friedens-
taube, hier, wo die Kanonen das große Wort haben?“

„Leider, leider, Exzellenz,“ erwiderte Besborodko, „sehe
ich mich hier, wo die Kaiserin vor kurzem noch durch
Werke des Friedens bezaubert wurde, in ein Heerlager
versetzt, ohne daß ich ahnen könnte, welche Absichten Sie
mit diesen Märschen und Rüstungen verbinden.“

„Sollten Sie, der gewiegte, gefeierte Diplomat wirklich nicht erraten, daß das, was Sie hier zu sehen bekommen, das Vorspiel eines Krieges ist?“ sprach Potemkin mit einem spöttischen Lächeln.

„Ich denke, wir leben mit allen Mächten Europas im besten Frieden", entgegnete Besborodko.

„Gewiß," rief Potemkin, „meine Vorbereitungen gelten auch nur einer Macht, die nach Asien gehört und die wir hoffentlich in kurzem dorthin gejagt haben werden."

„Ihr alter Lieblingsgedanke", gab der Staatssekretär zur Antwort. „Die Türken aus Europa vertreiben, welches Russenherz müßte sich nicht dafür begeistern, aber wir können nicht immer so handeln, wie wir wollen, es gibt Staaten ersten Ranges, welche ein Interesse haben, die Türkei zu erhalten. Was Sie hier begonnen haben, Erzellenz, ist ein gefährliches Spiel, ich komme, Sie abzumahnen, es könnte unabsehbare Folgen haben für uns und auch für Sie."

„Sprechen Sie im Namen der Kaiserin?"

„Allerdings," fuhr Besborodko fort, „Ihre Majestät hat Ihnen die Truppen gesendet, welche Sie gewünscht haben. Ein kaiserliches Handschreiben, welches ich überbringe, gibt Ihnen den Oberbefehl über die Armee und unumschränkte Gewalt in jeder Richtung für den Fall des Krieges."

Potemkin griff hastig mit unverhohlener Freude nach dem Handschreiben, das ihm der Staatssekretär übergab.

„Ich wiederhole ausdrücklich," sagte dieser, „für den Fall des Krieges, aber es wird zu keinem Kriege kommen."

„Lassen Sie mich nur sorgen", fiel Potemkin ein.

„Wir haben im Gegenteil dafür gesorgt, daß der Friede erhalten bleibt", sagte Besborodko. „Die Kaiserin hofft, auf diesem Wege mehr zu erreichen, als durch sieg=

reiche Schlachten. Das französische Ministerium hat an seinen Botschafter Choiseul in Konstantinopel einen Kurier abgesendet mit der Mission, den Diwan zu besänftigen."

„Den Diwan zu besänftigen," brach Potemkin los, „als wenn wir Ursache hätten, seinen Zorn zu fürchten. Oh! Wankelmut des Weibes, wie groß dachte diese Katharina vor kurzem noch, wie kühn war ihre Sprache, und jetzt ist ihre einzige Sorge, den Diwan zu besänftigen."

Besborodko verzog keine Miene. „Mein Auftrag geht auch dahin, daß Sie solange als nur möglich jeden Zusammenstoß mit den Türken zu vermeiden haben."

„Also kurz und gut, wir werden den Türken den Krieg nicht erklären?"

„Nein."

Potemkin ging mit großen Schritten auf und ab.

„Man bedauert in Petersburg allerdings, daß einem so ausgezeichneten Feldherrn neuerdings die Gelegenheit entgeht, einen Sieg zu erfechten", fügte der Staatssekretär jetzt mit vernichtender Bosheit hinzu. Potemkin sah ihn einen Augenblick starr an, dann trat er ganz nahe zu ihm hin und schlug ihn derb auf die Schulter.

„Sie spielen auf das Band des Georgsordens an," sagte er mit kalter Ruhe, „das mir fehlt, und das ein Feldherr nur nach einem entscheidenden Siege erhalten kann. Verlassen Sie sich darauf, Fürst, und vergessen Sie nicht, es ihren Freunden in Petersburg zu sagen, ich werde mit den Türken Krieg führen, nur weil mir das Band des Georgsordens fehlt, und werde sie so schlagen, daß es keinen Menschen in Rußland geben wird, der es mir nicht zuerkennen würde. Adieu!"

Ohne sich um die Befehle der Kaiserin zu kümmern, setzte Potemkin seine militärischen Vorbereitungen fort und begann, zum Entsetzen des Staatssekretärs, der Miene machte, an seiner Seite zu bleiben, seine Truppen gegen die türkische Grenze vorzuschieben. Schon war Potemkin in Petersburg als Rebell bezeichnet, aber das Glück liebte ihn wie wenige und auch diesmal kam es ihm zu Hilfe.

Während in seinem Palaste die schönen abenteuerlichen Frauen, welche die Kriegstrompete herbeigelockt hatte, und ein Teil seiner Offiziere beim Spiele versammelt waren, erschien Besborodko totenbleich, eine Depesche in der Hand. „Sie haben Recht behalten," sprach er mit bebender Stimme, „der an Choiseul abgesendete Kurier ist unterwegs von den Türken ermordet worden, und die Pforte hat uns den Krieg erklärt!"

„Hurrah!" rief Potemkin, „Champagner her, wir haben Krieg, Kinder; auf Wiedersehen, Besborodko, heute übers Jahr in Konstantinopel!"

„Meine Mission ist zu Ende", sagte der Staats= sekretär, „die Ihre beginnt."

„Reisen Sie mit Gott," erwiderte Potemkin, „und sagen Sie denen in Petersburg, daß sie bald von mir hören werden."

Während im Palaste die Champagnergläser aneinander klangen, und der Jubel sich durch die Stadt in das Lager fortpflanzte, wo einmalhunterfünfzigtausend Mann unter wildem Hurrahrufen ihre Hüte mit Eichenlaub schmückten, hatte Potemkin sofort nach dem General Su= warow geschickt, dem Mann, der sein Vertrauen besaß, wie kein anderer.

Als Suwarow eintrat, saß Potemkin vor einem Tische,
auf dem er seine Karte ausgebreitet hatte, mit ihm zugleich
blickte seine Nichte, die Gräfin Branizka, ihre schönen
Arme auf seine Schultern gestützt, in dieselbe; hinter dem
Tische stand ein türkisches Ruhebett, auf dem zwei Frauen
von blendender Schönheit, zärtlich umschlungen, das Haar
von Juwelen funkelnd, die langen offenen Roben von
persischem, goldburchwirktem Stoffe mit kostbarem Pelzwerk besetzt, gleich Sultaninnen lagen. Ihnen zu Häup-
ten stand im grünsamtenen Reitkleide eine junge Frau,
hoch und üppig gewachsen, mit reichem blondem Haare und
jenem Blick, der Tiere bändigt und Menschen unterwirft;
sie neckte die beiden Schönen auf der Ottomane mit einer
Reitgerte, welche sie in der Hand hielt, und so gab es
ringsum Geschrei und Gekicher, bis der schmächtige
magere Mann mit dem fahlen kränklichen Gesichte in
einer verschossenen Uniform seines Regiments an den
Tisch trat und seine Hand nachlässig auf denselben stützte.
Sofort herrschte tiefe Stille.

„Gut, daß Sie da sind, General“, rief Potemkin, ihm
die Hand reichend. „Wir haben Krieg, wie Sie wissen,
es gilt rasch vorzugehen, ich habe meinen Plan fertig,
nun möchte ich aber Ihre Meinung haben.“

Suwarow warf einen Blick auf die schönen Frauen,
welche ihn neugierig musterten, er kannte die Gräfin Branizka und die beiden Favoritinnen Potemkins auf der
Ottomane, von denen die eine, mit dem blauschwarzen
Haare und dem edlen Antlitz einer Aspasia, eine Griechin Zeneide Kolokotonis, die zweite mit dem reizenden
Stumpfnäschen eine Tochter des durch seine schönen

Frauen berühmten Hauses Potozki war. Die Amazone im grünen Samtkleide kannte er nicht, aber sie schien Eindruck auf ihn zu machen, denn sein Auge weilte um vieles länger bei ihr als sonst bei irgendeiner Frau.

„Ich habe wohl bereits über diesen Feldzug nachgedacht," erwiderte Suwarow mit jener Trockenheit, welche bei ihm so charakteristisch war, „aber hier wäre es wohl nicht am Platze, davon zu sprechen. Pläne müssen, solange sie nicht durch Taten an das Tageslicht treten, geheim bleiben, und Frauen plaudern."

„Sie hören, meine Damen," rief Potemkin lachend, „der General ist so unempfindlich gegen Ihre Reize, daß er durchaus nicht böse sein wird, wenn Sie uns allein lassen."

Halb träge, halb unwillig erhoben sich die beiden Sultaninnen, die Gräfin Branizka folgte lachend ihrem Beispiel, nur die Frau mit dem gebieterischen Auge blieb.

„Mich trifft Ihr Verdikt wohl nicht, General?" sagte sie ruhig.

„Und weshalb nicht?" fragte Suwarow ebenso.

„Weil ich zur Armee gehöre."

„Sie? Wie das?"

„Die Gräfin Iwan Soltikoff kommandiert das Regiment Simbirsk", fiel Potemkin ein.

„Im Frieden wohl, wo das Soldatenspielen ein Zeitvertreib ist gleich einem Ball oder einer Amour," sagte Suwarow, die Brauen zusammenziehend, „aber die Türken werden nicht blind laden wie die Garden bei den Manövern in Petersburg."

„Sie lieben uns Frauen nicht, General,“ rief die Sol=
tikoff, „ich weiß es.“

„Besonders dann nicht,“ unterbrach sie Suwarow,
„wenn sie statt des Kochlöffels den Degen führen.“

„Sie gehören also auch zu jenen Helden, welche sich
vor dem Weibe fürchten und demselben gern eine unter=
geordnete Stelle anweisen, weil sie fühlen, daß das Weib
von der Natur zur Gebieterin des Mannes bestimmt ist“,
entgegnete die schöne Amazone. „So lange indes eine
Frau in Rußland auf dem Throne sitzt, müssen Sie es
sich schon gefallen lassen, daß wir dieselben Rechte in An=
spruch nehmen wie Sie und folglich auch das schönste
derselben, das Recht, für das Vaterland zu kämpfen und
zu sterben. Die Gunst der Zarin hat mir ein Regiment
anvertraut, General, und ich hoffe, Ihnen im Kugelregen
den Beweis zu liefern, daß ich dieser Gunst auch wert bin.“

„Gegen die kommen Sie nicht auf, Suwarow,“ rief
Potemkin lächelnd, „machen wir Frieden mit ihr, sie
soll an unserem Kriegsrate teilnehmen, schwatzen wird
sie nicht, ich verbürge mich für sie.“

„Zur Sache also,“ sagte Suwarow, „ich denke, wir
beginnen damit, Otschakoff zu belagern und es zu nehmen,
ehe die türkische Armee heranrückt.“

„Dies ist auch mein Plan“, erwiderte Potemkin.

„Damit aber die Einschließung der Festung eine voll=
ständige wird und die Belagerung nicht gestört werden
kann,“ fuhr Suwarow fort, „muß ein selbständiges
Korps sofort über den Bug gehen und gegen jene tür=
kischen Truppen, welche sich bei Troitzkoje sammeln, ope=
rieren.“

„Und Sie wollen dieses Korps kommandieren?"

„Ja."

„Gut, ich gebe Ihnen dieses Kommando," sprach Potemkin, „aber Sie dürfen durchaus nichts wagen, sich vor allem in keine Schlacht einlassen, da Sie überlegene Kräfte gegen sich haben werden."

„Wer sagt das?"

„Meine Spione. Es ist die feindliche Hauptarmee, die sich dort konzentriert."

„Glaube nicht", sagte Suwarow trocken.

„Peter Ogrisch, mein bester Spion, hat den Großvezier im Lager gesehen, es ist also kein Zweifel."

„Wer sagt dem Peter Ogrisch, daß es wirklich der Großvezier war, den er gesehen?"

„Er hat ihn reiten sehen in seinem Amtspelz von weißem Atlas mit schwarzem Zobel, dem Üscht=Türk, den, wie Sie wissen, kein anderer tragen darf als der Großvezier. Er hat auch die zwei brillantenen Reiher=büsche gesehen auf seinem Turban. Also nochmals Vor=sicht und keine Schlacht."

„Ich werde morgen in aller Frühe abmarschieren", sagte Suwarow.

„Gregor Alexandrowitsch," wendete sich jetzt die Gräfin Soltikoff rasch zu Potemkin, „gestatten Sie mir, mich mit meinem Regiment dem Korps des Generals Suwa=row anzuschließen."

„Ich bitte Sie, Exzellenz," fiel Suwarow ein, „mich mit allen Unterröcken zu verschonen."

„Warum, General?" entgegnete Potemkin, „lernen Sie doch galant sein gegen Damen."

„Gott beschütze mich, das werde ich nie lernen", murmelte Suwarow.

„Vielleicht doch, General," lachte Potemkin, „wenn wir Ihnen einen so guten Lehrmeister mitgeben, wie die schöne, tapfere Gräfin hier."

„Ich darf also mit?" fragte sie erfreut.

„Ja, Gräfin, aber vergessen Sie nicht, daß Sie dann unter dem Kommando Suwarows stehen", antwortete der Taurier.

„Oh! Ich werde mir alle Mühe geben," rief sie lachend, „daß er bald unter dem meinen steht."

*

Am nächsten Tage, im Morgengrauen, marschierte Suwarow mit seinem Korps aus dem Lager bei Cherson ab und rückte in Eilmärschen, indem er die Festung Otschakoff links liegen ließ, den Türken entgegen. Das Regiment Simbirsk, von der Gräfin Soltikoff befehligt, bildete mit einigen Sotnien Kosaken die Arrieregarde. Auf dem ganzen Marsche sah der General die schöne Amazone nicht. Als er durch Spione die Nachricht erhielt, daß die feindliche Armee bei Kinburn Stellung genommen und sich durch eine Rekognoszierung von der Richtigkeit dieser Meldung überzeugte, ging er direkt auf dieselbe los.

Es war ein regnerischer Sommertag, trübe und wolkig, die Truppen lagerten auf dem durchnäßten Boden, während die Kosaken der Vorhut bereits Fühlung mit dem Feinde hatten und kleine Scharmützel mit den irregulären türkischen Reitern bestanden. Nach Sonnenunter-

gang versammelte Suwarow seinen Stab und seine
Offiziere.

„Ich werde morgen den Türken eine Schlacht liefern",
sagte er trocken. „Mit Sonnenaufgang hat ein jeder
bereit zu sein, gute Nacht, Kameraden." Dann wendete
er sich zu der Gräfin Soltikoff. „Noch ein Wort mit
Ihnen, Madame!" Als sie allein waren, sprach er, die
Hände auf dem Rücken, auf und ab gehend: „Ich rate
Ihnen nochmals, Gräfin, mich zu verlassen, ich bin kein
Paradegeneral, es ist eine gefährliche Expedition, der
Sie sich angeschlossen haben. Potemkin versteht nichts
vom Kriege. Ich werde die Türken nicht beobachten,
wie er meint, sondern angreifen und schlagen."

„General, vergeben Sie mir, wenn ich es wage, Sie
an die Befehle, die Sie empfangen, und an die Taktik,
welche vereinbart wurde, zu erinnern," erwiderte die
Gräfin, „ich tue es aus Teilnahme für Sie, ich würde
bedauern, wenn Sie Unglück hätten."

„Meine Taktik ist: ‚Vorwärts und schlage!' (stubej i
bij), entgegnete Suwarow kalt, „und was Ihre Besorg=
nis betrifft, so verlassen Sie sich darauf, daß ich siege
oder falle."

„Gut denn, dann lassen Sie mich die Gefahr mit
Ihnen teilen, General."

„Ein Schlachtfeld ist kein Boudoir."

„Wenn Sie mit Ihrem schwächlichen, leidenden Körper
ein Held geworden sind, Suwarow," entgegnete die
schöne mutige Frau, „weshalb soll ich mit meinem kräf=
tigen und gesunden nicht mindestens ein guter Sol=
dat sein?"

„Ich bin ein Mann, Gräfin."

„Und ich ein Weib, das ist noch mehr."

„Wie Sie glauben."

Suwarow setzte sich hierauf zu Pferde und ritt, un=
bekümmert um die türkischen Vorposten, welche wieder=
holt Feuer auf ihn gaben, ganz nahe an die feindliche
Stellung, er überzeugte sich, daß dieselbe stark ver=
schanzt sei und daß die Türken auf seinen beiden Flanken
vorrücken.

„Sie wollen uns umgehen," murmelte er, „gut, sehr
gut, ich möchte nur wissen, welcher Dummkopf sie kom=
mandiert."

Der Morgen brach an, die Sonne schien kräftig und
teilte rasch die Nebel, welche gleich Rauchsäulen gegen
den Himmel stiegen. Die Russen standen in Schlachtord=
nung. Suwarow ritt in seiner schmucklosen Uniform durch
ihre Reihen und befahl der Infanterie, die Patronen=
taschen abzulegen. „Der Feind ist stark verschanzt," sagte
er, „wir müssen ihn mit dem Bajonett angreifen. Wer
einen Schuß abfeuert, wird füsiliert."

Das Regiment Simbirsk bildete die Reserve. „Was
auch geschehen mag," sagte Suwarow zur Gräfin, „Sie
rühren sich nicht von der Stelle, nur im äußersten Falle,
wenn alles flieht und die Gefahr groß ist, führen Sie
Ihr Regiment gegen den Feind!"

Vor der Front des Regimentes lag ein kleiner Hügel,
auf dem Suwarow mit seinem Stabe Posto faßte, neben
ihm hielt die Gräfin auf einem feurigen schwarzen Pferde.
So unempfindlich der berühmte Held sonst war, dieses
Weib gefiel ihm, und die Gräfin war auch in der Tat

in ihren hohen schwarzen Reitstiefeln, den weißen Bein=
kleidern, der grünen, mit Gold verzierten Uniform, dem
dreieckigen, mit Eichenlaub bekränzten Hut auf dem mit
einer grünen Schleife gebundenen blonden Haar, der
schönste Soldat, den man sich denken konnte. Suwarow
zeigte sich auch um vieles gesprächiger als sonst.

„Sie fangen an, sich zu entwickeln", sagte er, auf die
Türken deutend, deren Fahnen und Flinten hinter den
Schanzen sichtbar wurden. „Es sind Janitscharen, vor=
treffliche Truppen, sehen Sie ihre weißen Mützen, die
umgestülpten Ärmeln gleichen?"

„Wie kommen sie zu dieser seltsamen Kopfbedeckung?"
fragte die Gräfin.

„Als sie errichtet wurden, segnete sie der Scheich der
Derwische, und indem er den Ärmel seines weißen Ober=
kleides abschnitt und einem Soldaten auf den Kopf setzte,
sprach er: ‚So sollen sie die Feinde schrecken und Janit=
schari, das ist neue Truppe, heißen.' Sie sind nicht wenig
stolz darauf. Der Sultan selbst ist Janitschar des ersten
Regimentes. An dem Tage seiner Krönung, wenn ihm
nämlich der Ejab, der Säbel, umgeschnallt wird, zieht
er an der Kaserne des 61. Regimentes vorbei, nimmt dort
Kaffee und Sorbet und sagt zu den Janitscharen: ‚Will's
Gott, zu Rom oder Regensburg sehen wir uns wieder.'
Ein unschuldiges Vergnügen, das man ihnen gönnen kann."

„Und was bedeutet die rote Fahne, die dort sichtbar
wird?" fragte die Gräfin.

„Das sind die Spahis, ihre beste Reiterei," erwiderte
Suwarow, „aber es ist Zeit!" Er machte das Kreuz und
gab dann das Zeichen zum Angriff.

7*

Mit einem Male wirbelten auf der ganzen russischen Linie die Trommeln, und sämtliche Regimenter gingen vor. Die Geschütze begannen das Feuer, und als die Russen sich den türkischen Schanzen näherten, wurden sie auch von der feindlichen Infanterie mit einer verheerenden Decharge empfangen, zugleich wurde Sturmstreich geschlagen, und alles lief mit gefälltem Bajonett, hurra rufend, auf den Feind.

Der Pulverdampf und der Staub, welcher aufstieg, entzogen für kurze Zeit das eigentliche Schlachtfeld den Blicken des Generals. Als sich die grauen Wolken teilten, sah er seine Truppen auf allen Punkten weichen. Er gab seinem Pferde die Sporen und ritt unter sie, ihnen Mut zuzusprechen.

Schnell ordneten sich die Glieder, und die ganze Linie ging noch einmal zum Angriff vor, doch ebenso fruchtlos wie das erstemal.

Die Türken erhoben ein wildes Allahrufen, und ihre Musikbanden fielen mit dem betäubenden Lärm ihrer großen Trommeln, Pauken und Halbmonde ein.

Angriff auf Angriff wurde abgeschlagen. Da stellte sich Suwarow selbst an die Spitze seiner Leute und führte sie im heftigsten Kugelregen bis zu der Schanze, schon war dieselbe an einigen Stellen von den Russen erstiegen, als Suwarow einen Schuß in den Leib erhielt und von seinem Adjutanten zurückgebracht wurde; jetzt wich alles in Unordnung zurück.

Noch einmal sammelten sich die Regimenter dank der erbärmlichen türkischen Taktik, welche sie unverfolgt ließ, und noch einmal liefen sie Sturm. Dies=

mal artete aber ihr Rückzug in Flucht aus, und zugleich fiel die türkische Reiterei den Russen in die Flanke.

Vergebens sendete Suwarow seine Kosaken den Spahis entgegen, sie wurden geworfen, die Verwirrung war unbeschreiblich, jeder dachte nur noch daran, sich zu retten.

Da stieg Suwarow, obwohl schwer verwundet, in den Sattel, sprengte den Kosaken entgegen und warf sich mitten unter sie vom Pferde herab. „Lauft nur, lauft,“ rief er, „und gebt euren General den Türken preis!“

Diese Worte wirkten wie ein Zauberspruch.

Im Augenblick stand die ganze fliehende Armee wie eine Mauer und wendete sich im nächsten gegen den Feind. Zugleich brach die Gräfin mit ihrem Regimente vor und führte es, den Degen hoch erhoben, gegen die Verschan= zungen, welche die Janitscharen verlassen hatten, um die fliehenden Russen zu verfolgen. Sie kümmerte sich wenig um die Kettenkugeln, welche ihr die türkischen Geschütze entgegensendeten und welche ganze Reihen ihres Regi= mentes niederrissen, schon stand sie auf der Schanze, um sie starrten die Bajonette ihrer Soldaten, die türkischen Artilleristen wurden niedergestoßen, die Geschütze waren genommen, die russische Fahne wehte hoch über ihnen, die Regimenter, die in der Ebene kämpften, ermutigend.

„Vorwärts und schlag!“ das den Soldaten wohl= bekannte Wort ihres Generals scholl von Tausenden von Stimmen. Ein furchtbares Handgemenge begann, die Türken wichen, von ihren eigenen Schanzen aus in Rücken beschossen. Die Schlacht bei Kinburn war ge= wonnen.

Suwarow setzte sich, während seine Kosaken den Feind verfolgten, auf eine Trommel und schrieb auf dem Rücken eines Soldaten folgenden merkwürdigen Bericht:

„Heute den Feind bei Kirnburn getroffen und auf das Haupt geschlagen. Wie stark er war, weiß ich nicht, weil ich nicht danach gefragt habe. Suwarow."

Die Nacht war hereingebrochen, Suwarow lag in einem kleinen Zelte, das man schnell für ihn aufgeschlagen, auf Stroh, über das sein historischer Schafpelz ausgebreitet war. Der Feldscher hatte ihm eben die Kugel herausgezogen und den Verband angelegt, als die Gräfin eintrat, mit Blut bespritzt, mit Staub bedeckt, die gelbrote Gabelfahne des 37. Janitscharenregimentes in der Hand. Soldaten ihres Regimentes folgten mit den Kesseln, welche weit mehr als die Fahne, als Palladium der Janitscharen galten.

„Ich bringe Ihnen diese Trophäen, General," sagte sie stolz, „als Beweis, daß eine Frau zuzeiten auch mit etwas anderem umzugehen weiß als mit dem Kochlöffel."

Suwarow lächelte und gab ihr die Hand. „Ich hoffe, daß Sie unverletzt sind", sagte er.

„Aber Sie, Sie sind verwundet!" rief die schöne Frau mit lebhaftem Anteil.

„Die Wunde ist nicht gefährlich," sagte der Feldscher, „aber der General braucht Ruhe und Pflege; ich werde die Nacht bei ihm wachen."

„Nein, das ist meine Sache," fiel die Gräfin rasch ein, „die Frau, welche Blut vergossen hat, hat um so mehr die Pflicht, Wunden zu heilen, aber Sie erlauben, General, daß ich es mir vorher bequem mache."

Sie verließ das Zelt, um in kurzem in türkischen
Pantoffeln und einem leichten Schlafrock zurückzukehren;
dann schickte sie alle anderen fort und saß die ganze
Nacht bei dem Verwundeten, ihm die Arznei reichend und
von Zeit zu Zeit den Verband wechselnd.

Als am Morgen einer seiner Adjutanten in das Zelt
Suwarows trat, winkte ihm der General, sich ruhig zu
verhalten, und auf die Gräfin deutend, welche auf einem
Bund Stroh, den Kopf auf einen umgestülpten Feld=
kessel, eingeschlafen war, sprach er:

„Sehen Sie an, können Sie sich ein schöneres Weib
denken?"

★

So groß auch Potemkins Freude über den Sieg bei
Kinburn war, so empfand er doch etwas wie Neid gegen
Suwarow. Er beglückwünschte ihn in den schmeichelhafte=
sten Ausdrücken, aber er zog mehrere Regimenter seines
Korps, darunter auch jenes der Gräfin Soltikoff, an
sich, um Suwarow jede weitere Unternehmung unmöglich
zu machen. Der Sieger von Kinburn war auf diese Weise
den ganzen Sommer über verurteilt, die türkische Land=
armee zu beobachten, während Potemkin im Juli 1788
die Belagerung der am Schwarzen Meere gelegenen
Festung Otschakoff begann. Die Belagerung machte in=
des nur wenig Fortschritte, die Beschießung belästigte die
Türken bei weitem nicht so, als die Russen von der bei=
spiellosen Hitze litten, und als endlich im Lager die Pest
ausbrach, schien der so glücklich begonnene Feldzug eine
unerwartet ungünstige Wendung nehmen zu wollen.

Der Winter setzte zwar der furchtbaren Seuche, welche

die Reihen der Russen bezimiert hatte, Grenzen, aber da=
für stellte sich jetzt, als eine natürliche Folge der un=
genügenden Vorkehrungen Potemkins, der Hunger ein.

Da, als die Not am größten war, sendete Potemkin
den General Hahn ab, um das Kommando des Korps zu
übernehmen, das am Bug stand, und berief Suwarow
zu sich.

Der General staunte, als er den Zustand der Truppen
und der Belagerungsarbeiten sah und andererseits den
prächtigen Holzpalast, den sich Potemkin im Lager erbaut
hatte, und welcher, gleich jenem zu Cherson, durch die
schönen Frauen in Prachtpelzen, die denselben belebten,
mehr einem Serail als einem Hauptquartier glich.

Während die Soldaten froren und hungerten, gab es
hier Feste, Schlittentage, Bälle und Konzerte, welche jenen
in St. Petersburg nichts nachgaben. In einem Saale
war ein kleines Theater aufgestellt, auf dem die reizende
Polin Potozka, die Gräfin Münnich und eine echte Parise=
rin, Frau von Monsigny, auch eine der Favoritinnen
Potemkins, im Verein mit einigen französischen Offi=
zieren, französische Komödien aufführten.

Suwarow nahm das ihm angebotene Quartier in diesem
Feentempel nicht an, sondern ließ sich ein Zelt mitten
unter seinen Soldaten aufschlagen und bettete sich, gleich
ihnen, auf Stroh.

So fand ihn am nächsten Morgen die Gräfin. Er
lag in seiner Uniform, mit seinem alten Schafpelz zu=
gedeckt, auf seinem spartanischen Lager und studierte
einen Plan. Als er die schöne Frau erblickte, welche un=
erwartet, in ihrem kostbaren Zobelpelz, majestätisch wie

eine Herrscherin, vor ihm stand, sprang er auf und streckte ihr herzlich beide Hände entgegen. „So früh auf?" rief er staunend.

„Gewiß!" entgegnete lächelnd die Gräfin. „Ich gehöre nicht zu den Odalisken Potemkins, die noch am prasselnden Kamin und in ihren Schlafpelzen der Frost schüttelt. Ich bade täglich, wie unsere Soldaten, im Schnee, und das erhält frisch und gesund."

„Und schön!" fügte Suwarow hinzu.

Die Gräfin schien von seiner Galanterie keine Notiz nehmen zu wollen.

„Nun, was sagen Sie zu unserer Situation?" fuhr sie, mit feiner Ironie um die blühenden Lippen, fort.

„So kommen wir nicht vorwärts," murmelte Suwarow, „an eine Bresche ist nicht zu denken. Es bleibt nichts übrig, als einen allgemeinen Sturm zu wagen."

„Sie wissen, General, daß Potemkin sich dazu nicht entschließen wird."

„Er wird sich entschließen müssen."

„Aber Sie erfrieren uns ja, Suwarow," rief plötzlich die schöne Frau, „Sie haben kein Bett, ja nicht einmal einen Pelz!"

„Doch!" Der General zeigte lächelnd auf seinen alten Bauern-Schafpelz. „Dies und meine Uniform, das ist meine ganze Garderobe, und auf diesem Stroh schlafe ich ebenso sanft wie Sie in Ihren Eiderdaunen. — Aber, um uns noch einmal mit dem Krieg zu beschäftigen, dieser Potemkin versteht so viel von einer Belagerung wie Sie, Madame!"

Die Gräfin drohte Suwarow mit dem Finger.

„Nun, ich würde immerhin lieber unter Ihrem Kommando stehen, Gräfin, als unter dem seinen", beeilte er sich hinzuzusetzen.

„Nun kommen Sie aber mit mir, General," rief die schöne Amazone, „wir wollen unsere Batterien besuchen und dann zusammen frühstücken."

Suwarow verließ mit der Gräfin sein Zelt und machte Miene, respektvoll einen Schritt entfernt neben ihr zu gehen.

„Nicht so, Ihren Arm!" befahl sie mit einem Blick, der unbedingten Gehorsam verlangte.

„Was werden die Soldaten sagen, wenn ich mit einer Dame —", erwiderte Suwarow.

„Sie gehen mit keiner Dame, keiner Favoritin," schnitt ihm die Gräfin das Wort ab, „sondern mit einem Kameraden, der Pulver gerochen hat!" Damit nahm sie, ohne weiter zu fragen, seinen Arm, und sie schritten durch die Zeltstadt, ein seltsames Paar, der schwächliche Mann in der armseligen Uniform und die große, schöne Frau im fürstlichen Pelz, die seidene Schleppe weit im Schnee nachschleifend.

✱

Die türkischen Generäle in der Festung, welche durch Spione und Überläufer über die Lage der Russen wohl unterrichtet waren und täglich Feenmärchen von den schönen Sultaninnen und Amazonen hörten, mit denen sich Potemkin umgeben hatte, entschlossen sich endlich zu einem nächtlichen Ausfall, in der Absicht, die Belagerungsarbeiten zu zerstören, oder doch mindestens sich in der allgemeinen Verwirrung der russischen Huris zu bemächtigen. Vorher sendeten sie einen Parlamentär ab, um den Russen den Glauben beizubringen, die Festung sei unhaltbar und nahe daran, sich zu ergeben.

Mit dieser Mission wurde der Sagardschi=Pascha, der Kommandant der 64. Dschemaat (Regiment) der Ja= nitscharen, der sogenannten Spürhundswächter (Sa= gardschi) betraut.

Der Zufall wollte, daß an dem Tage, wo er sich unter dem Schutze der weißen Fahne den russischen Linien näherte, das Regiment Simbirsk die Vorposten bezogen hatte.

Die Gräfin Soltikoff empfing den Parlamentär in ihrem prachtvollen Zelte, das viel mehr einem eleganten Damenboudoir als der Wohnung eines Obersten glich, und, da es noch früh am Morgen war, im reizendsten Frauengewande. Der Türke staunte das schöne Weib, das in einem reich mit schwarzem Zobel besetzten Negligee von weißem Atlas unverschleiert und halb liegend auf einem Diwan saß, und dessen wie Gold schimmerndes Haar, nur von einem weißen Bande gehalten, über ihre üppigen Schultern herabfloß, sprachlos an, dann neigte er sich, die Arme auf der Brust gekreuzt, demütig vor ihr. Er hielt sie nämlich, ihrer Toilette nach, welche an den Amtspelz des Großwesirs mahnte, für eine Art weiblichen Großwesir der Russen, um so mehr, als auf seine Frage, wo der Kommandant sei, die Gräfin sich als denselben bezeichnete.

Auch der Sagardschi=Pascha war ein Mann von seltener blendender Schönheit, welche durch seinen prächtigen schwarzen Bart und seinen reichen Anzug, das weite rotseidene Beinkleid, die Weste von Goldstoff, den grün=

samtenen Zobelpelz und den Turban mit dem Reiherbusch auf brillantenem Stiel, nicht wenig erhöht wurde.

Einen Augenblick standen sich das schöne Weib und der schöne Mann, beide gewohnt und beide wert, Sklaven zu ihren Füßen zu sehen, schweigend gegenüber, dann brachte der Türke seinen Auftrag vor. Er bot die Übergabe der Festung an, verlangte aber für die Besatzung freien Abzug, mit Waffen und klingendem Spiel.

Die Gräfin erwiderte, man werde am folgenden Tage dem Kommandanten Antwort geben.

„Ich hoffe, ihr nehmt die Übergabe nicht an“, sagte der Pascha dann, dessen dunkle Augen ohne Unterbrechung mit verzehrender Glut auf der schönen blonden Nordländerin ruhten.

„Und weshalb?“

„Weil du das schönste Weib bist, das ich je gesehen habe,“ sprach der Pascha, „und ich, wenn der Kampf fortgesetzt wird, meinen Kopf dafür wage, daß du, ehe der Mond voll wird, meinen Serail schmückst, weiße Rose im Garten des Paradieses!“

Die Gräfin lachte. „Und wenn das Umgekehrte geschieht, wenn du in meine Hände fällst, Muselmann, was glaubst du, was ich mit dir anfangen werde?“

„Du wirst mich zu deinem Sklaven machen.“

„Ich werde dich wie einen Hund vor meinem Zelte an die Kette legen“, rief die Amazone.

Damit entließ sie den Parlamentär.

Noch an demselben Tage kam ein russischer Überläufer in die Festung, welcher die Uniform des Regiments Simbirsk trug, und wurde vor den Sagardschi-Pascha geführt.

„Weshalb haſt du deine Fahne verlaſſen?" fragte dieſer.

„Weil ich es wagte, zu dem ſchönen Weibe, das uns befehligt, die Augen zu erheben", ſagte der Überläufer.

„Sprichſt du von eurem Großweſir, dem Weibe mit dem goldenen Haar und den Augen, aus denen der blaue Himmel blickt?"

„Ja, mächtiger Weſir."

„Und was tat ſie dir?"

„Sie ließ mich peitſchen gleich einem Hunde."

„Es ſieht ihr gleich, ſie hat den Geiſt eines Mufti und die Würde eines Sultans", ſagte der Paſcha ſeufzend.

„Ich bin zu dir gekommen, weil ich mich an dem ſtolzen Weibe rächen will; ſie hat geſchworen, dich, ehe der Mond voll iſt, gleich einem Hunde an die Kette zu legen; ehe der Mond voll iſt, ſoll ſie deine Sklavin ſein, herrlicher Weſir."

„Wenn du dies kannſt, Giaur, ſollſt du von mir kaiſerlich belohnt werden, wie der große Sultan ſeine Diener zu belohnen pflegt."

„Bis morgen früh hat ſie den Vorpoſten", ſagte der Überläufer. „Heute gibt ſie den Offizieren und Sol= daten ein Feſt, denn ſeitdem ihr die Übergabe der Feſtung angeboten iſt, wiegt ſich im Lager der Ruſſen alles in vollkommener Sicherheit. Bis Mitternacht werden ſie ſo ziemlich alle betrunken ſein."

„Was? Auch die Frauen?" rief der Türke entſetzt.

„Gewiß!"

„Allah! Allah!" ſeufzte der Paſcha, „auch die weiße Roſe im Garten des Paradieſes trinkt?"

„Verlaß dich darauf, und mehr als Tau," sprach der Überläufer, „sie wird nicht nüchtern sein. Wenn ihr einen Ausfall wagt, und ich euch führe, werden sie alle ohne Schwertstreich in eure Hände fallen."

Als der Abend kam, zeigte sich wirklich in dem Lager des Regiments Simbirsk eine ungewöhnliche Beleuchtung, und auch Musik klang von Zeit zu Zeit herüber. Der Pascha hatte seine Vorkehrungen getroffen. Vor Mitternacht verließ er, von dem Überläufer geführt, an der Spitze seines Fußregimentes von 400 Mann und der 50 Reiter, die jeder Janitscharen-Dschemaat beigegeben waren, die Festung. Sie fanden die äußersten russischen Vorposten in der Tat vollständig betrunken und konnten sie, ohne daß Blut vergossen oder ein Schuß abgefeuert wurde, gefangen nehmen. Nun drangen die Janitscharen zu Fuß, von ihren Offizieren geführt, in das Lager des Regiments Simbirsk, während der Pascha mit seinen erlesenen Reitern, welche auf ihren feurigen Pferden, mit den helmartigen Hauben, auf denen hohe Federbüsche wehten, in den weißen Kaftans und den samtenen Fuchs- und Zobelpelzen, jeder selbst gleich einem Pascha erschienen, auf das von bengalischen Flammen beleuchtete Prachtzelt der schönen Gräfin lossprengte.

Statt aber, wie er erwartet, schöne Frauen und wehrlose Männer zu finden, regte es sich mit einem Male ringsum in allen Zelten, Laufgräben und Batterien, und Tausende von Bajonetten starrten ihm und seinen Janitscharen von allen Seiten entgegen. Der Überläufer war ein Abgesandter der Gräfin gewesen, der den Pascha in ihre Schlinge gelockt hatte.

„Ergebt euch!" rief die Gräfin den Überlisteten zu, „oder ich lasse euch allesamt über die Klinge springen!"

Die Türken beratschlagten und streckten endlich die Waffen.

Die Gräfin eilte, ihren Gefangenen in Empfang zu nehmen. „Nun," sprach sie mit grausamem Spott, „du hast Zeit, dich heute nacht im Bellen zu üben, denn morgen wirst du ohne Erbarmen an die Kette gelegt, wie ich es dir versprochen."

„Ich bin dein Sklave, beginne mit mir, was dir gefällt", erwiderte der Türke und warf sich mit dem Antlitz zur Erde vor ihr nieder, um den Saum ihres Gewandes zu küssen.

Aber die schöne Frau blieb ungerührt. Sie ließ am nächsten Tage vor ihrem Zelte eine hölzerne Hundehütte aufrichten und den armen verliebten Türken in derselben anketten.

Am Abend, bei einem fröhlichen Mahle, das sie den Favoritinnen Potemkins und ihren Offizieren gab, kam sie plötzlich auf den barocken Einfall, ihren Hund, wie sie den Pascha nannte, bellen zu lassen.

Sie ließ es ihm durch ihre Kammerfrau befehlen, und als er ihr nicht gehorchte, sondern in echt orientalischer Gleichgültigkeit liegen blieb, wie er seit vielen Stunden lag, den Kopf an das kalte Holz gepreßt, sprang sie auf und rief: „Wir wollen doch sehen, wer jetzt Herr ist, er oder ich."

„Ja, er muß bellen", schrie die ganze mutwillige Meute schöner galanter Frauen, welche in ihrem Zelte versammelt war. Im Nu hatten sie sich alle in ihre

Pelze gehüllt und eilten hinaus. Als sie ihn lachend umstanden, ließ der Türke, überrascht und trunken von soviel weiblichen Reizen, die sie ihm ohne Scheu zeigten, sein dunkles Auge von einer zur andern schweifen, die schlanke, graziöse Potozka, wie die von Leidenschaft glühende Griechin, die elegante Monsigny und die üppige Münnich gleich bewundernd, aber zuletzt blieb es doch wieder auf der Gräfin Soltikoff haften, welche ihre Grausamkeit noch verführerischer erscheinen ließ als sonst.

„Wirst du bellen, Hund?" fragte sie ruhig. Die anderen Damen brachen in ein schallendes Gelächter aus.

Der Türke schüttelte trotzig den Kopf.

„Ich würde ihn an Ihrer Stelle so lange peitschen, bis er meinen Willen täte", sagte die Polin, in deren lebhaften Augen etwas Diabolisches lag.

„Sie haben recht", sagte die Gräfin Soltikoff, und rasch holte sie die Peitsche, ein Attribut, ohne das eine russische Venus des vorigen Jahrhunderts nicht zu denken war. „Ich peitsche dich tot, wenn du nicht auf der Stelle bellst", rief sie mit einem Blick, der jedes Erbarmen ausschloß.

Der Pascha ergab sich endlich in sein Schicksal und begann laut zu bellen, während die grausamen Schönen umherstanden und sich vor Lachen schüttelten.

*

Anfang Dezember 1788 war ein neuer starker Schneefall eingetreten, welcher die ohnehin elenden Straßen des südlichen Rußlands vollkommen unpraktikabel machte und der Armee vor Otschakoff jede Zufuhr abschnitt. Potemkin kam in ernste Gefahr, mit seinen Soldaten und seinen schönen Sultaninnen zu verhungern.

Als das Elend auf das höchste gestiegen war, kamen die Soldaten zu Suwarow und baten ihn um Rat und Hilfe. „Väterchen Alexander Wassiljewitsch," klagten sie, „wir haben nichts mehr zu essen, unsere Stiefel sind durch, und in unsere Uniformen bläst bei hundert Löchern der Wind hinein. Rette uns, Väterchen Suwarow!"

„Für uns alle gibt es keine andere Rettung mehr als Sturm", erwiderte der General. „Wir müssen Otscha= koff nehmen oder sterben!"

Der Ausspruch des von dem ganzen Heere angebeteten Suwarow ging von Mund zu Mund, endlich rotteten sich die Soldaten zusammen, Tausende zogen, grüne Tannenreiser auf den Hüten und brennende Strohbündel in den Händen, abends durch das Lager vor den höl= zernen Palast des Tauriers und verlangten den Sturm auf Otschakoff. Potemkin, durch die furchtbare Lage, die ihm keine andere Wahl mehr ließ, gezwungen, gab mit schwerem Herzen seine Einwilligung, ihm bangte um das Blut seiner Soldaten nicht minder als um den Erfolg. Er übergab Suwarow das Kommando der Stürmenden, und dieser traf mit seiner beispiellosen Energie rasch seine Anstalten.

Am Abende des 17. Dezember wurden Freiwillige aus den Regimentern aufgerufen, welche die erste Sturm= kolonne bilden sollten, die, da sie zuerst auf die Minen und spanischen Reiter stieß, in der Regel so gut wie ge= opfert war. Man brauchte 600 Mann, da aber Suwarow selbst sie führte, meldeten sich mehrere Tausend, unter denen gelost werden mußte.

Die Gräfin Soltikoff befand sich gleichfalls unter denjenigen, welche sich als Freiwillige gemeldet hatten, und sie verstand es so einzurichten, daß auch das Los sie traf.

„General, ich werde an Ihrer Seite sein!" sagte sie zu Suwarow.

„Das verhüte Gott!" erwiderte er.

„Und weshalb?"

„Weil ich zum ersten Male in meinem Leben etwas wie Angst fühlen würde."

„Angst um mich —?" fragte die schöne Amazone freudig überrascht.

„Ja, denn, Gräfin," murmelte er verlegen, „ich bitte Sie, bleiben Sie im Lager."

„Nein, Suwarow, ich bleibe nicht," sagte sie rasch mit ihrer herrlichen Energie, „ich würde wieder in Angst vergehen, wenn ich nicht bei Ihnen wäre. Sie müssen mir schon gestatten, heute mit Ihnen zu siegen oder zu sterben."

Die denkwürdige Nacht des 17. Dezember brach an. Ohne Trommelschlag, die Füße mit Stroh umwunden, die erste Kolonne, von Suwarow geführt, ohne einen Schuß im Lauf und ohne Patronentasche, voran, die anderen in einer Distanz von 1000 Schritten folgend, setzten sich die Russen in Bewegung. Kein Laut verriet das große Unternehmen. Schon standen die Freiwilligen vor dem Festungsgraben, Suwarow machte das Kreuz und warf sich, der erste, hinein. Die anderen stürmten nach.

Der Überfall gelang vollständig, die türkischen Posten wurden überrascht und niedergemacht, der Wall erstiegen.

Kein Schuß fiel, nur das Bajonett arbeitete. Aber jetzt
entstand Alarm in der Festung, und die Janitscharen
stürzten von allen Seiten auf die Basteien, die nachfol=
genden Regimenter wurden überall von einem mörderischen
Feuer empfangen, zugleich machte ein Teil der Besatzung
einen Ausfall und schnitt Suwarow mit seinen sechs=
hundert Mann von der übrigen Armee ab.

Die Gräfin hatte, nur von einigen Freiwilligen ihres
Regiments gefolgt, zuerst die russische Fahne auf der
Mauer von Otschakoff aufgepflanzt und die türkischen
Kanoniere niedergehauen, dann war sie in die Straßen
der Stadt vorgedrungen und hier von allen Seiten um=
zingelt worden.

In dem Augenblicke, wo es für Suwarow galt, die
Verbindung mit den anderen Sturmkolonnen herzustellen,
vermißte er die Gräfin, er rief ihren Namen, niemand ant=
wortete. Todesangst faßte ihn, statt die eroberte Batterie
zu behaupten, warf auch er sich mit seinen Leuten in die
Stadt, nur von dem einen Gedanken beseelt, sie zu retten.
Für kurze Zeit schien alles verloren, die Stürmenden be=
gannen zu weichen, die Türken erhoben ein bestialisches
Siegesgeschrei. Da hörte Fürst Repnin, daß Suwarow
abgeschnitten sei, warf sich vom Pferde unter seine Sol=
daten und rief, die Fahne ergreifend: „Suwarow, unser
Vater, ist gefangen, mir nach, wer kein Feigling ist!"

„Suwarow, Suwarow gefangen, rettet Suwarow!"
lief es von Mund zu Mund, und alles lief von neuem
zum Sturme. Fürst Repnin drang zuerst mit zwei Regi=
mentern ein und brachte Suwarow, der sich bereits im
Rücken bedroht sah, Hilfe zur rechten Zeit.

Unaufhaltsam führte der Held nun seine Leute vorwärts, die Janitscharen vor sich niedermetzelnd, bis er den weißen Federbusch der Gräfin wiedersah. Sie selbst stand, nur von wenigen Soldaten umgeben, an ein Haus gelehnt, die Flinte eines Gefallenen in der Hand, und wehrte sich mit der letzten Kraft der Verzweiflung.

„Tötet sie nicht, sie muß lebendig in unsere Hände fallen", riefen die Türken einander zu, ein jeder wollte das schöne Weib besitzen. Da fiel Suwarow, in einer Hand den Degen, in der andern die Lanze eines Kosaken, mitten unter sie, trieb sie auseinander und befreite so die Gräfin, welche seine Hand ergriff und in fieberhafter Aufregung an ihr Herz preßte.

Jetzt erst bemerkte Suwarow, daß die Gräfin blutete. „Sie sind verwundet?" rief er.

„Ich glaube", entgegnete sie.

„Wo, um Gottes willen?"

Sie wies auf ihren linken Arm, er hatte die Stelle bald entdeckt, und während ringsum Schüsse fielen, das Gestöhn der Verwundeten und Sterbenden sich in das Feldgeschrei der Kämpfenden mischte, preßte er seine Lippen auf die Wunde und begann so das Blut zu stillen.

Ein furchtbares Blutbad, ein Gemetzel ohnegleichen folgte. Als die Sonne sich erhob, wehte die russische Fahne von allen Wällen und Türmen. Otschakoff war erstürmt.

★

Drei Tage lang wurde die Stadt geplündert. Dreißigtausend Gefallene von beiden Seiten bedeckten das Schlachtfeld von Otschakoff.

Als Potemkin dasselbe in Augenschein nahm und seine toten und verstümmelten Soldaten sah, begann er laut zu weinen. So seltsam waren in diesem großen Barbaren Selbstsucht und Roheit mit Großmut und Güte gemischt.

Nachdem man die gefallenen Russen beerdigt hatte, wurden die Leichen der Janitscharen auf dem festgefrorenen Liman aufgeschichtet in der Absicht, daß sie der kommende Eisstoß im Meere begrabe. Die russischen Damen aus dem Gefolge Potemkins kamen nun in Schlitten, in ihre prachtvollen Pelze gehüllt, und fuhren um diese grauenvollen Pyramiden herum, die kraftstrotzenden Leiber der toten Janitscharen bewundernd.

Eine Szene, bei der sich das Haar emporsträubt.

Potemkin erhielt von der Kaiserin Katharina II. für den Sieg bei Otschakoff das große Band des Georgsordens, hunderttausend Rubel, den Titel eines Hetmans der Kosaken und einen mit Diamanten besetzten und mit Lorbeer umwundenen Feldherrnstab.

Ein noch herrlicherer Lohn wurde Suwarow zuteil.

Die Wunde der Gräfin Soltikoff war so unbedeutend, daß sie schon nach wenigen Tagen das Bett verlassen konnte. Als sie das erstemal, in warmes Pelzwerk gehüllt, in ihrem Fauteuil saß, kam Suwarow, sich nach ihrem Befinden zu erkundigen.

„Sie sind noch recht bleich, Gräfin", sagte er besorgt.

„Und Sie noch viel mehr, General," erwiderte sie lächelnd, „man könnte beinahe glauben, daß Sie eine bei weitem gefährlichere Wunde davongetragen haben."

„So ist es, Gräfin," seufzte er, „der Volksglaube behauptet, daß man demjenigen, von dessen Blut man getrunken, mit Leib und Seele verfallen ist. An mir scheint dies zur Wahrheit zu werden. Sie haben mich an der Kette wie den armen Pascha, und wenn es Ihnen beliebt, werde auch ich in kurzem vor Ihrem Zelte den Mond an= bellen können."

„Nein, General," sagte die Gräfin mit einem Blicke, der den General süß durchschauern machte, „für Sie weiß ich eine bessere Stelle."

„Und diese wäre?"

„Zu meinen Füßen, Suwarow, denn von da ist es nicht mehr weit zu meinem Herzen."

Schon lag der Held von Kinburn und Otschakoff vor ihr auf den Knien, und die schöne mutige Frau schlang in inniger Liebe die Arme um ihn.

Die Kunst geliebt zu werden

In einem mit grüner Seide tapezierten kleinen Boudoir, das einer großen Gartenlaube glich, saß ein junger Mann von außerordentlicher Schönheit einer jungen reizenden Frau gegenüber und hielt ihr die Seide, welche sie auf eine kleine Rolle von Elfenbein wickelte.

„Wieder verknüpft,“ rief die Dame, welche in einem wogenden Duft von Musselin und Spitzen dasaß, und stampfte dabei mit dem kleinen Fuße ungeduldig auf, so daß der goldgestickte Samtpantoffel und der durchbrochene Strumpf sichtbar wurden. „Sehen Sie mich nicht so verliebt an, Lanskoi, Sie sind schuld mit Ihren schmachtenden Augen, Sie allein!“

„Wie soll ich Sie aber ansehen?“ fragte der schöne Lanskoi naiv, „ich kann nicht verbergen, was ich für Sie fühle, Gräfin Branischa, ich kann es nicht!“

„Bah! Sie fangen an, mir langweilig zu werden mit Ihrer schwärmerischen Anbetung. Unsere Herren am Hofe haben insgesamt keine Gefühle mehr, sie empfinden nur noch Wallungen des Blutes, aber zu viel Liebe ermüdet auch.“

„Ermüde ich Sie, Gräfin?“

„Mehr als das," rief die lebhafte kleine Frau, ihm die Seide entreißend, „Sie fangen an, mir unausstehlich zu werden."

„Weshalb dulden Sie mich dann um sich?" fragte Lanskoi mit dem Erstaunen eines Kindes.

„Weil ich eben ein viel zu gutes Herz habe," sprudelte die Gräfin Branischa hervor, „dieses Herz bringt mich beinahe täglich zu Schaden, ich hätte Ihnen längst den Abschied geben müssen, aber ich fühle noch immer Mitleid mit Ihnen und Ihrer Verzückung; jetzt ist es aber vorbei, ich will rücksichtslos sein und Ihnen die Wahrheit sagen: Ich liebe Sie nicht, und was noch viel schlimmer ist, ich verzweifle, sobald Sie nur eintreten, denn ich weiß dann, daß Sie mich mit Ihrer Zärtlichkeit wieder zu Tode ennuyieren werden."

„Sie geben mir also den Abschied, Gräfin?"

„Ja, ja, gehen Sie."

„Sie schicken mich fort, weil Sie mich nicht lieben?"

„Vielleicht nur, weil Sie mich zu sehr lieben."

Lanskoi erhob sich mit dem unschuldigsten und reizendsten Lächeln von der Welt, schnallte seinen Degen um und führte die kleine Hand der schönen Branischa galant an die Lippen. Wie er so vor ihr stand, war er der schönste Mann, den nur die Phantasie eines großen Malers ersinnen kann, das herrliche Bild frischer Jugend und ungezwungener Noblesse. „Ich danke Ihnen für die Kunst, die Sie mich gelehrt haben," sagte er.

„Welche Kunst?"

„Die Kunst geliebt zu werden," gab Lanskoi mit einer leichten, graziösen Verneigung zur Antwort.

„Wie das?" rief Gräfin Branischa, „was geben Sie mir da für Rätsel auf?"

„Sie haben mir eben eine Lektion erteilt, die für mich unbezahlbar ist."

„Sie betrachten Ihre Entlassung aus meinem Liebes= dienst —"

„Als eine kostbare Lehre," fiel Lanskoi der Gräfin in das Wort.

Die Sie durchaus nicht zu betrüben scheint," sprach die reizende Frau, ärgerlich an ihrem Taschentuche zerrend.

„Im Gegenteil, die mich entzückt."

„Sie lügen!"

„Ich spreche die Wahrheit, gnädige Frau," fuhr Lanskoi mit steigender Heiterkeit fort, „ich liebe mit aller Leiden= schaft und Schwärmerei —"

„Oh! ich weiß —"

„Nein, nein, Sie wissen nicht," unterbrach sie Lanskoi, „ich liebe eine Dame, deren Besitz mich zum Gotte, deren Verlust mich zum Elendesten der Menschen machen würde. Um nun bei dieser Dame keinen faux pas zu machen, ent= schloß ich mich, mich ihr erst dann zu nähern, wenn ich ebenso sicher bin, sie zu erobern als zu behaupten, wenn ich also nicht mehr Schüler, sondern Meister bin, in der Kunst geliebt zu werden. Ich bin also drei Jahre in die Schule gegangen, Gräfin, und wie es scheint, mit dem besten Erfolg. Ich war schwärmerisch, zärtlich, hingebend, voll Anbetung und habe Sie — gelangweilt; ich werde also bei der Dame, die ich liebe, trocken, kalt, ablehnend, voll Gleichgültigkeit erscheinen und werde sie bezaubern. Diese Theorie verdanke ich Ihnen, und Sie werden jetzt

wohl verstehen, weshalb ich mich so sehr für Ihren Schuld=
ner halte.“

„Abscheulich!“ rief die Gräfin, „Sie haben mich also
nicht geliebt?“

„Aufrichtigkeit gegen Aufrichtigkeit: Nein!“

„Oh! Sie sind ein Ungeheuer, Lanskoi!“

„Ich war nur Ihr gelehriger Schüler, Madame.“

„Und diese andere, die Sie lieben,“ sagte Gräfin Bra=
nischa nach einer Weile, „ist sie schön?“

„Alle Welt sagt es.“

„Schöner wie ich?“

„Man nennt sie die Krone ihres Geschlechtes.“

Die kleine Gräfin sprang von ihrem. Sitze auf, mit
einer Wildheit, die sich bei dem gepuderten Haarturm, den
sie trug, dem Pompadourschlafrock und den Stöckelschuhen
eigentlich recht komisch ausnahm, klapperte auf ihren roten
Stelzchen mit der Tragik einer Schauspielerin von Ver=
sailles im Zimmer auf und ab, warf eine kostbare Schale
an die Wand, daß die Scherben gleich den Splittern einer
Granate umherflogen, ergriff den kleinen Schürhaken,
um damit der Reihe nach alle die kleinen dickbäuchigen
Porzellanchinesen auf dem Kaminsims zu köpfen, und
brach endlich in lautes Weinen aus.

„Ich habe Sie gekränkt, Gräfin,“ flüsterte Lanskoi,
während er sich ihr näherte, „das lag nicht in meiner Ab=
sicht, vergeben Sie mir.“

„Sagen Sie, daß Sie mich lieben, dann will ich nicht
mehr weinen“, gab die reizende Frau, wie ein kleines Kind
schmollend, zurück.

„Welche Laune mit einem Male!“

„Versichern Sie mir, daß ich schön bin," fuhr die Grä= fin fort, „daß es in Ihren Augen keine reizendere Dame gibt als mich, daß dies alles nur eine boshafte Komödie war, die Sie gespielt haben, mir nur zu beweisen, daß Sie amüsant sein können, eine Strafe, die ich durch meine Unart verdient habe —"

„Aber, Gräfin," unterbrach Lanskoi das Wortgesprudel der kleinen Frau, „Sie lieben mich ja nicht —"

„Ich liebe Sie nicht?" Sie blieb vor ihm stehen und ballte die kleinen Fäuste, „Sie verdienen es gar nicht, daß ich Sie so sehr liebe —"

„Aber vor einer Viertelstunde schickten Sie mich doch fort!"

„Das war — vor einer Viertelstunde, jetzt liebe ich Sie und liebe Sie leidenschaftlich," sie schlang rasch beide Arme um seinen Nacken und zog ihn an sich, „mich so zu quälen, nun sagen Sie mir endlich, daß — daß Sie mich anbeten."

„Gräfin, Sie sind in der Tat eine bezaubernde Frau und Sie würden mich jetzt zu Ihren Füßen sehen, wenn ich nicht — eine andere lieben würde."

„Sie wollen mich nicht?"

„Ich darf Ihnen nicht huldigen, mein Herz ist ver= geben."

„Schwören Sie."

„Ich schwöre."

„Oh! Ich bin die unglücklichste Frau von der Welt!" Sie warf sich auf das Ruhebett und schluchzte heftig, während Lanskoi laut zu lachen begann. „Was, Sie können noch lachen, Sie Abscheulicher?"

„Ich freue mich nur des Sieges meiner Theorie," sprach Lanskoi ruhig, „es scheint, daß ich die Kunst geliebt zu werden sehr gründlich bei Ihnen gelernt habe, da eine Viertelstunde der Kälte, der Gleichgültigkeit von meiner Seite genügt hat, diese Leidenschaft in Ihnen zu entzünden, die Sie meine Zärtlichkeit und Schwärmerei so langweilig, so unerträglich fanden."

„Sie verschmähen mich also wirklich, Lanskoi?"

„Nein, reizende Gräfin," entgegnete der junge Offizier mit einem feinen Lächeln um die vollen Lippen, „ich will Ihnen sogar recht eifrig den Hof machen, wenn Sie damit zufrieden sind, daß ich mich von Ihnen lieben lasse und dabei für eine andere Frau glühe."

„Ach! Ist sie denn wirklich gar so schön?" fragte die Gräfin. Sie richtete sich auf, trocknete ihre Augen und blickte mit süßem Verlangen auf Lanskoi.

„Die griechischen Bildner haben nichts Vollkommeneres geschaffen," gab Lanskoi zur Antwort, „wenn die Welt gegen die Mitlebenden je gerecht sein könnte, würde sie dieses herrliche Weib in Marmor meißeln und in einen Tempel stellen als Göttin der Liebe."

„Wirklich! Und ich kenne diese Frau? Ich will sie kennen, Lanskoi", rief die Gräfin Branischa.

„Wenn Sie den Namen meiner Göttin erraten, werde ich nicht leugnen", antwortete er.

„Sie rauben mir meine Ruhe," sagte die reizende kleine Frau, „aber ich will mich schon rächen, ich werde Sie töten — mit Küssen natürlich." Und mit einem Male sprang sie wild=graziös wie eine Bacchantin im Gemach umher, sang, lachte, jubelte, umschlang Lanskoi mit ihren vollen Armen, küßte ihn, bis ihm der Atem ausging und tanzte von neuem, bis der Haarturm zusammenbrach und eine Wolke weißen Puders aufstieg.

*

Als Lanskoi am folgenden Tage gegen Mittag in den Salon der Gräfin Branischa trat, fand er sie in grande parure zur Ausfahrt bereit, der Haarturm, welcher wie frischgefallener Schnee schimmerte, war mit blitzenden Juwelen in allen Farben durchflochten, die einen Regenbogen von seltener Kostbarkeit bildeten, zwei schwere seidene Roben, die untere in farbigen Blumen, die obere in Gold und Silber gestickt, bauschten sich übereinander.

„Ich habe vernommen, daß man heute nacht die Eisberge auf der Newa errichtet hat", rief ihm die kleine Frau entgegen.

„So ist es, Gräfin."

„Wir wollen hinfahren und sie ansehen," fuhr die Gräfin Branischa fort, „ich freue mich kindisch, es gibt so viel Spaß dabei."

„Ich stehe zu Diensten."

„Vielleicht sehen wir auch bei dieser Gelegenheit die Göttin, welche Sie anbeten."

„Es wäre ein Glück, das ich gar nicht zu hoffen wage."

Die kleine Frau begnügte sich, den Frevler mit einem Fächerschlag zu strafen, barg ihren zarten Körper mit seinem ritterlichen Beistand in kostbare Winterhüllen, und bald saßen sie weich aneinander geschmiegt im Schlitten, der sie im Fluge entführte; mit hellem Schellengeklingel kamen sie auf der mattsilbernen, festgefrorenen Decke der

Newa an und hielten in der Nähe der beiden Eisberge,
welche dieselbe hoch überragten. Lanskoi hob die kleine
Frau aus dem Schlitten und nun schritt sie fröhlich, von
der Seite mit einem stolzen Lächeln zu ihm aufblickend, an
seinem Arme dahin.

Zwei Gerüste von etwa fünfzig Fuß Höhe waren in
einer Entfernung von achthundert Schritten voneinander
aufgestellt. Jedes derselben hatte in der Mitte eine Platt=
form, zu der man auf einer hölzernen Treppe gelangte,
während die andere sich steil zur Erde neigende Seite mit
Eisblöcken ausgefüllt war, die durch Aufgießen von Wasser
während der Nacht zu einer spiegelglatten Schlittenbahn
verkittet worden waren. Zu beiden Seiten standen hohe
grüne Tannen in das Eis gepflanzt. Unablässig erstiegen
Leute aller Stände, vornehme Damen, durch sibirische
Wintertracht kenntlich, Offiziere, Kaufleute, gemeine Mu=
schiks die Treppe, um sich oben in einen kleinen flachen
Schlitten zu setzen und von einem der bärtigen Männer, die
daraus ein Geschäft machten, gegen Zahlung einiger Ko=
peken, mit Hilfe eines mächtigen Schwunges die schim=
mernde Bahn mit fabelhafter Geschwindigkeit hinabführen
zu lassen.

Tausende von Menschen wogten hin und her, kostbare
Schlitten, in denen reich gekleidete Damen saßen, während
die Herren gleich Dienern rückwärts standen, teilten die
Menge, ein Musikkorps spielte und die armen Muschiks
sprangen wie die dressierten Bären umher, lachten und
sangen.

„Kommen Sie, Lanskoi," sagte die Gräfin Branischa,
nachdem sie eine Weile zugesehen und sich an der Geschick=

lichkeit und Ungeschicklichkeit der Fahrenden gleich er-
lustigt hatten, „wir wollen es auch einmal versuchen. Nehmen wir einen Führer, oder darf ich mich Ihrer Kunst
anvertrauen?"

„Erlauben Sie mir den Schlitten zu lenken," bat
Lanskoi.

„Sehr gern," lachte die kleine Frau, „aber unter der
Bedingung, daß, wenn wir umwerfen, ich auf Sie zu
liegen komme, ich werde Sie nicht erdrücken."

Das junge, schöne, heitere Paar stieg rasch die Stufen
des Gerüstes aufwärts, mietete oben einen bequemen
Schlitten, in dem sich die Gräfin Branischa anmutig niederließ, während Lanskoi voran seinen Platz einnahm. Er
blickte noch einmal lächelnd auf seine reizende Gefährtin
zurück und gab dann dem Fuhrwerk den entscheidenden
Stoß, es nur mit seinen Händen lenkend. Wie von Flü-
geln fortgerissen, rasten sie den Abhang hinab und kamen
glücklich unter fröhlichem Lachen und Beifall der Menge
unten an. Als sie ausstiegen, blickte alles auf das prächtige
Paar.

„Sie ist sehr hübsch," sagte eine alte Schnapshänd-
lerin zu einem Kuchenverkäufer, „er aber ist die Schönheit
selbst."

Immer von neuem stieg die Gräfin mit ihrem Anbeter
empor, und jedesmal führte er sie blitzschnell und sicher
den steilen Abhang herab. Es war reizend anzusehen, wie
sie vor Freude in die Hände klatschte, oder die Arme lachend
von rückwärts um seinen Nacken schlang.

Wieder waren die beiden auf der Plattform angelangt
und stiegen fröhlich in den Schlitten, den der Lakai der

Gräfin ihnen jedesmal nachtrug, wenn sie die Stufen er-
klommen, schon war der erste Schwung, der dem gefährlichen Fahrzeug die Richtung gibt, gelungen, schon sauste
das Paar den Eisberg hinab und Lanskoi saß da, kühn
und stolz wie Apollo, der den Sonnenwagen lenkt, da mit
einem Male verließ der Schlitten die Bahn, stieß mit aller
Gewalt gegen das Geländer, schlug um, und eine bunte
Masse flog den Abhang hinab. Ein allgemeiner Aufschrei
begleitete den Unfall, aber schon erhob sich die Gräfin Branischa, welche auf Lanskoi wie auf einem Fauteuil saß, purpurrot zwar, aber kichernd und schüttelte die kleinen blitzenden Eissternchen ab, mit denen ihr Samtmantel übersäet
war, und auch Lanskoi zeigte sich unversehrt.

„Mein Gott, wie sehen Sie aus", flüsterte die Gräfin,
als sie endlich Zeit gewonnen hatte ihn anzusehen, Lanskoi
war totenblaß, seine Augen schienen aus ihren Höhlen zu
treten, er bebte am ganzen Leibe wie ein Fieberkranker.

„Kommen Sie, Gräfin, kommen Sie", bat er in einem
Tone, den sie noch nie bei ihm gehört hatte, und schon
hatte er ihren Arm in den seinen gelegt und zog sie fort.
Die kleine reizende Frau aber wendete den Kopf zurück
und suchte mit dem scharfen Instinkt des Weibes unter
der Menge, die den Eisberg umgab, die Frau, die Lanskoi
liebte; sie meinte mit einem Male, daß nur ihr Anblick ihn
so verwirrt und das ganze Unheil herbeigeführt haben
konnte.

Und wie sie suchte und suchte, entdeckte sie plötzlich einen
hochgebauten Schlitten mit zwei weißen Renntieren be-
spannt und in demselben ein Weib von seltener Schönheit,
dessen Majestät durch den schweren Prunk ihrer Toilette

nicht wenig erhöht wurde, und dieses schöne gebieterische Weib war die Kaiserin Katharina II. Wenn die kleine Branischa noch einen Augenblick in Zweifel gewesen wäre, ihre gefährliche Nebenbuhlerin entdeckt zu haben, so mußten ihr die Worte, die Lanskoi sprach, als sie in den Schlitten stiegen, Gewißheit geben. „Haben Sie nicht bemerkt, daß die Zarin gerade ankam, als wir stürzten?" fragte er.

„Ich denke vielmehr, wir stürzten, weil die Zarin ankam," erwiderte die Gräfin, ihn firierend.

„Sie wird über mich gelacht haben," murmelte Lanskoi mit einem Seufzer, „ich sah sie mit Korsakow sprechen, der hinter ihr auf dem Schlitten stand."

Die kleine Frau zog ihren Schleier vor das Gesicht, um ihre Tränen zu verbergen. „Wer weiß, was sie ihm mitzuteilen hatte," gab sie mit halberstickter Stimme zur Antwort, „sie liebt ihn ja."

„Glauben Sie, daß eine Katharina einen Korsakow lieben kann?" gab Lanskoi rasch und heftig zurück. „Was ist er? Eine Puppe, ein gezähmter Affe, mit dem sie sich die Zeit vertreibt."

„Nun, er ist doch ihr erklärter Günstling."

„Es ist die Art der Löwin, daß sie gern mit Mäusen spielt."

Damit endete das Gespräch.

Katharina II. ließ sich indes von Korsakow, der durch ihre Gunst vom gemeinen Gardesergeanten zum Grafen und Obersten emporgestiegen war, um die beiden Eisberge herumfahren und belustigte sich an dem kühnen Flug der kleinen Schlitten und den naiven Späßen ihres Volkes. Auf der Rückfahrt lehnte sie sich plötzlich zurück und sagte

zu Korsakow: „Kennst du den Offizier, der sich der Branischa in so rührender Weise als Polster darbot?"

„Ich kenne ihn."

„Wie nennt er sich?"

„Lanskoi."

„Er schien mir hübsch zu sein."

„Er gilt als der schönste Mann."

„Wirklich! Er wird wohl sehr unglücklich sein, vor
meinen Augen eine so lächerliche Rolle gespielt zu haben?"

„Das fürchte ich nicht."

Die Zarin zog die stolzen Brauen ärgerlich zusammen.
„Wie soll ich das verstehen?"

„Weil er sich nichts daraus machen würde, dir ganz
und gar zu mißfallen."

„Ei! Weißt du das so gewiß?"

„Aus seinem eigenen Munde."

„Seltsam." Die Zarin versank in Nachdenken. „Ich
finde es pikant," murmelte sie, mehr im Selbstgespräche
vor sich hin, als zu ihrem Günstling gewendet, „zu wissen,
daß, wo alles schmeichelt und huldigt und um meine Gunst
wirbt, es einen gibt, einen einzigen Menschen, der mir
mißfallen will."

„Das habe ich nicht gesagt," nahm Korsakow das Wort,
„ich vermute, daß du Lanskoi so gleichgültig bist, daß er
sich ebensowenig die Mühe geben würde, dein Mißfallen
zu erregen, als deine Gunst zu erringen."

„Wie ungalant, mir das zu sagen," rief Katharina
strenge und verweisend, „du kannst doch den gemeinen
Menschen nie verbergen, ich begreife oft nicht, daß ich

einen so rohen und geistlosen Gecken, wie du bist, um
mich dulde."

„Ich spreche aber, wie ich denke."

„Das ist es eben, und du denkst gemein."

„Und du bist eitel wie ein junges Mädchen", lachte
Korsakow laut auf, wobei er zwei Reihen sehr großer
weißer Zähne zeigte.

„Sprechen wir von Lanskoi," sagte die Kaiserin, welche
sich die Miene gab, seine neue Roheit zu überhören, „wie
urteilt er also über mich?"

„Er findet, daß du dick wirst, und er liebt die dicken
Frauen nicht", erwiderte der ehemalige Sergeant.

„Das beweist nur, daß er klug ist," rief Katharina mit
einem spöttischen Zucken der Mundwinkel, „die Branischa
war ihm ohne Zweifel eine süße Last, ich an ihrer Stelle
hätte ihn erdrückt."

Korsakow brüllte wie ein Stier vor Vergnügen über den
Scherz der Kaiserin und stampfte mit den Füßen gleich
einem Muschik beim Tanze.

Katharina würdigte ihn weiter keines Wortes, wies
seinen Arm zurück, als er ihr vor dem Winterpalaste beim
Aussteigen helfen wollte, und ließ ihn an dem Tage nicht
mehr vor. Bei der nächsten Cour gab sie der Gräfin Bra=
nischa einen Wink und zog sich mit ihr, vertraulich und
ungezwungen, wie sie es liebte und an ihrem Hofe zum
Gesetze erhoben hatte, in die Ecke eines Sofas zurück.

„Nun, haben Sie sich von dem Schreck erholt?" begann
Katharina.

„Ich bin gar nicht erschrocken, Majestät," erwiderte die
Gräfin Branischa, „und ich glaube, daß in diesem Falle —"

„Keine unserer Damen erschrocken wäre," fiel die Zarin lustig ein, „es war in der Tat ein angenehmer Fall. Wie hieß doch gleich der junge Offizier, den Sie in dieser Weise beehrten."

„Es war der junge Lanskoi."

„Sie lieben ihn?"

„Gewiß, Majestät," sagte die Branischa treuherzig, „aber er liebt mich nicht."

„Oh! Er scheint also die Frauen überhaupt zu hassen", sagte die Zarin, die immer mehr ins Feuer geriet.

„Vergeben, Majestät, nur mich."

„Trösten Sie sich, liebe Branischa," ergriff Katharina lebhaft das Wort, „er urteilt auch über mich in einer Weise, die mich beleidigen könnte, wenn sie mich nicht ergötzen würde. Dieser junge Offizier hat meine Aufmerksamkeit erregt. Ich will ihn sprechen, über mich urteilen hören, ohne daß er ahnt, daß ich es bin, die ihm naht. Sie werden mir dabei behilflich sein, meine Kleine."

„Oh! Welche Auszeichnung" — die Gräfin fieberte vor Zorn.

„Ich habe bereits meinen Plan," fuhr Katharina fort, „werde Ihnen denselben aber erst eine Stunde vor der Ausführung mitteilen, bis dahin leben Sie wohl und trösten Sie sich damit, daß ich Ihr Schicksal teile, er mag uns beide nicht, der schöne Lanskoi."

Kurze Zeit nach der Unterredung der beiden Frauen fand bei dem Grafen Panin ein Maskenball statt. Lanskoi, der sich bisher den Hofkreisen ganz ferne gehalten hatte, erhielt gleichfalls eine Einladung zu demselben und sprach der Gräfin Branischa gegenüber seine Verwunderung darüber aus.

„Ich muß wohl erscheinen?" meinte er und sah dabei recht unglücklich aus.

„Gewiß müssen Sie da sein," gab die schöne Branischa boshaft zur Antwort, „Sie haben da die beste Gelegenheit, sich Ihrem Ideal zu nähern."

„Wie?"

Oh! Die Naivität kleidet Sie allerliebst", spottete die Gräfin. „Sollten Sie wirklich nicht wissen, daß bei solchen Gelegenheiten die Kaiserin in Maske erscheint und unerkannt die ersten Fäden ihrer Liebesintrigen knüpft?"

„Katharina wird da sein? Wissen Sie das gewiß?"

„Sie wird sogar in meiner Begleitung erscheinen."

„Oh! Sie machen mich zum Glücklichsten der Sterblichen," rief Lanskoi, „und wie werde ich Sie erkennen?"

„Ich werde Sie auf den Fuß treten."

Wirklich erschien Lanskoi auf dem Balle des Grafen Panin, und zwar in einem sich knapp anschmiegenden Kostüme von blauem Atlas, das sein jugendschönes Gesicht und seine herrlichen Formen in das glänzendste Licht setzte. Er war noch nicht zweimal durch den Saal gegangen, als sich ihm zwei weibliche Masken näherten, beide in schwarzen Samt gekleidet, die eine groß und üppig, die zweite von schlanker Zierlichkeit. Sie begrüßten ihn, und die letztere berührte seinen Fuß mit der Spitze des ihren.

„Ist es wahr, was die Chronik von dir sagt," begann die majestätische, indem sie nachlässig seinen Arm nahm und ihn in eines der kleinen, mit Weinen gefüllten Apartements führte, welche den Saal umgaben, „bist du wirklich ein Weiberfeind?"

„Ich weiß nicht, wodurch ich diesen üblen Ruf ver=

biene", entgegnete Lanskoi, er bebte unter der Berührung der angebeteten Frau, deren Arm mit süßer Wucht auf dem seinen lastete.

„Man behauptet, daß du dich von einer unserer rei= zendsten Damen lieben läßt, ohne ihre Leidenschaft zu erwidern."

„Ganz richtig."

„Daß dir sogar die Kaiserin gleichgültig ist."

„Ebenso richtig, aber dies würde mich nicht hindern, eine andere Frau zu lieben, wenn sie nach meinem Ge= schmack wäre."

„Die Branischa ist also nicht nach deinem Geschmack?"

„Nein."

„Und Katharina?"

„Läßt mich gleichgültig," gab Lanskoi zur Antwort, während alle seine Sinne in Aufruhr waren und er ihr am liebsten gleich vor aller Welt zu Füßen gestürzt wäre, „so gleichgültig, daß ich gar nicht fassen kann, weshalb alle Welt sie anbetet und Frauen sogar in Verzückung über ihre Schönheit geraten."

„Du findest sie also nicht schön?"

„Im Gegenteil, ich finde, daß sie die Liebesgöttin selbst ist," brach Lanskoi los, „daß es schon namenlose Lust bereiten müßte, der Schemel ihrer Füße zu sein, daß —"

„Nun, warum fährst du nicht fort?"

Lanskoi hatte sich indessen wieder gefaßt, „daß sie die vollkommenste Frau wäre," schloß er, „aber sie be= sitzt kein Herz, sie kann nicht lieben, und das läßt sie

in meinen Augen reizlos erscheinen; wenn ich nur an=
beten will, kann ich vor der marmornen Liebesgöttin
knien, sie wird ihre eisig kalten Arme niemals öffnen,
um mich zu umschlingen, und Katharina —"

„Versuch es doch, ob sie Marmor bleibt, ich glaube,
du könntest ihr gefallen."

„Das fürchte ich ebensosehr," fiel Lanskoi ein, „sie
würde vielleicht die Opferflamme meines jungen Herzens
als ein Zimmerfeuerwerk benutzen, um sich damit die
Zeit zu vertreiben, aber Liebe für Liebe, Leidenschaft für
Leidenschaft zu geben, ist sie so wenig fähig, wie der
Eiskranz auf der Newa Blüten treiben kann."

„Und wenn du dich irren solltest, wenn das Eis die=
ses Herzens sich in einen Blumengarten verwandeln könnte,
sobald es der Sonnenblick der Liebe berührt? Katharina
ist noch nie geliebt worden."

„Weißt du das so gewiß, du Rätselhafte?"

„Sie ist begehrt worden, wie vielleicht kein Weib seit
der griechischen Helena, aber geliebt, geliebt ist sie nicht
worden."

Kaum hatte die Zarin diese Worte gesprochen, als sich
ein rosa Domino ihr näherte und ihr etwas in das Ohr
flüsterte. Sie richtete sich stolz und drohend auf und ging
mit großen Schritten dem Saale zu, plötzlich blieb sie
aber stehen, wendete sich um und winkte Lanskoi zu
sich. „Ich sage dir, Katharina ist noch nie geliebt, aber
sie ist mehr als einmal verraten worden. Leb wohl, wir
werden uns wiedersehen."

Sie grüßte ihn gnädig mit der Hand und verschwand
dann im Gewühle.

Lanskoi atmete auf. „Wissen Sie, was geschehen ist,“ flüsterte ihm eine wohlbekannte Stimme zu, während sich ein zarter Arm des seinen bemächtigte, „die Daschkow hat entdeckt, daß Korsakow der Zarin untreu ist.“

„Untreu — Katharina untreu —“ rief Lanskoi, „und mit wem?“

„Mit der Gräfin Bruce.“

„Unmöglich.“

„Als wenn bei euch Männern etwas unmöglich wäre“, seufzte die arme kleine Frau.

*

In allen Boudoirs wurde in den nächsten Tagen nur von der einen großen Neuigkeit geflüstert, welche den Hof in unbeschreibliche Aufregung versetzt hatte: Die Kaiserin war einer Liaison Korsakows mit der Gräfin Bruce auf die Spur gekommen, und der Platz eines erklärten Favoriten war frei geworden.

Allgemein staunte man über die Mäßigung, welche die Kaiserin bewies, und pries ihre Milde. Weder die Nebenbuhlerin noch der treulose Geliebte wurden bestraft, beide behielten ihren Rang und ihre Stellung am Hofe, nur die Gunst der Zarin hatte der letztere für immer verwirkt, und dies traf ihn empfindlich genug. Nach Sibirien geschickt zu werden ist ein hartes Los, aber am Hofe zu bleiben, ohne Einfluß oder Bedeutung zu besitzen und von jenen, von denen man gefürchtet war, kaum beachtet zu werden, ist ein lächerliches Schicksal, und Korsakow war nicht der Mann, es mit Würde zu tragen.

Aber wer fragt überhaupt noch nach ihm?

Am wenigsten Katharina II., welche mehr als alle anderen über die Nachsicht staunt, welche sie in diesem Falle gezeigt hat. Sie fragt sich immer wieder, was sie wohl so aller Rachsucht entkleidet, ja geradezu fröhlich gestimmt hat bei dem unerhörten Verrat? Sie faßt es nicht, daß sie sich weder als Monarchin noch als Weib beleidigt fühlt, und wie sie sinnt und forscht und grübelt, da fühlt sie mit einem Male, daß eigentlich sie die Treulose, die Verräterin ist, daß ihr Korsakow lästig war, seitdem sie Lanskoi das erstemal sah, und sie weiß jetzt, daß sie Lanskoi liebt.

Sie schämt sich fast vor sich selbst, sich dieses Geständnis abzulegen, aber sie verschmäht es, sich zu täuschen; das ist nicht bloßes Wohlgefallen, kein Aufflammen der Leidenschaft, am wenigsten ein Rausch der Sinne, was sie mit süßer, nie gekannter Gewalt zu Lanskoi hinzieht, es ist Liebe, es kann nur Liebe sein, diese wunderbare Empfindung, welche ihr zugleich soviel Seligkeit und Schmerz bereitet und sie so furchtsam macht, daß sie, die allmächtige Despotin, nicht zu hoffen wagt auf Gegenliebe, und so selbstlos, daß sie nur den einen holden Gedanken hegt und nährt, das ganze Füllhorn des Glückes über den auszugießen, den sie liebt.

Lanskoi wird an den Hof beschieden und erscheint zum ersten Male bei einer Theatervorstellung in der Eremitage. Noch nie hat Katharina sich mit soviel Sorgfalt gekleidet, sie sah ängstlich auf jede Schleife, jedes noch so winzige Schönheitspflästerchen, und wie sie sich zuletzt in dem Spiegel sieht, ist sie dennoch unzufrieden. Kaum hat man ihn unter den Herren im Parterre erblickt, wo er sich bescheiden im Hintergrunde hält, entsteht ein Neigen der Köpfe, ein Flüstern und Lorgnettieren, das sich bis zu der Loge der Monarchin fortpflanzt.

„Lanskoi ist soeben eingetreten," sagte die Prinzessin Werongow leise zu dieser, „soll ich Befehl erteilen, daß er sich Eurer Majestät vorstellt?"

Katharina errötet wie ein junges verliebtes Mädchen und nimmt den Fächer vor das Gesicht.

„Ich weiß nicht" — stammelte sie, „raten Sie mir doch, Prinzessin."

„Ich sende nach ihm," erwiderte diese, „Lanskoi ist so reizend und so anspruchslos, er verdient, daß Sie gütig mit ihm sind, Majestät."

Und wie er erst die Loge betreten hat und sich ehr= erbietig vor ihr verneigt, da fühlt die Despotin ihr Herz heftig pochen, und ihr Auge, das dem seinen nicht zu be= gegnen wagt, folgt der Stickerei ihrer Robe, und ihre sonst so beredten Lippen, denen jederzeit Einfälle voll Geist und Bosheit wie tödliche Pfeile entschwirren, ver= stummen. Die Prinzessin kommt ihr zu Hilfe und unter= hält sich mit Lanskoi, welcher indes seinen Blick unver= wandt auf der Kaiserin haften läßt. Diese erinnert sich zu rechter Zeit, daß er sie schön findet, ja, der Liebesgöttin vergleicht, und dies gibt ihr Mut. Sie erhebt das große, helle Auge halb neugierig, halb zärtlich zu ihm und be= rührt seinen Arm mit dem Fächer.

„Sie scheinen mich gar nicht zu bemerken, Lanskoi," beginnt sie, „ist es wahr, daß Sie mich so sehr hassen?"

„Ich fühle für Eure Majestät, was mir geziemt", ent= gegnete dieser.

„Und was geziemt Ihnen, wenn ich fragen darf?"
„Ehrfurcht."

Katharina blickte auf die kleine Bühne, auf der eben
die Aufführung eines kleinen Probewerkes vor ihr be=
ginnt, und spricht den Abend kein Wort mehr.

Und wieder fand sich Lanskoi ein anderes Mal auf
ihren Befehl beim Spiele ein. Nur die Vertrauten der
Monarchin wurden demselben beigezogen. Der kleine er=
wählte Kreis versammelte sich in den kleinen Apartements
der Eremitage, wo jede Etikette verbannt war und man
sich mit heiterer Ungezwungenheit unterhielt. Lanskoi wurde
von der Kaiserin eingeladen, mit ihr, abseits von den
übrigen, eine Partie Domino zu spielen. Die schöne mäch=
tige Frau hatte es längst aufgegeben, mit ihm zu ko=
kettieren, sie zeigte sich einsilbig, begnügte sich, ihn immer=
fort anzusehen, schmachtete, seufzte und zerdrückte endlich
sogar ein paar Tränen in ihren sonst so gebieterischen und
gefürchteten Augen.

Lanskoi schien dies alles nicht zu bemerken, er zeigte sich
ehrerbietig und voll Aufmerksamkeit, aber kalt wie ein
Eisblock.

„Welchen Rang bekleiden Sie in meiner Armee?"
fragte plötzlich Katharina.

„Ich bin Leutnant, Majestät, und schätze es mir zur
Ehre."

„Sie sind allzu bescheiden," lächelte die schöne Despotin,
„ich habe es mir in den Kopf gesetzt, Sie avancieren zu
lassen, und zwar recht schnell. Sie sind General, Lanskoi."

Der arme Junge wurde totenbleich. „Majestät scher=
zen wohl?"

„Es ist mein Ernst.“

„Dann beschwöre ich Eure Majestät, diese Auszeichnung, welche mein Verdienst weit übersteigt, zurückzunehmen“, flehte Lanskoi. „Senden Sie mich gegen die Schweden, Polen oder Türken, befehlen Sie mir auf der Stelle, mein Leben für Sie hinzugeben, ich werde es mit Freude, ja mit Begeisterung opfern, aber eine Erhöhung, die mir in keiner Weise zukommt, beschämt, erdrückt mich.“

„Sie sind brav, Lanskoi, brav und treuherzig,“ entgegnete Katharina II. gerührt, „ich danke Ihnen, aber ich bin nicht gewohnt, ein Wort zurückzunehmen, Sie sind General und bleiben es.“

Lanskoi wollte sprechen.

„Widersetzen Sie sich nicht,“ rief sie im Tone des Befehls, einen Augenblick erwachte die Despotin in ihr, aber sofort war sie wieder nur das liebende Weib, „ich bitte Sie darum“, fügte sie sanft, beinahe ängstlich hinzu.

Lanskoi neigte sich stumm vor ihr und schwieg.

Fortan mußte er zu jeder Tageszeit der Mächtigen Gesellschaft leisten, mehr als einmal trat die Versuchung an ihn heran, seinem Vorsatz untreu zu werden, sich vor ihr niederzuwerfen, ihr zu gestehen, daß er sie liebe, sie anbete, wie noch nie ein Weib angebetet worden sei, aber die Kraft seines Willens siegte immer wieder, und er verharrte in seiner achtungsvollen Zurückhaltung, seiner beispiellosen Kälte.

Katharina, diese Frau, die gewohnt war, Sklaven um sich zu sehen, wenn sie nur winkte, Götzendiener, wenn sie befahl, wagte es nicht, dem ernsten Manne gegenüber, den sie wahrhaft liebte, nur ihre Neigung anzudeuten, aber sie verriet sich bei jedem Anlaß und machte dadurch dem bis zum Wahnsinn in sie verliebten Lanskoi den Kampf um so schwerer. Sie schien endlich auf das Glück der Liebe an seiner Seite ganz zu verzichten, sie war nur noch darauf bedacht, von aller Selbstsucht frei, ihm das Leben zu verschönern, seine geliebte Gestalt mit Glanz und Herrlichkeit zu umgeben. Vor allem beschäftigte sie sich angelegentlichst mit der Erziehung des schönen Lanskoi, sie ließ ihn in den Wissenschaften und Künsten von den hervorragendsten Geistern unterrichten, während sie es selbst unternahm, ihn feine Sitten zu lehren. Als er einige Fortschritte im Klavierspiel gemacht hatte, ließ sie sich von ihm begleiten, wenn sie sang. In allen den kleinen Komödien, welche sie für das Bijoutheater der Eremitage schrieb, mußte Lanskoi den Liebhaber spielen, während ihr ebenso gewiß jedesmal die Rolle der Liebhaberin zufiel. Sie beschenkte ihn, wie man ein Kind beschenkt oder eine Geliebte, und es waren ihre seligsten Augenblicke, wenn er sich von ihrer Sorgfalt erfreut zeigte.

Es gab Nächte, wo sie nicht schlief, wo sie auf ihrem üppigen Lager saß und Tränen vergoß, dann stand sie am Morgen mit rotgeweinten Augen auf und verschmähte es, Speise zu sich zu nehmen. Sobald er aber da war, erhellte sich ihr schönes Antlitz, und sie konnte wieder lächeln und mit ihm scherzen und plaudern, sich und die Welt vergessen. Und wieder einmal in einer Nacht voll Unruhe, voll Qual und Schweigen faßte sie einen heroischen Entschluß.

„Er hat recht," sagte sie zu sich selbst, „ich habe kein

Herz, ich putze ihn auf wie meine Puppe und tue ihm
schön, aber dies alles nur, um mir Freude zu machen.
Ich habe mich noch nie ernstlich mit seinen Wünschen beschäftigt. Fortan soll von mir gar nicht mehr die Rede
sein, ich will ihn glücklich machen, vollkommen glücklich.“

★

Ein eigenhändiges Schreiben der Zarin berief Lanskoi
für den Abend in die Eremitage, es war in demselben weder von einer Theatervorstellung, noch einem Konzert, noch
einer Soiree oder einem Spiel die Rede, und es war auch
von keinem Leibkosaken, sondern von einem jungen, hübschen Kammermädchen überbracht worden. Das Ganze glich
auf ein Haar der Einladung zu einem Rendezvous. Lanskoi,
der keinen Augenblick darüber in Zweifel war, daß ihm
ein tête-à-tête mit der gefährlichsten Frau Europas be-
vorstehe, küßte das wohlriechende Blatt mit den teuren
Schriftzügen und rüstete sich zu dem bevorstehenden
Kampfe. Er machte mit aller Sorgfalt und Koketterie
Toilette, und es gelang ihm, alle seine körperlichen Vorzüge in das glänzendste Licht zu setzen; und wie er endlich
in den knappen, hohen Stiefeln mit Goldquasten, den sein
tadelloses Bein knapp einschließenden weißen Beinklei-
dern, der roten goldverschnürten Kosakenjacke, das leicht
gepuderte Haar von einer hellgrauen Marquise zusammen-
gehalten, vor dem Spiegel stand, lächelte er sich wohlgefällig an, wie der schöne Narziß sein Bild im reinen
Quell bewundert hatte, hing den krummen, mit Edel-
steinen besetzten Säbel an goldener Schnur um die Schulter, nahm den Kolpak in die Hand und stieg in den Schlitten, der ihn pfeilschnell zu dem kaiserlichen Palaste trug.

An jenem geheimnisreichen Hinterpförtchen, durch das Aslow, Mirowitsch, Wasiltschikow, Potenckia, Zawadowski, Zoriß und Korsakow die Eremitage betreten hatten, um den verliebten Launen der neuen Semiramis zu dienen, erwartete das vertraute Kammermädchen den Glücklichen, welcher gleich den Spartanern des Leonidas seiner Niederlage reich geschmückt und heiter entgegenging.

Das schmucke Kätzchen hüpfte munter voran durch die Korridore und die Treppe hinauf, plötzlich drückte sie die Hand an die Mauer, und eine zweite geheime Türe sprang auf, durch die der mit Sehnsucht Erwartete in ein mit wollüstigem Dämmerlicht erfülltes kleines Vorgemach trat.

„Hinter jener Portiere dort erwartet Sie das Glück", flüsterte ihm noch seine reizende Führerin zu, dann verschwand sie, die Wand schloß sich hinter ihm, und Lanskoi war der Gefangene Katharinas. Sein Herz pochte heftig, seine Pulse flogen, er blieb einen Augenblick vor dem Vorhange stehen, um sich zu sammeln, dann schlug er ihn langsam zurück und erblickte in einem feenhaften kleinen Boudoir die Zarin, welche, mit einer silbernen Zange das Feuer in dem herrlichen Marmorkamin schürend, ihm den Rücken kehrte. Als die Portiere leise rauschend hinter ihm zufiel, wendete sie rasch den Kopf und nickte ihm freundlich zu. „Es ist noch kalt hier, oder ich bin vielleicht zu leicht angezogen", sagte sie mit einem verschämten Lächeln.

Lanskoi überflog mit einem glühenden Blick diese üppige Prachtgestalt, welche über einem weißen Unterkleide von köstlichen Spitzen in einen offenen Schlafrock von gelber Seide gehüllt, zu frieren schien, aber es war nur die Aufregung, die holde Furchtsamkeit der Leidenschaft, welche die sonst so wenig bedenkliche und energische Despotin wie ein junges verliebtes Mädchen zittern machte. Lanskoi ergriff den kleinen Blasebalg, der auf dem Boden lag, ließ sich auf ein Knie nieder und begann das Feuer anzufachen.

Die Zarin sah ihm lange mit einem Blicke holder Güte zu, dann legte sie langsam die weiße herrliche Hand auf seine Schulter. „Lanskoi," begann sie, „ich habe mich in diesen Tagen viel mit Ihnen beschäftigt. Haben Sie wohl auch meiner gedacht?"

„O gewiß, Majestät", erwiderte er.

Katharina seufzte.

„Habe ich etwas gesagt, was die Unzufriedenheit Eurer Majestät erregt hat?" fragte Lanskoi rasch.

„Nein, mein Freund, aber ich bin unzufrieden mit einem Schicksal, das mich auf die öden Stufen des Thrones geführt hat, wo ich mich so einsam, so verlassen fühle. Ich will nicht sagen, daß mir eine Hütte genügen würde, aber ein kleines Schlößchen abseits der großen Straße der Welt, ein Kreis guter Freunde, ein Mann, dem mein Herz gehört und der auch mich liebt, welche Seligkeit müßte das sein!"

„Gäbe es einen Wunsch, dessen Erfüllung nicht in Ihrer Macht liegt?" entgegnete Lanskoi, noch immer vor ihr kniend.

„Kann ich einem Herzen befehlen, mich zu lieben?" rief Katharina mit einem Anflug von Bitterkeit, „ein Wink von mir wird den Mann meiner Wahl zu meinem gehorsamen, willenlosen Sklaven machen, gewiß, aber es gibt keine Gewalt, Liebe zu erwecken!"

„Doch, Majestät, die Gewalt der Schönheit."

Katharina zuckte die Achseln. „Man sagt mir, daß ich schön bin, Lanskoi, ja, ich habe es so oft gehört, daß es mich beinahe langweilt, schön zu sein. Ich möchte häßlich sein, aber geliebt um meiner selbst willen, von dem Manne, der mein ganzes Sein bezwungen, so daß nichts übrig ist von Katharina, was nicht ihm gehörte."

Lanskoi erhob sich und blickte der Zarin mit seinen schönen leuchtenden Augen voll und unerschrocken in das bleiche Antlitz, das von Wehmut überflossen doppelt reizend erschien. „Wäre es möglich, Majestät, daß Sie nicht geliebt werden, nicht so geliebt, wie Sie es wünschen?"

Katharina errötete und begann leise zu beben. „Sprechen wir nicht von mir," sagte sie nach einer kleinen Pause, „ich habe mir vorgenommen, mich nicht mehr mit meiner Person zu beschäftigen, sondern ganz nur mit Ihnen, Lanskoi", dabei streckte sie ihm die Hand mit einer Herzlichkeit hin, die ihn vollends entwaffnete. „Beantworten Sie mir offen jede Frage, mein Freund, es wird nur zu Ihrem Besten sein, offen und ehrlich, ich wünsche es."

„Mein Wort, Majestät, ich werde nur die Wahrheit sprechen."

„Nun, so sagen Sie mir vor allem, was ich tun kann, um Sie vollkommen glücklich zu machen", begann Katharina. „Ich hoffe, Sie lieben und werden wiedergeliebt, denn ohne Liebe gibt es kein wirkliches Glück."

„Gewiß, Majestät."

„Sie lieben also?"

„Ja."

„Mit ganzer Seele?"

„Ich möchte mein Leben hingeben für die Frau, die ich liebe."

„Sie ist also schön, diese Frau?"

„Das schönste Weib der Erde."

„Und sie liebt Sie wieder," murmelte die Kaiserin mit einem schmerzlichen Lächeln, „o gewiß, sie muß Sie lieben!"

„Ich wage nicht, daran zu denken."

„Ist sie so tugendhaft, oder so stolz?"

„Sie ist für mich unerreichbar."

„Und das macht Sie unglücklich, mein Freund?"

„Nein, Majestät, ich bin selig, wenn ich nur in ihrer Nähe weilen darf."

„Ich will diese Frau kennen, Lanskoi", rief Katharina, indem sie den Kopf in den Nacken zurückwarf. „Schnell, wie ist ihr Name?"

„Es ist die einzige Frage, welche ich nicht beantworten darf."

„Auch dann nicht, wenn ich es Ihnen befehle?" sagte Katharina, sich mit einem Male in ihrer vollen Majestät aufrichtend, „ich befehle Ihnen, mir die Frau zu nennen, die Sie lieben, und zwar auf der Stelle."

„Muß ich gehorchen?"

Die Kaiserin nickte.

Im selben Augenblick lag Lanskoi zu ihren Füßen. „Vergebung, Majestät, aber die Frau, die ich liebe, die ich anbete —"

„Nun, wie nennt sich diese Frau?" rief die Zarin, mit dem Fuße stampfend.

„Katharina II."

„Lanskoi! Sie lieben mich — ist das möglich? —" jubelte die schöne Despotin.

„Oh! Katharina, wäre es denn möglich, Sie nicht zu lieben?" rief Lanskoi, indem er ihre Hände ergriff und mit Küssen bedeckte.

„Und du fragst nicht, ob ich dich wiederliebe? Du hast recht, Lanskoi, du mußt es in meinen Augen lesen, was du mir bist. Ja, Lanskoi, ich liebe, zum ersten Male, seitdem ich das Licht der Welt erblickt, liebe ich, und du bist es, der mich bezwang, der mich so elend und so unsäglich glücklich gemacht. Aber nicht von mir soll die Rede sein, von dir allein, Geliebter, dich will ich glücklich sehen, das ist für mich die höchste der Freuden." Sie umschlang ihn mit wilder Zärtlichkeit, und ihre Lippen suchten fiebernd die seinen.

*

Katharina II. liebte, dieses beispiellos schöne Weib, das den kaiserlichen Gemahl mit dem Degen in der Faust vom Throne gestoßen und ohne Erbarmen erwürgt, das jeden seiner Günstlinge zum demütigen Knecht seiner wollüstigen Launen gemacht hatte, liebte mit ganzer Seele, erbebte furchtsam, wenn es die Stirne des Geliebten von dem kleinsten Schatten verdüstert sah, und Tag und Nacht, im Wachen und Träumen nur von dem einen Gedanken beseelt, ihn zu beglücken.

Es waren Stunden nie geahnter Seligkeit, welche Katharina II. mit dem schönen, liebenswürdigen Lanskoi, im Winter in der prachtgeschmückten Eremitage, im Sommer

in dem lieblichen Zarskoje Selo verbrachte. Niemand hätte
in dem liebenden Weibe, das an der Seite des Geliebten
zärtlich an ihn geschmiegt, im Schlitten dahinflog, oder
sich in silberhellen Mondnächten mit ihm im Kahne schau=
kelte, das im prunkvollen Boudoir vor ihm auf den
Knien lag und sich nicht sattsehen konnte an seinem
Antlitz, und nicht einschlafen konnte, wenn er ihren Kopf
nicht in seine Hände gebettet hatte, niemand hätte in
diesem hingebenden, schwärmerischen Weib voll Güte und
Aufopferung die Despotin wiedererkannt, deren Wollust
die Bacchanalien eine etwas größere Type Agrippina und
Messalina, deren Grausamkeit die Greuel eines Nero er=
neuert hatten.

„Sie liebt Lanskoi, wie sie noch keinen geliebt“, sagte
Fürst Daschkow zu seiner Gemahlin.

„Sagen Sie lieber, Lanskoi ist der erste, den sie liebt,“
erwiderte die Prinzessin, „und diese Frau, die uns seit
langem die glänzendsten Proben von Genie, Klugheit, Mut,
Entschlossenheit und Unbeugsamkeit gegeben hat, über=
rascht uns mit einem Male mit dem, was wir alle am
wenigsten bei ihr gesucht haben, mit einem großen, guten
und zärtlichen Herzen.“

Die Macht, welche Lanskoi über Katharina II. gewann,
war eine unumschränkte und beispiellose, aber daß man
ihn allgemein liebte, beweist, daß er dieselbe in keiner
Weise mißbraucht hat. Wenn sie ihn beschenkte, so ge=
schah es immer gegen seinen Willen, und er zeigte sich
jedesmal beschämt und verwirrt. Als sie ihm dem Winter=
palaste gegenüber einen Palast erbauen ließ, vermied er
es lange Zeit, sich öffentlich sehen zu lassen, und brachte

kein Wort des Dankes über die Lippen, als sie aber ihre
Büste in Marmor der Prinzessin Daschkow verehrte, vergoß er Tränen, denn er liebte Katharina wahnsinnig, daß
er nicht einmal ihr totes, kaltes Abbild jemand anderem
gönnen wollte.

Das Glück dieser einzigen Liebe war die Poesie im Leben Katharinas, und wie echte Poesie nicht ohne Tragik
sein kann, so war auch diesem wunderbaren Traum ein
rasches und unseliges Ende bestimmt.

Katharina II. trug, wie jeder Mensch, ihr Schicksal, ihr
Verhängnis in sich. Ihre Hände waren mit Blut befleckt,
und auf ihre Stirne war der Fluch geschrieben. Ihre Liebe
war tödlich wie ihr Haß.

Nachdem sie Lanskoi ein Jahr besessen, begannen seine
Wangen zu bleichen, und er welkte langsam an ihrer Seite
dahin. Die berühmtesten Ärzte wurden berufen, aber ihre
Kunst scheiterte an dem schönen Jüngling, der den Keim
des Todes in sich trug.

Die Kaiserin war der Verzweiflung nahe. Nachdem
sie alles aufgeboten hatte, den Geliebten zu retten, und ihn
dennoch verloren wußte, da blieb ihr nur das eine, ihm
seine letzten Tage zu verschönern durch ihre Liebe, zu ver-
klären durch das, was ihm nicht die Kaiserin, was ihm
nur das zärtliche, treue Weib bieten konnte.

Sie pflegte ihn wie die Frau den geliebten Gatten, wie
die Mutter ihr Kind.

Durch viele Wochen wich sie Tag und Nacht nicht von
seinem Lager, er bekam keinen Tropfen Arznei, den sie
ihm nicht gereicht hätte, sie hielt ihm den Teller, aus

dem er aß, das Glas, aus dem er trank, sie war un=
ermüdlich, dem nach Atem Ringenden die Kissen zu richten.

Während Lanskoi mit dem Tode rang, stand die Re=
gierungsmaschine des größten europäischen Reiches still,
das Szepter war der Hand Katharinas, die es so männlich
groß geführt hatte, entsunken, dieses herrschsüchtige, wol=
lustheischende Weib war nur noch fähig zu weinen und
zu beten.

„Ich sterbe,“ sprach Lanskoi mit seiner sanften Stimme
am Morgen, ehe er hinüberging, „aber ich trauere nicht
um den Verlust meines jungen Lebens, ich war in dieser
Spanne Zeit, die mir an deiner Seite gegönnt war, so
überreich gesegnet mit allem Glück der Erde, wie es an=
dere Menschen niemals waren, welche die Dauer eines
Patriarchenlebens erreichten.

Es gibt nichts in der Welt, das ewige Dauer hätte, auch
deine Liebe, Katharina, hätte sich vielleicht mit der Zeit
verzehrt, ich danke Gott, daß er das geistige Licht in mei=
ner Brust verlöschen läßt, solange du mich noch liebst, so=
lange ich dir noch etwas bin.“

„Oh! Lanskoi,“ rief die Despotin mit einem Aufschrei
des höchsten Schmerzes, „du warst mir alles, und nichts
bleibt mehr zurück, wenn du mir entrissen wirst, glaube
mir, ich hätte dich immer so grenzenlos geliebt, wie ich dich
jetzt liebe, und ich werde dich niemals, niemals vergessen,
niemals.“ Das stolze Weib, zu dessen Füßen Millionen
lagen, warf sich schluchzend an dem Bette nieder und preßte
die Stirne, die das Diadem trug, verzweifelnd gegen das
kalte Holz.

So lag sie, bis der Todeskampf eintrat, dann hielt

sie den angebeteten Mann in ihren Armen, und an ihrer Brust atmete er aus, ihre Hand in der seinen mit einem holden Lächeln um die noch blühenden Lippen. Katharina stürzte an der Leiche ohnmächtig zu Boden, selbst wie eine Tote.

Durch volle drei Monate trauerte sie um Lanskoi einsam in Zarskoje Selo, und durch volle drei Monate durfte niemand ihre Gemächer betreten, nicht einmal ihre Minister. Eine Witwe kann um den geliebten Gatten nicht aufrichtiger trauern, als sie es um den Geliebten tat.

In dem Parke von Zarskoje Selo erhebt sich ein herrlicher Obelisk von kostbarem Marmor, der die rührende Aufschrift trägt: „Dem Treuesten der Treuen"; es ist dies das Denkmal, das die Liebe der großen Katharina dem schönen Lanskoi gesetzt.

Nur die Toten kehren nicht wieder

Der erste Maitag 1767 täuschte die Erwartungen der
Bewohner von Moskau in keiner Weise. Dieser anmutigste
der russischen Festtage wird Jahr für Jahr durch eine
allgemeine Ausfahrt nach einem nur wenige Werst ent=
fernten Gehölze gefeiert; da aber nur zu oft ein neu
eintretender Frost oder Regen die Freude verdirbt, wird
schon mehrere Tage vorher ängstlich nach jedem Wölk=
chen ausgelugt. Nur diesmal war es ein richtiger Maitag,
die Bäume grünten, und die Gebüsche zeigten die ersten
Blüten; allerorten tönte munterer Vogelsang, und ein
blauer Himmel überspannte die alte Zarenstadt.

In dem Hause des reichen Kaufherrn Peter Paulowitsch
Samsonow war eine kleine, aber dafür um so lautere
Gesellschaft versammelt, um an der Fahrt teilzunehmen.
Das Haus lag in der breitesten Straße von Kilai=gorod,
hatte eine hölzerne, weiß getünchte Freitreppe, einen mar=
morierten Balken, ein Dach, aus dem eine kleine vergol=
dete Kuppel hervorsprang, und in dem anliegenden Gärt=
chen einen chinesischen Pavillon. In dem großen Prunk=
zimmer nahmen die Herren Süßigkeiten und Tee und
warteten auf die Frauen, welche noch mit ihrem Anzuge

beschäftigt waren. Es waren vier Männer da, der Haus=
herr Samsonow, ein großer, feister, behäbiger Kaufmann
vom alten Schlage, in russischer Tracht, seidenem Kaftan,
breitem Gurt, das runde Gesicht von einem runden Barte
eingerahmt, der Bruder seiner Frau, Herr Jamrojewitsch,
Schreiber in der Reichskanzlei, ein kleines, dürres Männ=
chen in zimtfarbenem Frack, weißer Halsbinde, gelbseidener
Weste, taubengrauen Kniehosen, Strümpfen und Schuhen,
mit gepudertem Kopf, zwei dicken Locken an den Schläfen
und einem Zöpfchen, das dem gestutzten Schwänzchen
eines Hündchens ähnlich sah. Ferner Iwan Sergiewitsch
Babunin, der Schwiegersohn Samsonows, der Gatte seiner
ältesten Tochter Feodora, ein junger Mann in russischer
Tracht, mit von Blattern zerrissenem Gesicht, dessen Ge=
schäft und Arbeit einzig und allein darin bestand, eine
Anzahl schöner Häuser in Moskau zu besitzen; endlich ein
junger Offizier, der Kapitän Apostol Tschoglokow. Der
letztere hatte den Vorteil, in seiner knappen, reichge=
schmückten Uniform seine hohe kräftige Gestalt in günstig=
ster Weise zeigen zu können. Der Puder, welcher sein
Haar vollkommen weiß machte, stach wirksam von dem
gebräunten Gesicht ab, dessen Züge edel und dessen dunkel=
blaue Augen feurig und schwärmerisch zugleich waren.

Herr Jamrojewitsch hatte an diesem Tage ganz be=
sonderes Unglück. Er spielte gern den in alle Mysterien
der Politik eingeweihten Staatsmann, obwohl seine Tätig=
keit für das Wohl des Vaterlandes beinahe ausschließ=
lich darin bestand, die Federn zu schneiden, mit denen die
Minister unterzeichneten. Jedesmal, wenn er etwas er=
lauscht hatte, gab er sich die Miene des Unterrichteten,

aber Unergründlichen, machte gerne halbe Anspielungen
und drehte seine Tabatiere vornehm zwischen dem Daumen
und Zeigefinger der rechten Hand, bis er endlich die Neu=
gier aller erregt hatte, dann, wenn man ihn mit Fragen
bestürmte, erglänzte sein sonst lederfarbenes Gesicht pur=
purn, gleich der aufgehenden Scheibe des Mondes, und
endlich begann er mit leiser Stimme zu erzählen, was
er wußte, und durch abgebrochene Worte, durch Räuspern,
Blasen, Spucken, Husten zu ergänzen, was er nicht wußte.
Heute hatte er aber Unglück. Er war feierlich eingetreten,
ohne daß es jemand bemerkt hatte, saß mit einem in wich=
tige Falten gelegten Gesicht schweigend da, ohne daß
jemand davon Aufhebens machte und hatte dann bereits
zum fünften Male die vielsagenden Worte hingeworfen:
„Ihre Majestät die Kaiserin wird heute an der Ausfahrt
teilnehmen", ohne daß einer der Anwesenden eine Frage
daran geknüpft hätte.

Eben nahm er einen neuen Anlauf, drehte seine Ta=
batiere rasch wie eine Wetterfahne im Sturme zwischen
den Fingern und murmelte: „Die Kaiserin — weshalb
mag sie nach Moskau gekommen sein?" als die Frauen
eintraten und wieder niemand seine mysteriösen Worte
beachtete.

Voran schritt Frau Eudoxia Samsonow, eine Vier=
zigerin, die gewiß einmal sehr hübsch, frisch und zart,
jetzt aber wie die meisten Russinnen dieses Alters ent=
setzlich dick war und mit Mühe in ihrem Fett zu atmen
schien. Sie sah in ihren reichen altrussischen Kleidern
wie ein aufgeputztes Schlittenpferd aus. Ihr folgte die
verheiratete Tochter Feodora Babunin, dann kamen die

beiden unverheirateten, Elisabetha und Basja, alle drei
hübsch, weiß und rot, mit unverkennbarer Anlage zur
Üppigkeit, und festlich geschmückt. Ganz zuletzt trat rasch
und stolz ein junges Mädchen von kaum sechzehn Jahren,
mittelgroß, schlank, mit reichem dunklem Haar und feu=
rigen Augen in das Zimmer, es war die jüngste Tochter
und die schönste, Mascha, von allen die Zigeunerin genannt.
Ihr erster Blick traf den hübschen Offizier, der sich er=
hoben hatte und nach einer tiefen Verbeugung im Stile der
Menuette gegen die anderen Frauen auf sie zuging und
ihre Hand küßte. Nach russischer Sitte beugte sich die
schöne Mascha lebhaft zu ihm hin, und ihre frischen Lippen
berührten seine Stirne.

Niemand sah etwas Auffälliges in dieser Begrüßung,
um so weniger, als Tschoglokow für den begünstigten
Bewerber der schönen Kaufmannstochter galt. Mascha hatte
ihre reine Stirne mit einer Stirnbinde, Perlen auf rotem
Samt, gekrönt, welche ihr Haupt gleich einem Heiligen=
schein umstrahlte, und trug einen neuen roten Scharafan
mit roter goldgestickter Seide.

Herr Jamrojewitsch hielt diese Gelegenheit, die sich
seiner staatsmännischen Beredsamkeit darbot, fest und
sprach, diesmal mit einer Stimme, die niemand überhören
konnte: „Mascha, du siehst heute wahrhaftig wie die
Zarewna selbst aus, ja, ja, nun, du wirst sie sehen,
ihr alle werdet sie sehen, sie fährt heute aus. Wie man=
cher wird sich etwas dabei denken, etwa: Wie kommt es,
daß unser Mütterchen Katharina II. eben jetzt in Moskau
ist und nicht anderswo?"

In der Tat war es diesmal dem zimtfarbenen Schreiber

gelungen, die Aufmerksamkeit aller zu erregen. „Ja, wie kommt es, daß die Kaiserin eben jetzt in Moskau ist?" sagte Samsonow, und ähnlich erklangen zu gleicher Zeit die Fragen aller anderen, mit Ausnahme des Kapitäns, dessen Stirne sich finster runzelte.

„Allerdings," erwiderte Jamrojewitsch langsam, die Tabatiere verharrte dabei gleichfalls in diplomatischer Ruhe, „wer reden dürfte, aber so — es gibt Geheimnisse — Staatsrücksichten —"

„Nun, wir wollen also nicht in Euch dringen," fiel Babunin ein, „sondern an unsere Ausfahrt denken."

„Dringt immerhin in mich," antwortete der Schreiber mit großer Würde, „ich werde nichts verraten, das ist so unsere Art in der Reichskanzlei."

Man ging die Treppe hinab und nahm in zwei schönen Wagen Platz, in dem einen saß der Kaufherr, seine Frau, der Kapitän und Mascha, in dem zweiten die drei anderen Töchter mit Babunin. Man fuhr durch die Straßen des altertümlichen Moskau zwischen Steinpalästen und hölzernen Häusern, bis die Wagen die prächtige Allee riesiger Fichten erreichten, welche auf dem ganzen Wege von mehreren Werst die Fahrenden begleiteten und hier ihren Platz in der langen Reihe der verschiedenartigsten Fuhrwerke einnahmen. Das ganze reiche und wohlhabende Moskau schien auf der Wanderung, doch auch der kleine verarmte Adel durfte und wollte an diesem Tage nicht fehlen. So sah man denn zwischen den prachtvollen, mit feurigen Rassepferden bespannten Equipagen der Großen, in denen Damen mit hohen Toupets und weit gebauschten Roben saßen und die sicher unaufhörlich in Bewegung waren, deren Kutschböcke und Tritte mit goldstrotzenden Dienern besetzt waren, andere von Schind= mähren gezogen, deren Geschirr mit Stricken zusammen= gebunden war, während die Livree der Lakaien Risse zeigten. Hier neumodische Glaswagen, dort alte Kutschen, Archennoahs auf Rädern, bei jedem Schritte ächzend. Zwischen den beiden Reihen von Wagen, die ausfuhren oder zurückkehrten, sah man elegante Herren, Offiziere und Soldaten, welche die Ordnung aufrecht erhielten, auf raschen Pferden hin und her sprengten, während rechts und links Tausende von Bauern festlich gekleidet, dem Schau= spiel zusahen.

Mehr als zweitausend Kutschen waren in Bewegung, und Tausende von Menschen füllten das Gehölz, als die Gesellschaft dort ankam. Baumgruppen wechselten mit großen Wiesen und blühenden Gebüschen ab, die Wohl= geruch versendeten. An geeigneten Stellen waren geräu= mige Zelte aufgeschlagen, in denen die Großen Erfrischun= gen nahmen und ihre Freunde bewirteten.

„Nun, Herr Vetter, wo bleibt denn die Zarewna“, begann Babunin, nachdem man ausgestiegen und einige Zeit in dem glänzenden Gewühl umhergegangen war.

„Wir werden sie sehen, ich sage es euch, und noch recht oft werden wir sie sehen, sie wird länger in Moskau verweilen, als man denkt, es sind wichtige Dinge im Zug; ja, wer reden dürfte“, seufzte der Schreiber und drehte die Tabatiere würdevoll zwischen den Fingern.

„Ob es dies ist oder jenes, was unser Mütterchen Katharina vorhat,“ sagte Samsonow, „gewiß wird es zu unserem Besten sein.“

Tschoglokow schoß einen seltsamen Blick auf ihn und biß sich in die Lippe fest, als zwinge er sich zu schweigen.

„Man darf nichts sagen," fuhr der Schreiber fort, „am wenigsten urteilen, aber jeder muß es loben, eine solche Regierungshandlung, in einem Staate nämlich, wo es nur einen Herrn gibt und alle anderen Sklaven sind, eine unerhörte Großmut; die Engländer werden staunen; und was haben sie dann vor uns voraus? Nichts haben sie vor uns voraus, nicht das mindeste."

„Wovon sprichst du", staunte Samsonow.

Die Tabatiere lief wie das Rad eines Scherenschleifers zwischen den Fingern des Schreibers. „Wovon ich spreche? Von einem Staatsgeheimnis. Vor vielen Monaten schon sind Ukase in die entferntesten Gegenden des Reiches geschickt worden. Damals war noch nicht Zeit, davon zu reden, deshalb habe ich keinerlei Andeutung gewagt —" damals hatte er nämlich von der Sache nichts gewußt — „aber jetzt kann man — so im Familienkreise nämlich — und dergleichen — kann man es wagen — unsere große Monarchin — es wird dieser Tage ein Manifest erscheinen, das Abgeordnete aller Nationen Rußlands hierher nach Moskau beruft, um die neuen Gesetze zu beraten —"

„Seid Ihr von Sinnen?" schrie der Kapitän auf.

„Herr Offizier, ich habe das Manifest eigenhändig — abgeschrieben."

„Also ein Parlament sollen wir erhalten wie in England?" sagte Babunin.

„Durch den freien Willen und die Gnade der Zarin," fügte Samsonow hinzu, „ja, ja, es ist eine große, eine

weise, herablassende Frau, unsere Herrin Katharina II.
Viele Jahre möge sie leben und regieren, viele Jahre!"

Mit einem Male entstand lebhafte Bewegung, ein
Wogen und Drängen in den Menschenmassen.

„Die Kaiserin, von der Prinzessin Daschkow begleitet,
es ist ihr goldener Wagen!" rief der Schreiber.

In einer Karosse aus vergoldetem Holz, deren Wände
venetianisches Glas bildete, saßen zwei Frauen, die eine
schön und majestätisch, mit einer Kosakenmütze auf dem
gebieterischen Haupte, die andere kaum hübsch zu nennen,
aber voll Grazie, Leben und Geist. Mascha hatte den
Arm des Kapitäns gefaßt und führte ihn rasch beiseite.
„Du sollst sie nicht sehen", sagte sie.

„Wen?"

„Die Kaiserin."

„Weshalb, törichtes Mädchen?" fragte Tschoglokow
überrascht.

„Weil — ich weiß eigentlich selbst nicht weshalb —,"
gab Mascha zur Antwort, „aber ich muß jedesmal zittern,
wenn von Katharina die Rede ist, vielleicht ist es ein Vor=
gefühl, daß sie dich mir entreißt. Sie wählt ihre Günst=
linge unbekümmert um das Urteil der Welt, und du —
du, weshalb solltest du ihr nicht gefallen?"

„Bist du ruhig, wenn ich dir sage, daß Katharina mir
nie gefährlich werden kann?"

„Wirklich? Sie ist doch sehr schön!"

„Aber ich hasse sie", murmelte der Kapitän.

Mascha schien ihn nicht zu verstehen. „Was du sagst",
stieß sie endlich hervor.

„Sie ist eine Tyrannin, sie hat ihren Gatten ermorden

lassen," fuhr Tschoglokow fort, „und belügt Europa mit
dem Schein großer Handlungen, während sie ihr Volk
barbarischer behandelt, als es je ein Nero oder Kaligula
gewagt hat."

„Ich verstehe dich nicht," sagte das Mädchen nach
einer Weile, „aber es ist mir genug, daß du sie nicht
liebst."

„Und dieses russische Parlament! Was ist das, was
soll das sein?" fuhr der Kapitän fort, „eine erbärmliche
Komödie, um ihre Lobredner im fernen Frankreich zu
täuschen und zu neuen Panegyriken zu begeistern, uns
kann sie nicht betrügen, denke daran, wie lächerlich das
enden wird."

„Nun sage mir aber," rief Mascha plötzlich, „wenn
du sie so sehr hassest, warum ich mich vor Katharina
so sehr fürchte, sag' mir das?"

*

Diesmal war Herr Jamrojewitsch wirklich gut unter=
richtet gewesen. Das kaiserliche Manifest, welches Ab=
geordnete aller Nationen und Stämme des großen Ruß=
lands zur Beratung neuer Gesetze nach Moskau berief,
erschien in den nächsten Tagen und versetzte Europa in
Staunen, die Russen selbst aber in nicht geringe Furcht.

War die Absicht der absoluten Selbstherrscherin, der
mit dem Blute ihres Gemahls und so vieler Unglücklichen,
welche sich zu ihrem Sturze verschworen hatten, befleckten
Despotin, ihrem Volke, das zum größten Teile noch
in den Ketten der Sklaverei schmachtete, mit einem Male
die Freiheiten Englands, die Teilnahme an der Gesetz=

gebung aus eigenem Antriebe einzuräumen, ernst zu nehmen, oder war es ein kühner Scherz im Stile Iwan des Schrecklichen, der die Großen des Reiches aufforderte, einen Nachfolger zu wählen, und als sie erklärten, sie fänden keinen Mann, der würdig sei nach ihm, den Thron einzunehmen, ihnen höhnisch zurief: „Das ist euer Glück, wenn ihr einen gefunden hättet, hätte ich ihm und euch die Köpfe herunterschlagen lassen!"

Die treuen Untertanen Katharinas sträubten sich zuerst überhaupt, Abgeordnete zu wählen, und als man ihnen befahl, von ihrem Rechte Gebrauch zu machen, machten die Gewählten Schwierigkeiten, nach Moskau zu gehen, und entschlossen sich, erst dann dem Rufe der Monarchin Folge zu leisten, als man sie mittels Polizei hinzuschicken drohte. Ein Parlament, dessen Deputierte mit Eskorte wie Verbrecher eingeliefert werden müssen, das wäre denn doch für das Rußland Katharinas zu skurril gewesen. Endlich fanden sich die Gewählten in Moskau ein. Seit Turmbau zu Babel hatte man nicht so verschiedene Rassen und Nationen, so seltsame Menschentypen an einem Orte vereint gesehen, sie kamen aus den Eisfeldern der Polargegenden und aus den grasreichen Steppen des Südens, von den Ufern des Intis und der Wolga. Es war eine Versammlung, die ihresgleichen suchte, aber sie endete auch genau so wie der Turmbau zu Babel.

Die Deputierten waren unfähig, sich untereinander zu verständigen, als man ihnen aber die Absichten der Monarchin verdolmetschte, waren sie sofort einig, dieselbe als groß, weise und als Mutter des Vaterlandes zu bezeichnen.

Im übrigen schienen sie nicht zu verstehen, was man

11   Katharina II.

von ihnen begehrte, und blieben unerschütterlich dabei, keine Meinung über die ihnen vorgelegten Gesetze zu haben. Alles, was das Mütterchen Zarin habe niederschreiben lassen, sei ohne Zweifel über jeden Tadel erhaben, erklärten sie immer von neuem, und sie seien nur da, um ihren Befehlen zu gehorchen und ihr in allem zu dienen. Mit einem solchen Parlamente zu regieren, das zu allem „ja" sagte, widerte sogar die neronische Natur einer Katharina an.

Sie entließ also die Abgeordneten huldvoll nach Hause — es war für dieselben der schönste Moment ihrer Tätigkeit für das Wohl der Völker Rußlands — und die Freiheitskomödie war zu Ende.

Denkmünzen aus Gold wurden zur Verherrlichung derselben geschlagen und an die Deputierten verteilt. Die Mehrzahl derselben verkaufte sie gleich in Moskau an dortige Goldschmiede.

An dem Tage, wo die merkwürdige Versammlung auseinanderging, kam Tscheglokow in ungewöhnlicher Aufregung zu seiner geliebten Mascha. Er fand sie mit ihrer Schwester Elisabetha im Gärtchen hinter dem Hause, in dem chinesischen Pavillon mit dem Aufnehmen kleiner Knaben beschäftigt.

Der Kapitän begrüßte die Mädchen und warf einen Blick auf Mascha, den diese in unzweideutiger Weise an ihre Schwester weitergab. Elisabetha entschuldigte sich mit einer Arbeit, die sie im Hause zu verrichten hatte, und ließ die Liebenden allein.

„Weißt du bereits die große Neuigkeit?" begann der Kapitän.

„Wie soll ich etwas wissen? Der Vetter war heute noch nicht da, wir erfahren alle Neuigkeiten nur durch ihn."

„Erinnerst du dich meiner Vorhersagung am ersten Mai?" fuhr Tschoglokow fort.

„Ich erinnere mich", sagte das schöne Mädchen.

„Alles ist so eingetroffen, wie ich sagte. Die Versammlung der Deputierten ist eben heimgeschickt worden. Die Zarin hatte keine andere Absicht gehabt, als Europa eine Komödie vorzuspielen, aber ihre getreuen Untertanen benahmen sich bei derselben so über alle Erwartung albern, daß sie nahe daran war, sich vor allen zivilisierten Nationen lächerlich zu machen, und es daher vorzog, die allzu diensteifrigen Werkzeuge nach Hause zu senden. Und dieses Weib preisen Männer wie Voltaire und Diderot! Die Maske der Humanität, der Liebe für Künste und Wissenschaften soll aber Europa nicht länger über das Medusenantlitz täuschen, das sich hinter derselben verbirgt!"

„Apostol, du führst sehr gefährliche Reden," rief das gute Mädchen entsetzt, „sprichst du auch so zu deinen Kameraden oder anderen Leuten?"

„Nein, Geliebte, nur zu dir."

Mascha atmete auf. „Besänftige dich," sagte sie mit ihrer freundlichen, silberhellen Stimme, zugleich zog sie ihn auf den gepolsterten Sitz nieder und umschlang den teuren Mann mit beiden Armen, „was kümmern uns diese Dinge, ist es für unsere Liebe, unser Glück nicht gleichgültig, wer auf dem Throne sitzt und wie die Minister sich nennen?"

„Das ift fehr felbftfüchtig gedacht," erwiderte
Tfchoglofow, „nur weil alle — vielleicht mit einer ein=
zigen Ausnahme — fo denken, ift diefe Tyrannei, diefe
Mißregierung möglich. Haft du denn kein Gefühl für
dein Vaterland, für dein Volk, Mafcha?"

„Aber, Geliebter, es hat fich ja eben gezeigt, daß
diefes Volk keine Veränderung wünfcht."

„So ift es, Mafcha," fprach der Kapitän, „ja, du
haft die Wahrheit gefprochen, und das ift eben das Ent=
fetzliche. Der unaufhörliche Druck der Tyrannei, diefes
ununterbrochene Frauenregiment, diefe weibliche Sultans=
und männliche Pafchawirtfchaft hat uns Ruffen fo er=
niedrigt, fo aller Menfchenwürde beraubt, daß wir nicht
einmal dort mehr von der Freiheit etwas wiffen wollen,
wo fie uns von unferen Bedrückern gleichfam anbefohlen
wird. Ich muß vor Scham erröten, wenn ich daran denke,
wie die Nachwelt von uns urteilen wird, die wir diefe
Schmach ruhig, ohne Widerftand, beinahe vergnügt, er=
tragen. Haben wir deshalb unter Peter dem Großen
einen Schritt vorwärts getan, der fo kühn, fo überrafchend
war, daß alle Völker Europas uns anftaunten, um dann
wieder unter vier Zarinnen ebenfoviel Defpotinnen, die
nur von ihrer Laune und niemals von einem großen Ge=
danken geführt werden, in die Reihe der afiatifchen
Horden herabzufinken? Katharina I., Anna, Elifabeth,
Katharina II. Welche Aufeinanderfolge von Entwürdi=
gung, Schmach und Elend! Aber die Entfetzlichfte von
allen bleibt doch diefe Semiramis des Nordens, wie
Voltaire unfere gegenwärtige Gebieterin nennt, Semira=
mis wohl nur, weil fie gleich der afiatifchen Herfcherin über

die Leiche ihres Gatten hinweg den Thron bestieg, aber
die Asiatin breitete über ihr Verbrechen, ihre Laster und
Schweifungen den Purpur großer Taten und weiser Einrichtungen. Katharina II. ist aber nichts weiter als eine
neue Messalina, eine zweite Königin von Achem. Man
sagt, daß die Menschheit unablässig vorschreitet. Ich kann
es nicht glauben. Da habe ich mir vor wenigen Tagen
bei einem Trödler ein Buch gekauft, das ihm, mit vielen
anderen, ein französischer Tanzmeister verhandelt hat.
Lies das einmal —" er zog einen französischen Plutarch
hervor und gab ihn Mascha, welche den Deckel auf-
schlug und, mit dem Finger die Buchstaben verfolgend,
zu lesen versuchte.

„Was ist das," sagte sie endlich, „ist das Französisch? Du hast wohl vergessen, daß ich nur die russische
Kirchenschrift lesen kann, und auch diese nur, wenn
die Buchstaben recht groß sind, wie in den Gebetbüchern
und Evangelien."

„Wie schade!" rief der Kapitän, „aber warte, ich will
dir einiges daraus übersetzen." Er suchte in dem Buche,
fand endlich die Lebensbeschreibung des Lykurgos und
begann Satz für Satz, so gut er es eben traf, der Geliebten zu verdolmetschen, während sie, den Arm um
seinen Nacken geschlungen, mit ihm in die vergilbten
Blätter blickte und aufmerksam zuhörte.

Als er zu Ende war, wendete er sein von Begeisterung glühendes Antlitz der Geliebten zu. „Waren das
Menschen in jener alten, längst verflossenen Zeit, war
das ein Volk in Sparta, und dieser Lykurgos, welch
ein Mann! Welche Vaterlandsliebe! Er geht freiwillig

in die Verbannung, er gibt sich den Tod, weil die Spartaner ihm mit einem heiligen Eide geloben, an den herrlichen Gesetzen, die er ihnen gegeben hat, nichts zu ändern vor seiner Rückkehr."

„Wie schön du jetzt bist," sagte das Mädchen, „ich erinnere mich nicht, dich je so gesehen zu haben. Dieser Mann muß sehr gut und groß gewesen sein, da er nach so vielen, vielen Jahren noch imstande ist, bloß durch die Erinnerung an ihn dich so schön zu machen, mein Geliebter."

Tschoglokow zog Mascha gerührt an seine Brust und küßte sie mit jener Innigkeit, welche nur gute und reine Herzen empfinden können, dann nahm er den Plutarch wieder zur Hand und las weiter von Solon, Themistokles, Cato und den beiden Gracchen, er las so lange, bis Frau Eudoxia Samsonow auf der Schwelle erschien.

Die gute, dicke Frau paßte vortrefflich in den Rahmen des chinesischen Pavillons, sie stand da, seltsam und merkwürdig wie eine Pagode, und nickte mit dem Kopfe so ernsthaft wie eine solche.

„Es ist Zeit, etwas zu essen, meine Kinder", sagte sie lächelnd, sie lächelte immer, wenn sie sprach.

Einige Tage später, an einem kalten, unfreundlichen Herbstabend, während draußen der Regen in Strömen herabfloß und der Sturm in den Schornsteinen heulte und an den Fensterscheiben unheimliche Lieder sang, saß Samsonow mit seiner braven Frau in der Nähe des warmen Ofens beim Dominospiel, Elisabetha bereitete den Tee, Basja durchstickte einen roten Scharafan mit Gold, und Mascha spielte mit einem weißen Hündchen, das ihr Tschoglokow zum Geschenke gemacht hatte. Alle blickten von Zeit zu Zeit auf die große Schwarzwälderuhr, sie erwarteten den Kapitän und mit nicht geringer Sehnsucht, denn alle liebten ihn.

Endlich trat er ein und begrüßte zuerst die Eltern, dann die Mädchen herzlich und scherzhaft wie immer, aber Mascha hatte sofort entdeckt, daß er furchtbar bleich war. Sie zog ihn in eine Fensternische und faßte besorgt seine Hand, die sich wie ein Stück Eis anfaßte.

„Was hast du?" fragte sie, „bist du krank?"

„Ich habe die ganze Nacht gelesen", antwortete er.

„Sollte dies allein die Ursache sein —?"

„Und — ich bin zu einem großen Entschlusse gekommen, Mascha."

„Zu was für einem Entschlusse, Geliebter, du erschreckst mich."

„Ich habe heute nacht von Cäsar gelesen, mein teures Mädchen," sagte der Kapitän, „und von Brutus. Der erstere war ein großer Held im alten Rom, der ruhmreiche Taten verrichtete, zum Lohn die höchste Würde im Staate bekleidete, aber damit nicht zufrieden war."

„Was wollte er noch?"

„Er wollte König werden, der Ehrgeizige."

„Weshalb sollte er dies nicht werden, wenn er ein großer Mann war, wie du sagst?"

„Merke auf," fuhr der Kapitän fort, „Cäsar war in der Tat würdig, König zu werden, aber es gab brave Leute in Rom, die selbst dem besten Mann die Freiheit des Vaterlandes nicht zum Opfer bringen wollten. Der angesehenste dieser Patrioten hieß Brutus. Cäsar betrachtete diesen Brutus wie seinen Sohn, als es aber hieß, Cäsar sei gesonnen, am ersten Tage des Märzmonats in den Senat zu gehen und sich dort durch seine Freunde zum Könige erheben zu lassen, da sagte Brutus: Dann ist es meine Pflicht, nicht zu schweigen, sondern für die Freiheit zu streiten und selbst mein Leben aufzuopfern. Cassius aber, sein Schwager, erwiderte: 'Welcher Römer wird gleichgültig bleiben, wenn du dich für die Freiheit aufopferst?'"

„Und was taten diese beiden?" forschte Mascha erregt.

Sie verschworen sich mit anderen angesehenen Männern, und an dem ersten Tage des Märzmonats gingen sie mit Dolchen bewaffnet in den Senat."

„Und?"

„Und ermordeten Cäsar."

„Apostol! Um Himmels willen! Und du — du willst die Kaiserin ermorden?"

„Ja, Mascha, das will ich", sprach der Kapitän mit feierlicher Ruhe.

Das Mädchen sah ihn noch einen Augenblick entsetzt an, dann begann es plötzlich zu lachen. „Ich merke jetzt, du scherzest, willst mich ängstigen, es kann ja nicht dein Ernst sein."

„Meinst du," erwiderte der Kapitän düster, „ich sage dir aber, daß ich nicht ruhig sein kann, Mascha, daß mir das Glück an deiner Seite als eine Sünde erschiene, solange dieses lastervolle Weib lebt. Ich höre eine Stimme, die zu mir spricht: Brutus, du schläfst! Ich

will wach werden und mit mir dieses arme Land er=
wecken."

„Apostol, gibt es denn kein anderes Mittel, keinen
anderen Weg?" fragte angstvoll das Mädchen.

„Jeder andere Weg führt nach Sibirien."

„Und dieser auf das Schafott."

„So sei es, ich will ein großes Beispiel geben,"
sagte Tschoglokow, „und scheitere ich, so soll der Koran
recht behalten, der da sagt:

‚Es gibt keine Erlösung für ein Volk, das von einem
Weibe regiert wird.'"

„Mein Geliebter —"

„Genug davon."

Mascha schwieg und beherrschte ihre Aufregung so
gut, daß niemand im Hause von dem, was sich vor=
bereitete, eine Ahnung hatte, als sie aber in ihrer Stube
allein war, warf sie sich vor den Heiligenbildern nieder
und weinte und betete die ganze Nacht hindurch bis zum
Morgen.

★

Auf dem großen Platze vor dem Kreml blitzten
Tausende von Bajonetten, stampften und wieherten die
Pferde der Reiterei, drohten die schwarzen Mündungen
der Kanonen. Die Zarin Katharina II. hielt hier die
Parade über die Garnison von Moskau ab.

Nachdem die Truppen in drei Treffen aufgestellt
waren, sprengte sie mit einem glänzenden Stabe heran,
wurde mit Musik und Senken der Fahnen empfangen
und ritt dann langsam die Front ab.

Sie saß auf einem weißen Araber, der sie mit einem gewissen Stolz zu tragen schien, in leichter und doch imponierender Haltung. Auf dem weißgepuderten Haar saß ein dreieckiger Hut in der Form, wie ihn damals die Soldaten bei der Wache trugen, mit breiter Goldborte und kleinem Federbusch. Über dem grauen Reitkleide hatte sie eine Uniform aus grünem Tuch, roten Auf= schlägen und Gold an, die kleine Hand im weißen Stulpen= handschuh führte kräftig die Reitgerte.

Während die Kaiserin durch die Reihen ritt, wurde sie von jeder Kompanie mit den Worten: „Guten Tag unserer Zarin!" gegrüßt, und sie erwiderte: „Guten Tag", mit einem liebenswürdigen Lächeln. Als sie an Tschoglokows Kompanie vorbeikam, ließ sie plötzlich ihr Pferd langsamer gehen und heftete ihren Blick, der mehr wie einen mutigen Mann zittern gemacht hatte, voll und ruhig auf den neuen Brutus. Der Kapitän hielt ihn aus, ohne nur mit der Wimper zu zucken, in seinem Auge loderte Haß und Fanatismus, aber Katha= rina II. schien die Glut desselben ganz anders aufzufassen, denn sie wendete sich auf der Stelle zu dem General Grafen Apraxie und fragte nach dem Namen des jungen, schönen Offiziers.

Auf einmal, als sie die Regimenter vor sich defi= lieren ließ, suchte und fand ihr großes, gebieterisches Auge den Kapitän, und diesmal wurde ihm sogar ein gnädiges, nur ihm bemerkbares Kopfnicken zuteil.

Nach der Parade in ihre Gemächer zurückgekehrt, ließ Katharina II. sofort den Grafen Panin zu sich befehlen und gab ihm den Auftrag, ihr so rasch als möglich über den Kapitän Tschoglokow zu berichten. Die Auskünfte, welche sie so dringend begehrte, kamen indes viel früher, als sie erwartete, von ganz anderer Seite und lauteten seltsam genug.

Die Zarin hatte nur Zeit gehabt, ihre militärischen Kleider mit einem reichen Negligee zu vertauschen, als ihr eine Person gemeldet wurde, welche ihr wichtige und dringende Mitteilungen zu machen habe.

„Wer ist es?" fragte sie, die Stirne runzelnd.

„Ein junges Mädchen, die Tochter eines Kaufmanns in Kilai=gorod."

„Und welchen Gegenstand betreffen die Mitteilungen?"

„Sie behauptet, nur Ihrer Majestät selbst alles sagen und gestehen zu können."

Katharina II. blickte einen Augenblick zu Boden, sie besann sich offenbar, dann gab sie einen Wink, der so viel bedeutete als: ich will das Mädchen sprechen. Ehe dieses eintrat, hatte die Monarchin noch Zeit gehabt, sich sehr genau im großen Wandspiegel zu betrachten, um dann in einer nachlässigen Attitüde auf dem Ruhebette Platz zu nehmen.

Als sich das Mädchen endlich mit der Selbstherrsche= rin Rußlands allein sah, blieb es, einer Bildsäule gleich, an der Türe stehen, von der schweren roten Damast= portiere halb bedeckt, und begann zu weinen.

„Nun, sage mir rasch, was du zu sagen hast," be= gann Katharina II. lächelnd, „bedenke, daß ich nicht ganz soviel Zeit habe wie du."

Die helle Stimme der Kaiserin wirkte in ganz anderer Weise auf das Mädchen, als die Majestät ihrer Erschei=

nung, sie eilte auf dieselbe zu, warf sich ihr zu Füßen und hob flehend beide Hände empor. „Gnade!" stieß sie angstvoll hervor.

„Für wen, mein Kind?" fragte Katharina sanft.

„Für einen Mann, den ich liebe", erwiderte das Mädchen schluchzend.

„Was hat er für ein Verbrechen begangen?"

„Er will erst eins begehen."

„Ei," lachte die Zarin, „und ich soll ihm vorher eine Verzeihung gewähren, damit er es ungestraft verüben kann? Nicht übel ausgedacht."

„Nicht so, Majestät," rief das Mädchen, „ich drücke mich schlecht aus. Es handelt sich darum, eine schreckliche Tat zu verhindern und dem, der sie vorhat, Ihre Gnade zu erwirken."

„Immer rätselhafter," sagte die Zarin, „vor allem aber, wie ist dein Name, wer sind deine Eltern?"

„Ich heiße Mascha, und mein Vater ist der Kaufmann Samsonow in Kilai-gorod."

„Nun, Mascha, stehe auf und erzähle mir ruhig und zusammenhängend alles, was du auf dem Herzen hast."

„Nicht früher, Majestät, als bis Sie mir Gnade gewähren für den Unglücklichen."

„Ich muß den Fall kennen, ehe ich entscheide."

„Nein, Majestät, Sie müssen früher vergeben, ehe ich den Mann, den ich so heiß und innig liebe, in Ihre Hände liefere, denn ich tue diesen Schritt nicht allein, um Ihr Leben zu retten, gnädigste Frau, sondern auch das seine, nur meine Liebe, meine Angst um ihn treibt mich, ihn zu verraten."

„Es handelt sich also um eine Verschwörung —"

„Nein —"

„Doch, doch, ein neuer Anschlag auf mein Leben", fragte Katharina rasch und heftig.

„Das habe ich nicht gesagt —"

„Gewiß hast du das gesagt, eben das, mein Täubchen."

„Ich habe nichts gesagt," rief Mascha, deren Mut mit jedem Worte stieg, „und ich werde nichts sagen, wenn Sie mir nicht sein Leben schenken."

„Es gibt Mittel, Kind —"

„Ich fürchte nicht, in den Kerker geworfen und mit Ketten beladen zu werden."

„Und die Folter?"

„Auch diese nicht, ich fürchte nichts in der Welt für mich, und alles nur für ihn", sagte das Mädchen mit einer Achtung heischenden Entschlossenheit. „Brauchen Sie Gewalt, Majestät, dann Gnade Ihnen Gott, kein Mensch wird Sie erretten, wenn ich schweige, und Sie werden sterben, wie Cäsar starb."

„Was weißt du von Cäsar?"

„Ich weiß, daß er ein Tyrann war, und daß Brutus ihn ermordet hat."

Katharina sah das mutige Mädchen groß an, sprang auf und durchschritt heftig das Gemach, sie überlegte; daß hier die Gewalt ihres Zepters nicht ausreichte, sah sie jetzt klar genug, sie wollte es also mit der Macht ihrer Persönlichkeit und mit ihrer überlegenen Klugheit versuchen. „Höre mich an," begann sie, nachdem sie mit auf der Brust gekreuzten Armen vor Mascha stehen geblieben war, „wenn ich dich jetzt hier festhalte und

meinen Polizeichef beauftrage, binnen einer Stunde fest=
zustellen, wer jener Mann ist, den du liebst, kenne ich
auch den neuen Brutus, vor dem ich mich zu hüten habe.
Du siehst, ich brauche nur zu wollen, und dein Ge=
liebter ist in meiner Gewalt, ich kann dann mit ihm
beginnen, was mir gut dünkt, ihn foltern lassen, bis
er gesteht, und wenn er gestanden hat, ihn auf das
Blutgerüste senden. Verstehst du? Aber ich will nicht.
Ich habe Mitleid mit dir. Sage also, was verlangst du
von mir?"

„Ich bitte um Gnade, Majestät, um Vergebung für
ihn," flehte Mascha, „er ist kein böser Mensch, nur
ein wenig verblendet und schwärmerisch."

„Du sagst mir, daß er und andere mich ermorden wollen."

„Er allein."

„Gut, er allein. Darf eine solche Tat straflos bleiben?
Bedenke, mein Kind, was ich meiner hohen Stellung,
meiner Würde schuldig bin," fuhr die Zarin fort, „ich
muß ihn strafen, aber ich verspreche dir, ihn nicht zum
Tode zu verurteilen —"

„Ach! Majestät, wenn Sie ihn in den Kerker oder
nach Sibirien senden, ist er für mich gleichfalls tot."

Katharina dachte nach, nur wenige Sekunden, dann
überflog es ihr schönes, kluges Antlitz wie die Freude
des Sieges. „Also, ich will noch mehr versprechen,
mein kaiserliches Wort, daß er nicht länger als ein Jahr
gefangen bleibt. Ich denke, die Strafe ist für einen
Hochverräter und Mörder milde genug. Bist du nun
zufrieden?"

„Ja, Majestät."

„Nun nenne mir seinen Namen."

„Es ist der Kapitän Tschoglokow."

„Tschoglokow!" schrie Katharina II. auf, „wirklich Tschoglokow! Welche rätselhafte Fügung, und er haßt mich also?"

„Er sagt es."

„Und hat eine Verschwörung angezettelt —"

„Nein, Majestät, er hat weder Mitschuldige noch Mitwisser."

„Bist du dessen sicher?"

„Ja, Majestät."

„Du kannst gehen, mein Kind." Eine huldvolle Handbewegung, und Mascha war entlassen.

Die Kaiserin berief sofort den Chef ihrer Polizei und befahl, den Kapitän Tschoglokow auf der Stelle zu verhaften und vor sie zu führen, dann begab sie sich in ihr Kabinett, um die eingelaufenen Depeschen durchzusehen. Stunde auf Stunde verging, Katharina wurde ungeduldig und sendete einen Offizier nach dem Chef der Polizei, endlich kam dieser und meldete, der Kapitän sei verschwunden. Einer seiner Kameraden habe ihn zuletzt unter den Fenstern der Kaiserin auf und ab gehen sehen. Von da an schien jede Spur verloren. Man hatte vor seiner Wohnung, vor der Kaserne seines Regiments, an allen Orten, die er zu besuchen pflegte, Leute aufgestellt mit dem Befehl, ihn gefangen zu nehmen, damit schien die Weisheit der Polizei erschöpft.

„Haben Sie ihn auch bei dem Kaufmann Samsonow gesucht?" fragte die Kaiserin.

„Dort zuerst, Majestät."

„Und verlautet, daß er abgereist ist?"

„Durchaus nicht, Majestät."

Nach dem Diner sendete Katharina wieder an den Polizeichef.

„Keine Spur von dem Kapitän?"

„Keine, Majestät."

„Wo pflegt er zu speisen?"

„Bei dem Major Borodinsko, seinem Oheim."

„Und —"

„Er wurde heute vergebens erwartet."

„Seltsam."

Abends gab eine Theatervorstellung, in welcher Herren und Damen des Hofes mitwirkten, den Gedanken der Zarin eine andere Richtung, aber kaum war sie nach Mitternacht in ihr Schlafgemach eingetreten, erinnerte sie sich Tschoglokows. Sie ließ sich nicht entkleiden, sondern eilte in ihr Kabinett und berief noch einmal den Polizeichef und mit ihm den Grafen Orlow. Nach= dem sie nochmals vernehmen mußte, daß von dem Kapi= tän nichts zu entdecken sei, trat die Sorge für die Sicherheit ihrer Person in den Vordergrund, und sie traf Anstalten, die Wachen zu verdoppeln und die Gänge, aus denen geheime Türen in ihre Gemächer führten, stark besetzt zu halten. Dann erst kehrte sie in ihr Schlafgemach zurück, ging aber nicht zur Ruhe, sondern begnügte sich damit, ihre Prunkrobe abzulegen und in einen bequemen, mit kostbaren Spitzen besetzten Schlaf= rock zu schlüpfen. Nachdem sie ihre Kammerfrauen fort= geschickt hatte, setzte sie sich an ihren Sekretär und schrieb, um sich zu zerstreuen, an Voltaire.

Bemüht, ihren lebhaften Geist zu sammeln und in
seinem vollen Glanze sprühen zu lassen, vergaß sie die
ganze übrige Welt und mit ihm den Kapitän, der ihr
Leben bedrohte, da — als sie von dem beschriebenen
Blatte aufblickte, um selbstzufrieden vor sich hinzulächeln,
stand plötzlich ein bleicher Mann mit unheimlich glühen=
den Augen vor ihr, und sie erkannte Tschoglokow.

So wenig Katharina auf diese plötzliche, sie be=
drohende Erscheinung gefaßt war, so erschrak sie doch
nicht im mindesten; ohne ihre Miene nur einen Augen=
blick zu verändern, ja ohne nur die Feder fortzulegen, aber
den Blick immer fest auf den Gegner gerichtet, lehnte
sie sich zurück und sprach: „Seien Sie mir willkommen,
Kapitän, ich habe eben an Sie gedacht.“ Und als
Tschoglokow schwieg, fuhr sie fort: „Ja, es ist so, wie
ich Ihnen sage, und ich habe bedauert, daß ich nur
Kaiserin und nicht auch ein wenig Zauberin bin, ich
hätte Sie auf der Stelle in dieses Zimmer hergezaubert,
denn seitdem ich Sie heute bei der Parade bemerkte,
beschäftigte ich mich immerfort mit Ihnen, Sie haben
einen Eindruck auf mich gemacht, und — wer weiß —“
sie zuckte mit hinreißender Liebenswürdigkeit die Achseln
— „Orlow hat, um mich zu kränken, gestern von mir
Urlaub begehrt, ich bin jetzt in der Laune, ihm den=
selben zu gewähren. Aber wie kommen Sie hierher? Ich
fange an, an Zauberei zu glauben.“

„Ich bin durch den Kamin gekommen, Katharina,“
gab der Kapitän rauh zur Antwort, „aber du erratest
wohl nicht, zu welchem Zwecke?“

Katharina warf die Feder von sich und begann laut

zu lachen. Zu welchem Zwecke dringt man in das Schlafgemach einer Frau?"

„Du irrst dich —"

„Nein, mein Freund, ich irre mich nicht, du bist nicht der erste, dessen Sinne ich in Aufruhr gebracht habe," fuhr die Zarin fort, „ich sollte dir böse sein, aber ich liebe die kühnen Männer, wenn sie — schön sind." Sie stand auf, ging rasch zu dem prachtvollen Ruhe= bett, das in der Nähe des Kamins stand und ließ sich so kokett wie nur möglich auf demselben nieder. „Hier= her! Weißt du nicht, wo dein Platz ist? Zu meinen Füßen! Komm, du sollst mir die Zeit vertreiben, aber wehe dir, wenn du nicht rasend verliebt bist, komm!"

„Ich hasse dich, Tyrannin!" rief Tschoglokow, „und werde dich für deine Missetaten strafen, wie du es ver= dienst. Kein Mensch ist hier, dich zu beschützen —"

„Glaubst du," sprach Katharina, „und wenn ich im= stande bin, mich selbst zu beschützen?" Sie stand auf, ging furchtlos auf Tschoglokow zu und legte die schöne weiße Hand auf seine Schulter. „Du willst mich töten? Du?"

„Ich werde dich töten —"

„Nein, du wirst zu meinen Füßen liegen und um meine Gunst flehen," rief die Zarin, „wenn du mich ermorden wolltest, so hättest du es bei der Parade tun müssen oder anderswo, dort, wo ich nur die Mon= archin bin, hier, wo ich nur Weib bin, hier kannst du mich nicht töten, hier mußt du mich lieben, mich be= gehren, und bin ich nicht begehrenswert? Jetzt, wo ich weiß, daß du mich hassest, jetzt reizt mich der Ge=

banke, dich in meinen Armen zu haben, um so mehr.
Wirf deinen Dolch weg, Brutus, komm, ich will gnädig
sein." Ehe der 'Kapitän noch ahnen konnte, was sie be-
absichtigte, hatte sie die vollen, weichen Arme um ihn
geschlungen und zog ihn zu dem Ruhebett hin.

„Nein! nein! ich verabscheue dich", schrie Tschoglokow
und zog den Dolch hervor, den er in seiner Brust verborgen hatte; in demselben Augenblick riß sich aber Katharina von ihm los, sprang auf den Kamin zu, ergriff
eine Pistole, die mit gespanntem Hahn auf dem Sims
bereit lag, und richtete sie auf seine Brust.

„Rühre dich nicht von der Stelle, oder ich erschieße dich!"

Während Tschoglokow sich einen Augenblick besann,
fand Katharina II. Zeit, sich behende wie eine Tigerin bis
an die Wand zurückzuziehen und an den Knopf zu drücken,
welcher die geheime Tür öffnete. Durch diesen Eingang
kam sonst Orlow, kamen ihre anderen Günstlinge, welche
sie für Stunden erwählte und dann wieder fortschickte,
zu ihr, jetzt aber blitzten durch denselben Degen und
Bajonette, und als der Kapitän auf sie zueilte, um sie
mit seinem Dolche niederzustoßen, stürzten ihm zwei Offiziere und doppelt so viel Grenadiere der Leibwache entgegen.

Tschoglokow setzte sich mit unglaublicher Kühnheit zur
Wehr.

„Tötet ihn nicht, nehmt ihn mir lebend und unverletzt gefangen", befahl die Zarin.

Es entstand ein wüstes Handgemenge, in welchem
Tschoglokow einen der Offiziere tötete, und den zweiten,

12*

sowie einige feindliche Soldaten verwundete, zuletzt sah
er sich aber doch zu Boden geworfen und gefesselt.

Katharina II. blickte mit grausamer Befriedigung auf
den Todfeind, der nun auf Tod und Leben in ihre Hand
gegeben war. „Führt ihn fort," sagte sie, „und verwahrt
ihn gut, vorher aber sollst du wissen, Tschoglokow, daß
ich von deinem Anschlage wußte und mich auf denselben
vorbereiten konnte. Ich wäre wie Cäsar unter dem Dolche
des Brutus von deiner Hand gefallen, wenn nicht ein
braves Mädchen gewesen wäre, das mich vor dir warnte."

„Mascha! Unmöglich!" schrie der Gefangene Katha=
rinens auf.

„Du hast es erraten," erwiderte diese, „Mascha Sam=
sonow."

Tschoglokow fiel wie ein Stück Holz zu Boden, seine
Sinne schwanden.

*

Wie ein Lauffeuer verbreitete sich die Nachricht von
dem Attentate Tschoglokows und seiner Gefangennahme
in Moskau. Mascha wurde am folgenden Tage in aller
Frühe durch den Schreiber der Reichskanzlei, Herrn Jam=
rojewitsch, von dem Ereignis unterrichtet, welcher die
weitgehendsten Konjekturen an dasselbe knüpfte. Obwohl
sie überzeugt war, recht und auch klug gehandelt zu
haben, und ihre Eltern sowohl wie Jamrojewitsch ihren
Schritt billigten, fühlte sie doch eine peinliche Angst
um den Geliebten, und ihre Tränen flossen unaufhörlich,
bis ein Kammerherr der Zarin erschien und sie zu der=
selben entbot.

Jetzt wurde sie sofort ruhig. Die Kaiserin wird ihr Wort halten, dachte sie, deshalb läßt sie mich rufen. Sie zog rasch ihre besten Kleider an und stieg mit dem Kammerherrn in den bereitstehenden Hofwagen. Im Palaste angelangt, wurde sie in das Boudoir der Kaiserin geführt, wo man sie warten ließ.

Katharina ließ sie nicht lange im Zweifel, sie trat majestätisch, den Kopf in den Nacken zurückgeworfen, herein in einem schwarzen Samtkleide, das ihr in langer Schleppe nachfloß und ihre herrliche Büste im vollen Leuchten blendender Üppigkeit sehen ließ. Mascha näherte sich der Kaiserin und kniete vor ihr nieder.

„Ich bedaure dich," sprach Katharina mit einem bösen Lächeln, während sie das Mädchen vor sich knien ließ, „es ist anders gekommen, als wir dachten, trotz deiner War= nung hätte Tschoglokow seinen Mordanschlag auf mich ausgeführt, wenn nicht meine Geistesgegenwart ihn ent= waffnet, meine List ihn in mein Netz geführt hätte. Denke dir, der arme Mann, der den Brutus spielen, mich erstechen wollte, lag zu meinen Füßen und flehte um meine Gunst, ja, so wahr ich lebe, armes Kind, aber er soll es büßen, daß er dir untreu war, wenn auch nur wenige Sekunden. Wir lassen ihn auf das Rad flechten, was meinst du?"

Mascha begann heftig zu schluchzen.

„Nun sprich," fuhr die Zarin fort, sie ließ das Mäd= chen noch immer vor sich auf den Knien liegen, „bist du einverstanden, oder willst du noch weitere Qualen für den Elenden ersinnen?"

Mascha schüttelte traurig den Kopf. „Wenn mein Ge=

liebter von der Macht deiner Schönheit besiegt wurde, erhabene Frau, so kann ich ihm deshalb nicht zürnen! Welcher Mann kann dich sehen, dir nahen, ohne dich anzubeten?"

Katharina lächelte und diesmal freundlich, die unge= zwungene Huldigung des schlichten Mädchens schmeichelte ihr.

"Ich vergebe ihm, daß er, von deinen göttlichen Reizen berauscht, mich vergaß," fuhr Mascha fort, "und ich flehe zu dir, Herrin, des Wortes zu gedenken, das du mir gnädig gabst."

"Ich gab es für den Fall, daß deine Warnung den Anschlag des Wahnwitzigen vereitelt."

"Nein, nein, du gabst es ohne Bedingung."

"Wirklich?" Katharina zog die Brauen zornig zu= sammen. "Und wenn ich mich meines Versprechens für entbunden halte, wo willst du mich verklagen?"

"Bei dir selbst," rief Mascha, "denn du kannst nicht so unedel sein, du bist groß und daher auch großmütig. Was soll noch heilig sein, wenn nicht das Wort einer Monarchin?"

"Ich kann Tschoglokow nicht begnadigen," entgegnete Katharina II. scharf und abweisend, "das hieße die Un= zufriedenen ermuntern! Und er selbst! Wäre ich vor seinem Hasse je sicher? Glaub mir, Mascha, ich muß unerbittlich sein: Nur die Toten kehren nicht wieder."

"Bei allen Heiligen," schrie das arme Mädchen auf, "du tötest mich mit ihm! Erbarme dich meines jungen Lebens."

"Genug, Mascha," sagte die Kaiserin plötzlich stehen= bleibend mit jener ihr eigentümlichen Strenge, durch die sie jeden zittern machen konnte, sobald sie nur wollte, sogar den rauhen Orlow, „genug, ich werde sonst ungeduldig und schicke dich fort. Tschoglokow muß sterben."

„Auf der Stelle?"

„Nein, vorher werde ich ihn foltern lassen, um zu erfahren, ob er Mitschuldige hat."

„Er hat keine."

„Deshalb schenke ich ihm die Martern doch nicht", höhnte die Zarin.

„Um Gottes willen! Hast du vergessen, was du mir versprochen hast?"

„Ich habe es in der Tat vergessen."

Mascha sprang auf und blickte die Zarin mit allem Haß und Abscheu, der ihrer sanften Seele zu Gebote stand, an. „Oh, ich sehe zu spät, daß Tschoglokow recht hat, ja, du bist die neue Semiramis, wie sie dich nennen, du bist ohne Erbarmen, du kennst die Güte nicht, Blut klebt an deinen Kleidern, und du wirst Blut vergießen, solange du lebst. Oh, ich Wahnsinnige, die dich retten wollte! Es ist eine gute Tat, dich zu ermorden."

„Mädchen!" schrie Katharina II. zornig, die geballte Faust gegen Mascha erhebend, aber sie besann sich sofort und zuckte nur verächtlich die Achseln. „Ich sehe, du hast wirklich deinen Verstand verloren."

„Besser den Verstand als die Ehre."

„Was sagst du?"

„Ich nenne dich ehrlos, wenn du dein kaiserliches Wort nicht hältst."

Katharina trat einen Schritt zurück, ihre hellen Augen schossen grüne Blitze, ihre Lippen zuckten krampfhaft, während ihre Brust heftig wogte. „Das hat mir noch niemand gesagt.“

„Ich sage es dir,“ rief Mascha, „ich, die dich nicht fürchtet. Töte mich, ich sage doch, daß du ehrlos, daß du wortbrüchig bist.“

Katharina sah das mutige Mädchen lange an, dann sagte sie mit imposanter Ruhe und einem Lächeln voll Liebreiz um die vollen, wollüstigen Lippen: „Ich werde mein Wort halten, genau so halten, wie ich es dir gab. Wiederhole mir also, wie lautet mein Versprechen?“

„Du versprachst, ihn nicht zu töten.“

„Ist dies alles?“ fragte Katharina II. lauernd.

„Und du gabst mir dein Wort, ihn nicht länger als ein Jahr gefangen zu halten.“

„So ist es,“ bestätigte die Zarin, „dies versprach ich, und dies will ich dir auch halten, genau so, wie ich es dir versprach, keinen Buchstaben weniger und keinen mehr. Ich werde Tschoglokow nicht hinrichten lassen und nur ein Jahr im Kerker halten, verstehst du wohl, aber es ist seine Sache, in diesem Jahre nicht zu verhungern, denn er wird weder Speise noch Trank erhalten.“

„Alle Heiligen!“

„Und heute noch lasse ich ihn auf die Folter spannen und befragen, denn du sagst nicht, daß ich dir versprach, ihn nicht zu martern.“

Mascha wurde es Nacht vor den Augen, sie tappte längs der Wand hin, aber sie fand die Türe nicht.

„Bleibe,“ herrschte ihr die Zarin zu, „du wirst dabei sein, wenn man Tschoglokow befragt, als Zeuge und als Angeber.“

Das arme Mädchen raffte sich noch einmal auf und tat einen Schritt auf die Kaiserin zu, aber ihre Knie brachen, und sie stürzte vor der unerbittlichen Feindin nieder, mit dem Antlitz zur Erde. Katharina zog die Glocke und ließ sie fortbringen.

Als Mascha zu sich kam, befand sie sich in einem großen Saal, in welchem fünf reichgekleidete Männer an einer rotbedeckten Tafel saßen. Vor ihnen stand Tschoglokow, die Hände auf den Rücken gebunden, der Henker schnallte ihn an ein Seil, das von der Folter herabhing, und seine Knechte begannen ihn aufzuziehen.

Während der furchtbarsten Martern sagte Tschoglokow genau so aus wie im gewöhnlichen Verhör. Er leugnete nicht, daß er den Plan entworfen, sein Vaterland zu befreien, die Zarin zu ermorden, aber er blieb unerschütterlich dabei, daß er keine Mitschuldigen habe, und daß niemand um seinen Anschlag gewußt habe als seine Verlobte.

Nun wurde Mascha befragt. Sie hielt sich mit Mühe aufrecht, und ihre Stimme erstarb fast auf ihren Lippen.

Ihre Aussage stimmte mit jener des Kapitäns vollkommen überein.

Nachdem Tschoglokow alle Grade der Folter durchgemacht hatte und standhaft geblieben war, beschloß der Gerichtshof, das Urteil zu schöpfen. In diesem Augenblicke erschien die Kaiserin, auf den Arm Orlows gestützt.

„Hat er gestanden?“ fragte sie scheinbar gleichgültig.

„Die Tat allerdings, Majestät,“ erwiderte der Präsident, „aber er leugnet, Mitschuldige und Mitwisser zu haben."

„Man soll ihn foltern, und zwar ohne Gnade."

„Es ist geschehen."

„Gut," fuhr Katharina fort, indem sie zuerst Mascha, dann Tschoglokow scharf in das Auge faßte, „und hat man das Mädchen belohnt?"

„Majestät haben nichts angeordnet."

„Angeber muß man immer bezahlen," sagte die Zarin rasch, „und zwar gut bezahlen." Sie zog eine Börse mit funkelnden Goldstücken hervor und warf sie Mascha zu, ganz so, wie man Bettlern eine Kopeke zuwirft.

Das arme gequälte Mädchen stieß einen gellenden Schrei aus und stürzte ohnmächtig nieder.

Die Börse fiel zur Erde.

*

Nur die Toten kehren nicht wieder!

Tschoglokow starb im Kerker. Mascha siechte lang= sam dahin, bis die Eltern sie auf das Land, weit weg von Moskau, brachten. Dort erholte sie sich, und dort verlangte sie für immer zu bleiben. Ihr Vater kaufte ihr ein kleines Haus mit einem Garten, in dem sie ein= sam, nur mit ihren Blumen beschäftigt und von einer alten Bäuerin bedient, ihr Leben fortspann.

Sie erreichte ein hohes Alter; die Türkenkriege, die Teilung Polens, die Kämpfe mit den Franzosen rauschten an ihr vorüber; sie sah Napoleon nach Moskau mar= schieren und die große Armee auf ihrem Rückzuge; sie

erlebte es noch, daß Zar Alexander siegreich aus Frank=
reich zurückkehrte und daß Nikolaus den Thron bestieg.

An dem Tage, wo die Nachricht von dem russischen
Siege bei Navarin eintraf, schlief sie, in ihrem Lehn=
stuhl sitzend, für immer ein, in ihrem Schoße lag ein
Medaillon, das eine Locke enthielt, auf dem Deckel standen
die Worte: „Apostol Tschoglokow" und „für immer".

Ungnade um jeden Preis

Es war im Winter des Jahres 1775, zu derselben Zeit, wo die Kaiserin Katharina II. in der alten Zarenstadt Moskau die Sieger im Türkenkriege durch Festlichkeiten von nie gesehener phantastischer Pracht ehrte, als sich mehrere Familien russischer Landedelleute in der Gegend von Tula vereinigt hatten, um auch in ihrem Kreise und nach ihrer Art die neuen Triumphe ihres Vaterlandes und Heeres zu feiern.

So versammelten sich denn an dem ersten Tage, wo die Lustbarkeit in echt nationaler naiver Weise in dem Hause der Urussow begann, um an den folgenden bei den Matsch= kowski und Repnin fortgesetzt zu werden, die Diener ein= gerechnet, nahe an zweihundert Personen, welche beinahe alle zugleich in großen, zum Teil recht märchenhaft auf= geputzten Schlitten in den großen Hof eingefahren waren. Es entstand ein unbeschreiblicher Wirrwarr von Menschen, Tieren und Tönen, denn jeder suchte zuerst die schweren Winterhüllen abzuwerfen, und in den warmen Saal, in dem die riesige Tafel gedeckt war, zu gelangen; die Herren fluchten, die Damen erteilten Befehle, Kutscher und La= kaien schrien, die Pferde wieherten, und drei Musikbanden spielten mit unerschütterlichem Gleichmut zu gleicher Zeit

drei verschiedene Stücke, die Spielleute Repnins, in Bären=
felle eingenäht, auf einem großen Schlitten stehend, einen
wilden Janitscharenmarsch, jene Matschkowskis, unter der
Freitreppe stehend, eine erhabene altslavische Hymne zur
Ehre Gottes, und das auf dem hölzernen Balkon postierte
Orchester Urussows den lustigsten Kosakentanz, dessen es
nur mächtig war.

Während der Hausherr und die Hausfrau bemüht
waren, ihre Gäste mit barbarischer Herzlichkeit zu begrüßen
und in ihr Haus zu geleiten, stand seitwärts unter dem
Schutze der Freitreppe der junge Urussow, halb keck, halb
scheu die Hände in den Taschen seiner weit pludernden
Hosen, und musterte die geigenden und blasenden Bären,
deren infernalische Musik und riesige türkische Trommel
ihm ungeheuer zu gefallen schienen. Von der Galanterie
eines französischen Edelmannes jener Tage, von der Pflicht,
als Sohn des Hauses den jungen Damen seine Dienste an=
zubieten, hatte er ebensowenig eine Ahnung, als von
den philosophischen oder moralischen Skrupeln eines deut=
schen Jünglings der Wertherzeit.

Da blieb sein Blick zufällig auf einem jungen, von der
Kälte rosig angehauchten Gesichtchen haften, das einem
reizenden weiblichen Bären anzugehören schien, denn nicht
anders saß die kleine Dame in ihrem Schlitten, bis in die
Nase in Pelz gewickelt und bis über die Knie mit aller=
hand warmen Fellen bedeckt und rief unablässig bald den
danebenstehenden, mit ein paar Nachbarn Komplimente
wechselnden Eltern, bald ihren mit den Dienern Urussows
den Willkomm=Schnaps saufenden Leibeigenen zu: „Helft
mir doch, ich kann nicht heraus!"

Da geschah ein Wunder. Der junge Maxim Urussow
sprang, alle Scheu beiseite setzend, herbei und zog das
allerliebste Persönchen aus all dem Rauhwerk hervor, und
wie er sie einmal in den Händen hatte, besann er sich nicht
weiter und trug sie gleich über die Schneehaufen, die ihm
den Weg versperrten, in das Haus hinein, wo er seine
schöne Last ehrerbietig zur Erde setzte. Die kleine Dame,
welche der warme Herzschlag des hübschen Jungen noch
röter gemacht hatte, als die scharfe Winterluft, bedankte
sich nicht im mindesten bei ihm, sondern sprach, ihm den
Rücken kehrend: „Helfen Sie mir doch aus dem garstigen
Mantel hervor, Maxim Petrowitsch.“

Maxim beeilte sich, der schönen Bärin zu gehorchen, und
jetzt, wo er nichts von ihren großen, hellen Augen zu be=
fürchten hatte, sagte er sehr rasch und sehr laut: „Aber
Sie sind doch groß geworden, Angela Iwanowna, seit
den zwei Jahren, wo Sie im Kloster waren und ich Sie
nicht gesehen habe, groß und schön.“

„Sie scherzen, Maxim Petrowitsch.“

„Ich scherze nicht.“

Jetzt begegneten ihre hellen Augen seinen tief dunkeln,
und jetzt trieb es auch ihm das Blut in die Wangen.

„Maxim, da steht der Tölpel,“ rief in diesem Augen=
blicke der Hausherr, welcher, Frau Repnin am Arme, die
Treppe hinaufzusteigen im Begriffe war, „führe doch
Mademoiselle Angela, mach’ den Kavalier, lerne Manieren,
man sieht gleich, daß der nicht in Paris war.“

Angela, die einzige Tochter der Repnins, gleich ihrem
Jugendfreunde Maxim unwissend und naiv, wie es eben
nur Russen des vorigen Jahrhunderts sein konnten, nahm

ohne Umstände selbst den Arm des ratlos Dastehenden und
sagte mit einer Art, die Maxim unendlich vornehm erschien:
„So macht man es, Maxim Petrowitsch, ich sehe schon,
ich muß Sie in die Schule nehmen.“

„Ja, tun Sie das, Mademoiselle Angela,“ erwiderte
Maxim, „Sie haben sich sehr verändert im Kloster, eine
ganze Dame sind Sie geworden, Mademoiselle Angela.“

Die Kleine lächelte nur.

Bald war alles in dem großen Saale versammelt, und
das Mahl begann, ein echt russisches Mahl, bei dem sich
die Tische bogen und der Wein im vollsten Sinne des
Wortes in Strömen über den Fußboden floß, und das von
zwölf Uhr Mittag bis zum Abend währte. Dann stürzten
fünfzig Diener herein und schleppten die Tische fort und
stellten die Stühle an die Wände, die Musik spielte eine
Polonäse, und alt und jung stellte sich, ein Paar hinter
dem andern, in endloser Reihe zu dem gravitätischen Tanze
auf, mit welchem damals jeder Ball eröffnet wurde.

Maxim Urussow und Angela Repnin saßen bei der
Tafel nebeneinander und tanzten fast die ganze Nacht zusammen. Am nächsten Tage, nachdem man sich nach einem
gesunden Schlafe bei einem solennen Frühstücke zusam-
mengefunden und erquickt bestieg die ganze Gesellschaft von
neuem die Schlitten, nur daß jetzt die jungen Damen nicht
mehr bei ihren Eltern saßen, sondern bei ihren Kavalieren.
Maxim führte Angela und jagte mit seinen vier feurigen
Pferden aus der Ukraine allen voran, das schöne Mädchen
schmiegte sich warm an ihn und lachte vergnügt über hundert Dinge, die es sonst mit der größten Gleichgültigkeit
gesehen hatte, über die Krähen, die auf den Weidenbäumen

saßen, über die großen, roten Federbüsche, welche auf den Köpfen der Pferde tanzten, über die luſtige Muſik der Schellen und Maxims lange Peitſche, welche er von Zeit zu Zeit, um ſie zu erſchrecken, gleich einer Piſtole knallen ließ.

Schon ſahen die jungen Leute den Herrenſitz der Matſch=kowſki aus großen, kahlen Pappelbäumen hervorwinken, da rief Angela, deren Übermut keine Grenzen hatte: „Ach, Maxim, wie ſchön wäre das, wenn wir jetzt um=werfen würden!"

Und ſchon war es geſchehen, und ſie lagen lachend auf dem weichen Schnee, wie in einem Hermelinpelz, die Pferde waren ſtehen geblieben, Maxim hob Angela auf ſeine Arme, trug ſie in den Schlitten, der ſich von ſelbſt wieder aufgerichtet hatte, und ſie waren doch die erſten, welche unter Peitſchenknall und Geklingel in den Hof der Matſchkowſki einfuhren.

Hier ſchloß ſich der heiteren Geſellſchaft eine ziemlich reife, aber nicht üble Frau, Gräfin Labanoff, an, welche als Hofdame der Kaiſerin Katharina II. großes Anſehen in dem ländlichen Zirkel genoß. Eine echte Modedame der Rokokozeit von pedantiſcher Zierlichkeit und Manierlichkeit, konnte ſie es nicht unterlaſſen, an jedem, der in ihre Nähe kam, zu muſtern und zu erziehen, heute ſchien ſie ſich das junge mutwillige Pärchen als Opfer erſehen zu haben, denn ſie begann damit, als ſie Angela anſichtig wurde, über deren berangierte Taille zu ſeufzen, und machte ſich dann unter immerwährenden mon Dieus an Maxim, deſſen Halsbinde ſie ordnete.

„Wie das hier aufwächſt," murmelte ſie, „gleich wilden Sperlingen, um die ſich keiner kümmert, der Umgang mit

Frauen fehlt ihm, Monsieur Urussow, mit gebildeten, feinen, erfahrenen Frauen, die verstehen es, einen jungen Mann zu erziehen, nicht aber derlei junge Gänschen."

„Oh! Die Gänse sind nützliche Tiere," erwiderte Maxim in seiner derben Art, „und bei weitem nicht so dumm, als wofür man sie hält, und jedenfalls passen Gans und Gänserich besser zusammen, als Gans und Pfau, der letztere mag noch so ein prunkvolles Rad schlagen, auch sollen die Pfauen ein sehr hartes Fleisch haben."

Angela hätte Maxim in diesem Augenblicke küssen mögen, so freute sie sich darüber, daß er den Mut hatte, die Hofdame, vor der alles scherwenzelte, abzutrumpfen. Aber damit war die Sache nicht abgetan. Die Gräfin, der der schmucke Junge gefiel und die um alles in der Welt gerne seine Erziehung übernommen hätte, gesellte sich zu den Eltern Urussows und setzte ihnen auseinander, wie der prächtige Junge hier vollkommen verwilderte und wie es ein leichtes sei, ihn als Pagen an dem Hofe der Zarin zu placieren. Zufällig waren die Eltern Angelas in der Nähe und stimmten der Gräfin zu und sprachen es wiederholt aus, daß sie es als hohes Glück ansehen würden, wenn ihre Tochter Gelegenheit hätte, sich am Hofe zu einer vollkommenen Dame auszubilden.

„Ja, ja," sagte der alte Urussow, „für ein Mädchen mag das ganz gut sein, aber mein Maxim soll kein Geck werden und kein Riechfläschchen tragen, sondern den Degen. Ich habe nicht umsonst mit Potemkin gedient, der jetzt die Gunst unserer Kaiserin in so hohem Maße besitzt. Maxim soll Soldat werden, gegen die Türken kämpfen."

Am dritten Tage bei Repnin tanzte Angela nur noch

mit Maxim, die zwei galten allgemein als ein Paar, ehe sie selbst nur im entferntesten daran dachten. Bei dem Kehraus, einem wilden Kosak, verlor Angela, deren losgegangene Flechten sich bereits gleich Schlangen um ihren Nacken ringelten, endlich auch einen Schuh; sie lachte, und als Maxim ihn aufhob, rief sie: „Was soll ich damit, er hält nicht mehr, werfen Sie ihn zum Fenster hinaus."

„Da weiß ich etwas Besseres damit anzufangen", rief Maxim, lief zur Kredenz hin — füllte Angelas Schuh mit goldenem Wein von Toikai und leerte ihn mit einem Zuge auf ihr Wohl.

„Besuchen Sie uns bald wieder", flüsterte das schöne Mädchen, als die Gäste sich am nächsten Morgen mit schweren Köpfen trennten, dem hübschen, lustigen Jungen zu.

„Wenn Sie mir es erlauben", sagte Maxim zu Boden blickend.

„Ich erlaube Ihnen nicht länger als einen Tag auszubleiben," entschied Angela, „und nun adieu, und träumen Sie von mir."

„Ich werde mir alle Mühe geben", erwiderte Maxim.

Als er mit seinen Eltern davonfuhr, stand sie auf der Freitreppe und winkte mit ihrem Tuche, und er zog ihren Schuh aus der Brust hervor und führte ihn an die Lippen.

Wirklich verging nur ein Tag, den alle Teilnehmer an dem Siegesfeste mehr in als außer dem Bett zubrachten, und Maxim kam in seinem Schlitten mit den vier Ukrainern, sich nach dem Befinden des ganzen Repninschen Hauses und insbesondere der Mademoiselle Angela Iwanowna von Repnin zu erkundigen. Die alten Leute, welche die Annäherung des jungen Urussow an ihre Tochter gerne

sahen, begrüßten ihn mit gesteigertem Wohlwollen und er=
munterten dann Angela, welche sittsam beiseite stand,
dem lieben Gaste etwas auf dem Klimperkasten, den Herr
Repnin etwas euphemistisch ein Klavier nannte, vorzuspie=
len. Mademoiselle setzte sich und begann zu präludieren;
jetzt zog Maxim aus seinem Mantel eine Gitarre hervor
und unternahm es, zu akkompagnieren, die Alten hörten
einige Zeit zu, dann eilte Frau Repnin in die Küche, für ein
ordentliches Essen zu sorgen, und Herr Repnin ging davon,
sich eine türkische Pfeife zu stopfen.

Das war der entscheidende Augenblick.

Mit einem Male lag die Gitarre auf dem Klimper=
kasten und Maxim zu Angelas Füßen, der er eine glühende
Liebeserklärung machte, an der selbst die manierliche Gräfin
Labanoff nichts auszusetzen gehabt hätte.

Angela aber brach in ein lautes Gelächter aus.

„Sie lachen, Angela Iwanowna," sprach Maxim tief
gekränkt, noch immer auf den Knien, „Sie verachten
also meine Gefühle?"

„Nein, nein," rief sie, „aber ich lache, weil Sie mir
so ernsthafte Dinge mitteilen, die ich längst weiß."

„Sie wissen?"

„Ich weiß, daß Sie mich lieben, und ich — ich liebe Sie
auch", sagte das reizende Mädchen, ihre weißen Arme um
seinen Nacken schlingend. Da sprang er jubelnd auf, hob sie
auf, drehte sich mit ihr wie toll herum und küßte sie or=
dentlich ab.

Bis jetzt hatte Angela noch immer mit ihrer großen Pa=
riser Puppe gespielt, jetzt begann sie Maxim zu striegeln
und zu putzen, und es war heiter anzusehen, wie ruhig er

13*

es sich gefallen ließ, wenn sie ihn auf einen Schemel nie-
bersetzte und seinen wilden Kopf mit Kamm und Bürste
zu bearbeiten begann, oder ihn mit allerhand farbigen Bän-
bern zu verschönern suchte.

Endlich war es so weit, daß Maxims Vater feierlich für
seinen Sohn um Angelas Hand warb. Die Repnins gaben
mit vieler Freude ihre Zustimmung, aber von beiden
Seiten wurden Bedingungen gemacht, Angela sollte zwei
Jahre am Hofe zubringen, und Maxim ebensolange dem
Vaterlande dienen. Die Liebenden fügten sich, weil sie sich
fügen mußten, und weil es keine vollständige Trennung
galt, denn sie gaben sich das Wort, sich in der Residenz,
so viel es nur ihr Dienst erlaubte, zu sprechen, oder mindestens doch zu sehen. So machten denn die beiden Väter
mit ihren Kindern gemeinschaftlich die Reise nach Moskau
und kehrten dort in demselben Gasthofe ein.

Repnin führte gleich am nächsten Tage Angela zu der
Gräfin Labanoff, welche das hübsche Kind mit freund-
licher Herablassung aufnahm, sie ihrer Protektion ver-
sicherte und in der Tat schon nach wenigen Tagen der Zarin
vorstellte. Angela fühlte ihr Herz heftig pochen, als sie
der mächtigen Frau gegenüberstand, welche in zwei Welt-
teilen gebot und mit ihrer kleinen weißen Hand so ent-
scheidend in die Geschicke der Menschheit eingriff. Katharina II. war damals sechsundvierzig Jahre alt, aber
von einer an Pracht und Geschmack ihresgleichen suchen-
den Toilette unterstützt, noch immer eine der schönsten
Frauen von Europa. Ihr durchdringendes blaues Auge
ruhte kurze Zeit forschend auf dem lieblichen Mädchen,
dann spielte ein reizendes Lächeln um den kleinen, herrischen

Mund der geistvollen Despotin, und sie sprach: „Ich ernenne Sie zu meinem Kammerfräulein, Angela Iwanowna, Sie gefallen mir, ja, Sie gefallen mir sehr gut,
wir werden bald Freundinnen werden, hoffe ich."

Angela ergriff in ihrer naiven Freude, ohne erst abzu-
warten, daß die Kaiserin ihr dieselbe reichte, die Hand und
küßte sie.

Katharina II. strich ihr leicht über das Haar und gab der
Gräfin, welche in ihrer Manierlichkeit über das bäuerische
Benehmen ihres Schützlings einer Ohnmacht nahe war, einen
Wink, das Mädchen den Verstoß nicht merken zu lassen.

Beinahe zur selben Stunde stellte Herr Urussow seinen
Sohn dem mächtigsten Manne Rußlands, dem Günstling
Katharinas, Potemkin vor.

Obwohl er einst als Kapitän mit dem Leutnant Potemkin zusammen gedient hatte, stand er doch jetzt ziemlich
kleinlaut und mit einem gewissen Beben vor dem General-
Adjutanten Potemkin, dieser aber, so roh und unverschämt
er auch gegen Personen war, welche neben oder über
ihm standen, zeigte sich überall leutselig, ja freundlich,
wo man ihm anspruchslos oder gar, wie es hier geschah,
in Ehrfurcht ersterbend nahte. Der junge Urussow gefiel
dem General, und damit war alles abgemacht, er erhielt
in wenigen Tagen das Patent als Fähnrich und trat in
das Regiment Simbirsk ein, während Angela ihren Dienst
in der Nähe der Monarchin begann. Die beiden Väter
kehrten beglückt auf ihre Landgüter zurück, wo sie lange
Zeit ein Gegenstand der Bewunderung und Neugier für
ihre Nachbarn blieben, welche alle weder die Zarin gesehen,
noch mit Potemkin gedient hatten.

Maxim befreundete sich rasch mit dem Dienst und seinen Kameraden. Unter den letzteren schloß sich einer, welcher gleich ihm in der Gegend von Tula geboren war, besonders zärtlich an ihn an. Er hieß Arkadi Wuschitschinkoff, und wenn er nicht die Uniform Ihrer Majestät getragen hätte, wäre er wohl von aller Welt eher für einen wohlhabenden und wohlgenährten Kaufmann oder Wirt, als für einen Helden oder nur einen Soldaten gehalten worden. Obwohl noch sehr jung, denn der Flaum sproß ihm noch kaum um das Kinn, hatte er doch den Umfang von zwei gewöhnlichen Männern, und dieser Kontrast seines Riesenkörpers und seines kindischen weißroten Gesichts mit den dicken, roten Negerlippen gab ihm etwas unwiderstehlich Komisches, so daß er denn auch die verdächtige Auszeichnung genoß, zugleich der Liebling und das Stichblatt des ganzen Regiments Simbirsk zu sein; bisher hatte er in einer wahrhaft imposanten Vertilgung von verschiedenen Schnäpschen für die Leiden, welche ihm die oft bösen Witze der Kameraden bereiteten, Trost gesucht, jetzt schloß er sich mit überströmender Liebe an den gutmütigen, einfachen Maxim, dem einzigen, dem es nie beifiel, seine Spottlust an seinem Schmerbauch und seiner roten Nase zu üben. Die beiden waren bald unzertrennlich, um so mehr, als es sich fand, daß sie in derselben Kompanie, ja in demselben Gliede neben der Fahne des Regiments standen.

Nicht lange, nachdem Maxim den Soldatenrock angezogen hatte, sollte eine große Parade aller in Moskau garnisonierenden Truppen vor der Zarin stattfinden.

Den Tag vorher war alles, was Gamaschen trug,

rastlos beschäftigt, die Uniformen, das Riemenzeug und die Waffen zu putzen. Nach kurzem Schlaf begann in der Nacht das Frisieren und das Eindrehen der Zöpfe, wobei einer der Soldaten dem andern half, und zuletzt alle, um das reglementmäßige Haargebäude nicht zu zerstören, sitzend schlummerten, bis die Trommler Reveille schlugen.

Während die Regimenter mit fliegenden Fahnen auf den Paradeplatz herauszogen, war die Kaiserin noch mit ihrer Toilette beschäftigt, denn die große Frau war nicht damit zufrieden, zu herrschen, sie wollte auch gefallen.

In dem Augenblicke, wo Angela bemüht war, die Schleppe der Monarchin in schöne Falten zu legen, wendete sich Katharina II. plötzlich zu ihr und sagte: „Du hast noch keine Parade gesehen, ich erlaube dir mitzufahren."

Angela schoß vor Freude das Blut in die Wangen, denn sie hatte den Geliebten, seitdem sie am Hofe war, noch nicht gesehen. Sie machte sich rasch bereit und bestieg dann mit der Zarin, der Fürstin Daschkow und der Gräfin Labanoff den kaiserlichen Wagen, welcher sie rasch zum Ziele brachte.

Angesichts der Truppen verließ Katharina II. denselben, um zu Pferde zu steigen, und von einer glänzenden Suite von Generälen und Offizieren begleitet, die Front der Regimenter abzureiten, während ihre Damen vom Wagen aus dem Schauspiele zusahen. Das Regiment Simbirsk stand am linken Flügel, Angela, welche die Soldaten mit unbeschreiblicher Aufregung musterte, stieß plötzlich einen Schrei aus.

„Was haben Sie, Fräulein Repnin?" sagte die Gräfin zurechtweisend.

„Ich — ich bin erschrocken —", stammelte das arme Mädchen.

„Erschrocken, weshalb?"

„Ich dachte, es wird geschossen."

Die Damen lachten, indes hatte Angela nicht die mindeste Furcht vor dem Schießen, aber sie hatte Maxim entdeckt, der in seiner Uniform schön wie ein Gott dastand, so schön, wie er ihr noch nie erschienen war; er trug die Fahne und blickte mutig vor sich hin, ohne sie zu bemerken. Jetzt spielte die Musik, die Trommeln wirbelten, Katharina II. kam huldreich dankend im Schritt vorbei, Maxim senkte die Fahne, in diesem Augenblicke schien das Pferd der Zarin zu stutzen, oder hielt sie es selbst an, genug, sie blieb einen Augenblick vor dem schönen Fähnrich stehen und wechselte dann einige Worte mit dem General, der die Parade kommandierte und mit gesenktem Degen an ihrer Seite ritt.

In diesem Augenblicke erfaßte Angela eine namenlose Angst, eine Empfindung, von der sie sich keine Rechenschaft zu geben wußte.

„Du bist ein Glückspilz — die Kaiserin hat dich angesehen", murmelte Arkadi.

„Mich? Was wäre an mir Merkwürdiges?" erwiderte Maxim.

„Das Pferd der Zarin ist über Arkadis Bauch erschrocken", flüsterte ein anderer lächelnd, und das Lächeln pflanzte sich durch die Reihen fort.

Nach beendeter Revue begann das Defilieren, diesmal war das Regiment Simbirsk das letzte, das vorüberzog.

„Gib acht, jetzt", sagte Arkadi leise, indem er Maxim mit dem Ellbogen stieß, und diesmal war es kein Zweifel, das schöne Weib, das stolz und gebieterisch gleich einer Königin der Amazonen auf dem prächtigen Schimmel saß, ließ ihre großen hellen Augen mit unbeschreiblichem Wohlwollen auf Maxim ruhen, der unter diesem Blick zu zittern begann wie ein zum Tode Verurteilter.

Nach der Parade waren die Generäle und die Obersten der Regimenter bei der Kaiserin zur Tafel. Nachher zog sich Katharina II. in ihre Garderobe zurück und warf die prachtvollen Staatsroben ab, um es sich in einem kaum minder kostbaren Schlafrock von persischem, goldgesticktem Scharlach bequem zu machen, nachdem sie sich auf einer Ottomane aus grünem Damast ausgestreckt, entfernte ein Wink der schönen Despotin ihre Frauen, nur Angela hieß sie bleiben.

„Gib mir einen Zahnstocher", begann sie.

Das Kammerfräulein beeilte sich, den Befehl der Gebieterin zu vollführen.

„Nun, was sagst du zu der Parade?" fragte die Zarin.

„Es war ein glänzendes Schauspiel, von dem mir jetzt noch der Kopf wirbelt", erwiderte Angela.

„Und was gefiel dir am besten dabei? Hast du. dir irgendeinen jungen Offizier in den Reihen unserer Krieger ausgesucht, den du durch deine Gunst beglücken willst?"

Das schöne Mädchen errötete und schlug die Augen nieder.

„Du bist ein Kind, Angela," sagte Katharina, „komm

zu mir." Sie zog das Mädchen zu ihren Füßen nieder und legte den vollen Arm nachlässig um ihren Nacken. „Weißt du, wer mir bei dem ganzen Spektakel am besten gefiel? Du bist so gut, so unschuldig, Angela, ich habe Zutrauen zu dir und will dich zur intimen Freundin meines Herzens und seiner Geheimnisse machen. Sahst du im Regimente Simbirsk —"

Angela begann am ganzen Leibe zu beben.

„Was hast du? Du zitterst", fragte die Monarchin rasch.

„Die Huld Eurer Majestät ist zu groß —"

„Daß sie dir Furcht einflößt", lächelte Katharina. „Höre also. Hast du im Regimente Simbirsk den jungen Offizier bemerkt, welcher die Fahne trug?"

„Allerdings, Majestät."

„Findest du nicht, daß er wunderbar schön ist?"

„Allerdings."

„Ja, jeder Mensch muß es finden, es ist eine Erscheinung, wie wir sie nur noch aus den Gebilden der Antike ahnen konnten," sprach die Kaiserin, „da steht sie aber verkörpert vor uns, mit warmem, pulsierendem Leben. Ein Mann, berufen, alle Frauen wahnsinnig zu machen, und alle andern Männer als Sklaven zu seinen Füßen zu sehen. Dies Schicksal hat die Natur in sein Antlitz geschrieben, und zu seinem Glücke habe ich die Macht, es ihm zu erfüllen."

Angela war das Weinen nahe, aber Katharina bemerkte es in ihrem Enthusiasmus nicht. „Ich liebe diesen auferstandenen Apollo und Adonis," fuhr sie fort, „aber

obwohl die unumschränkte Gebieterin eines mächtigen Rei=
ches, habe ich doch alle Ursache, vorsichtig zu sein, und
darf ihm meine Gunst nicht gleich offen vor aller Welt
zuwenden. Potemkin bewacht eifersüchtig die Rechte, welche
er an meinem Hofe besitzt, es könnte schlimme Folgen
für mich wie für den schönen Fähnrich haben. Ich bin
mit mir zu Rate gegangen und habe mir eine Intrige
ersonnen, zu der du, Angela, mir die Hand leihen sollst.
Du wirst ihm vorerst schreiben und ihn zu einer Unter=
redung einladen. Das weitere wird sich finden."

„Majestät haben nur zu befehlen", stammelte Angela.

„Fürchte nichts," bemühte sich die Monarchin sie zu
beruhigen, „dein Ruf soll bei dieser Affäre keinerlei Ge=
fahr laufen. Nun aber wollen wir an ihn schreiben."
Katharina II. erhob sich und ging, von Angela gefolgt,
in ihr Arbeitskabinett, wo sie das Mädchen an den mit
hellem Holze kunstvoll eingelegten Mahagonisekretär setzte
und auf und ab schreitend zu diktieren begann:

„Mein Herr!

Eine Dame vom Hofe, welche Sie durch Ihre Erschei=
nung bezaubert haben, wird von dem unbezähmbaren
Wunsche gequält, Ihre nähere Bekanntschaft zu machen.
Wenn Ihr Herz noch frei ist, so finden Sie sich morgen
Abend um neun Uhr vor dem kleinen chinesischen Pavillon
im Garten der Zarin ein. Der süßeste Lohn erwartet Sie."

„Nun die Adresse."

Angela erbleichte.

„An den Fähnrich im Regimente Simbirsk, Maxim von
Urussow."

„So, jetzt besorge den Brief auf der Stelle an seine Adresse", sprach die Zarin.

Angela verließ rasch das Kabinett, draußen stürzten ihr die hellen Tränen über die Wangen, sie kam in einem Zustande vollkommener Verzweiflung und Auflösung in das Appartement der Gräfin Labanoff, warf sich vor ihr auf die Knie und schluchzte. Die Gräfin suchte sie zu beruhigen und forschte nach der Ursache ihres Gemütszustandes, als aber Angela ihr alles erzählt hatte, schüttelte auch sie bedenklich den Kopf. Sie meinte, so wie die Dinge stünden, bliebe nichts übrig, als sich dem Willen der Monarchin in allem zu fügen, Widerstand könnte den Liebenden nicht allein ihr Lebensglück, sondern vielleicht Freiheit und Leben kosten. Katharina II. sei bei aller ihrer Seelengröße nur ein Weib und habe Launen, welche oft ebenso schnell verschwinden, als sie gekommen sind.

„Und ich soll ihm den Brief der Zarin übergeben," klagte Angela, „soll ihn noch selbst zu ihren Füßen führen?"

„Ja, das mußt du, mein Kind," sagte die Gräfin, „wenn du nicht Maxim opfern, oder zum mindesten für immer verlieren willst. Aber wir wollen gleich nach ihm senden und ihm seine Instruktion erteilen."

Eine Stunde später trat Maxim bei der Gräfin ein und schloß Angela, welche mit einem Aufschrei an seinen Hals flog, stürmisch an seine Brust.

Staunend hörte er die Eröffnung der beiden Frauen an, dann las er den Brief, den die Zarin diktiert hatte.

Das erste, was er sagte, war: „Aber sie fragt ja, ob mein Herz noch frei ist, wie wäre es, wenn ich offen sagte:

nein! Da ich nicht wissen soll, daß sie es ist, kann sie sich durch meine Aufrichtigkeit nicht beleidigt fühlen, dieselbe gilt ja nicht der Monarchin, sondern einer namenlosen Un= bekannten."

„Sie braucht nur zu wissen, daß Ihr Herz einer anderen gehört, Maxim," erwiderte die Gräfin, „um noch heftiger nach Ihrem Besitz zu streben. Ihr müßt euch fügen, mir in allem gehorchen lernen, noch ist alles zu gewinnen."

„Ach, wäre er nur häßlich," lächelte Angela unter Trä= nen, „es ist doch ein wahres Unglück, einen Geliebten zu haben, der so schön ist."

An dem nächsten Abende, es hatte eben neun Uhr ge= schlagen, traten zwei junge Männer, der eine hoch und schlank, der andere klein und von erstaunlicher Breite, aus den Gebüschen, welche den chinesischen Pavillon der Zarin umgaben, und näherten sich demselben. Es war Maxim, von seinem Freunde Arkardi begleitet.

„Du Glückspilz, du Narr Gottes," seufzte der letztere, dem sein riesiger Bauch den Atem benahm, und ihn so zu einer gewissen Sentimentalität im Ausdruck zwang, „kaum vierzehn Tage beim Regimente und bereits ein Liebling einer hohen Dame, und am Ende noch einer schönen Dame, denn kanibalisch reich und voll Einfluß sind sie alle. Morgen bist du Leutnant, in einem Monate Kapitän, in einem Jahre Oberst. Aber wer nur die Dame sein mag? Am Ende gar die Zarin selbst."

„Was fällt dir ein!"

„Warum nicht. Ich habe den Blick gemerkt, den sie dir gestern bei der Parade zuwarf, ganz wie ein Geier, der auf ein Täubchen stoßen will. Sei nur nicht so furchtsam, Maxim."

In dem Pavillon brannte Licht, zwei Frauen standen hinter der fest verschlossenen Jalousie, beide dicht verschleiert.

„Sie kommen," sagte jetzt die größere, zog mit einer majestätischen Bewegung die dunklen Vorhänge zusammen und verbarg sich hinter denselben. „Tue jetzt, wie ich dir gesagt."

Angela verlöschte das Licht und setzte sich auf den Diwan, der in der Nähe des Fensters stand; ihr Herz klopfte heftig. Maxim stieg leise die Stufen empor, öffnete die Türe und blickte hinein.

„Sind Sie da?" fragte er.

„Treten Sie ein und schließen Sie die Türe", gebot Angela mit zitternder Stimme.

Maxim gehorchte und näherte sich dann dem Diwan, plötzlich faßte eine Hand den Schößel seiner Uniform und zog ihn an sich. „Madame", stammelte der arme Junge, der eine entsetzliche Angst ausstand.

„Fürchte dich nicht, ich bin es," flüsterte Angela, „aber die Kaiserin lauscht hinter dem Vorhang." Jetzt hatte Maxim mit einem Male seine ganze Kühnheit wieder. „Sie haben mir geschrieben, Madame oder Mademoiselle," fuhr er fort, „daß ich das Glück habe, Ihnen zu gefallen, lassen Sie mich jetzt auch Ihr Angesicht sehen, damit ich Ihnen sage, ob ich Sie lieben kann."

„Das ist unmöglich."

„Aber ich muß mich doch überzeugen." Er umschlang Angela, und seine Hand suchte die ihre. „Eine reizende kleine Hand," sagte er, „und glühend wie Feuer, und diese schlanke Gestalt, oh, Sie sind jung, sehr jung und gewiß auch schön."

„Nein, nein", erwiderte Angela und versuchte sich loszumachen.

Aber Maxim gefiel die Rolle, die er spielte, nur zu gut. „Sie sind jung und schön, ich habe bis jetzt nur meine Kaiserin geliebt, aber ich fühle jetzt schon, daß ich auch Sie lieben, Sie anbeten werde. Ihre Nähe, Ihr Atem — möchte ich sagen — haben etwas, was mich unwiderstehlich berauscht." Er warf sich auf beide Knie vor ihr nieder, und seine Lippen brannten in einem leidenschaftlichen Kuß auf den ihren.

„Aber, mein Herr, wie können Sie wagen", rief Angela.

„Sie haben mich hierher beschieden," sagte Maxim, „und jetzt wollen Sie grausam gegen mich sein, nein, nein, Ihr Herz gehört mir, wie Sie mir selbst gestanden haben, und ich bin der Mann, mir jetzt alles übrige dazu zu nehmen."

Der Vorhang rauschte zornig.

Maxim kümmerte sich aber wenig um den Zorn der Kaiserin, er hielt die Geliebte in seinen Armen und bedeckte sie mit Küssen; Angela wehrte sich lange Zeit vergebens, bis es plötzlich von außen an die Jalousie klopfte.

„Was ist's?" fragte Maxim.

„Man kommt, machen wir, daß wir fortkommen", gab Arkadi zur Antwort.

„Ja, ja, Sie müssen mich verlassen und zwar auf der Stelle", gebot Angela.

„Auf Wiedersehen!" flüsterte Maxim, indem er sie nochmals an seine Lippen zog.

„Auf Wiedersehen!"

Er stürzte hinaus und verbarg sich mit Arkadi in dem Gebüsch.

Die Damen verließen jetzt gleichfalls den Pavillon und gingen langsam auf dem weißen Kieswege. Da kam ihnen rasch ein Mann entgegen, der bei ihrem Anblick stutzte und den Hut abnahm.

„Sie hier, General —?"

„Ja — Majestät — ich —."

„Habe ich Ihnen nicht ein für allemal verboten, mich bei meinen Spaziergängen zu belästigen", sagte die Zarin strenge.

„Ich dachte nur —"

„Gehen Sie," gebot die Despotin, ihr Fuß trat heftig auf den Kies, so daß Funken unter ihm hervorstoben, dann drehte sie ihm den Rücken, und er schlich davon wie ein ge- züchtigter Leibeigner.

„Weißt du, wer das war?" fragte Maxim.

„Ich kenne ihn nicht."

„Es war Potemkin."

„Potemkin!" staunte Arkadi, „dann war die große majestätische Dame niemand anders, als die Kaiserin. Ich gratuliere Sr. Exzellenz zu dieser Eroberung und bitte nur, seinerzeit dero gehorsamsten Diener Arkadi Wassiliew Wu- schitschinkoff nicht ganz zu vergessen. Jetzt aber wollen wir uns für den ausgestandenen Schreck bei meiner lieblichen Anastasia erholen."

Damit nahm er Maxim unter dem Arme und führte ihn durch ein Labyrinth von Straßen in ein enges schmutzi- ges Gäßchen und hier in eine rauchige, niedere Schnaps-

bubike, in der die Witwe Anastasia Nikitischna Srebrna
das Regiment führte. Es war niemand mehr in der Spe-
lunke als die Wirtin und eine große weiße Katze, der sie
apathisch den Rücken strich.

„Hier stelle ich Euch meinen Freund Maxim Repnin
vor," sagte Arkadi nachlässig, „und das, mein Lieber, ist
meine Naftka, meine schöne reizende Anastasia; habe ich zu
viel gesagt?"

Die kleine runde Witwe war wirklich gar nicht übel, und
dabei hatte sie eine Art, ihren trägen, langsamen Anbeter
zu behandeln, welche demselben sehr wohl bekam.

„Seid Ihr von Sinnen oder seid Ihr betrunken," sagte
sie, „zu dieser Stunde zu kommen, bei was für einem ver-
ruchten Weibsbild seid Ihr wohl gewesen? Geht nur!"

„Mein Freund hatte eine Affäre mit einer vornehmen
Dame, versteht Ihr," entgegnete Arkadi, die hübsche Witwe
umschlingend, „das hat uns aufgehalten, ich aber liebe nur
Euch, treu wie Gold."

Anastasia lächelte, die Katze machte einen Buckel und rich-
tete dann gähnend ihre Krallen, Arkadi aber gab der runden
Schönen einen herzhaften Kuß. Sie drückte ihn auf einen
Stuhl nieder und sprach wie erzürnt: „Da bleibt und rührt
Euch nicht. Was wollt Ihr etwa trinken?"

„Was Ihr uns gebt."

Während sie mit der rechten zwei Gläser vollschenkte,
küßte Arkadi ihre linke Hand. „Rührt Euch nicht, sage ich",
sie schlug ihn auf den Mund.

„Ein herrliches Weib," murmelte Arkadi, „sie hat eine
Art, wie eine Zarin, die würde euch regieren, trotz einer
Katharina!"

Anastasia zuckte verächtlich die Achsel, setzte sich auf Arkadis Knie und begann mit seinem Zopf zu spielen. — —

Maxim lag noch im Bett und träumte, als Arkadi spornklirrend in seine Stube trat und ein großes gesiegeltes Schreiben auf seine' Decke warf. „Habe ich es dir nicht gesagt," schnaubte er, „da hast du deine Ernennung zum Leutnant."

„Wie? Was?" sagte Maxim.

„Leutnant bist du!" schrie Arkadi dem Schlaftrunkenen zu.

„Nein, doch Fähnrich?"

„Leutnant, sage ich dir."

„Ich?"

„Ja, du, und Adjutant."

„Wie ist das möglich?"

„Durch einen Unterrock ist heutzutage alles möglich," brummte Arkadi; „besonders, wenn es ein Unterrock ist, der nicht unter einem gewöhnlichen Weiberkittel, sondern unter einem mächtigen Hermelinpelz steckt. Steh' auf, Glückspilz, kleide dich an, du bist von der Zarin zur Audienz beschieden."

„Ich — zur Audienz?"

„Wer sonst, aber ich will dir helfen", und er zog ihn bei den Füßen aus dem Bette und begann seine Kleider instand zu setzen.

Als Maxim zur bestimmten Stunde im Audienzsaal unter den Bittstellern stand, war ihm durchaus nicht wie einem Glückspilz zumute, sondern wie einem jungen Mädchen, das die Eltern, ohne es zu fragen, verheiraten wollen, und das nun angstvoll der Ankunft des Bräutigams ent gegenfieht. Der dienſttuende Kammerherr nannte ſeinen Namen, und Maxim trat in das Zimmer, in welchem die Kaiſerin den Bitten und Klagen ihrer Untertanen Gehör zu ſchenken pflegte. Sie ging, die Arme auf der Bruſt ge= kreuzt, auf und ab und ſtand plötzlich in einem ſchwarzen Samtkleide, eine kleine Krone aus Diamanten in den weißen Locken, in ihrer ganzen Majeſtät vor dem jungen Offiziere.

„Ich habe Sie zum Leutnant und zum Adjutanten in meinem Palaſte ernannt," begann ſie, „weil Sie mir wohl gefallen und ich Ihnen ſehr gewogen bin."

„Ich weiß nicht, Majeſtät, wie ich ſoviel Gnade —" ſtotterte der unglückliche Günſtling.

„Gnade kann man niemals verdienen," fiel die Kaiſerin ein, „ſie kommt unerwartet wie ein Geſchenk von oben, ein Wunder oft ſelbſt für jenen, der ſie ſpendet. Deshalb kann man aber auch ebenſo leicht und unerwartet in Ungnade fallen. Merken Sie ſich das, Maxim Petrowitſch, und richten Sie alle Ihre Schritte hier am Hofe danach ein."

Die Kaiſerin lächelte ihm huldvoll zu und wendete ihm dann den Rücken, ſie ſuchte, indem ſie den Anblick des ſchönen jungen Mannes mied, ihre Leidenſchaft für ihn zu bekämpfen, er aber nahm es für ein Zeichen, daß er ent= laſſen ſei, verneigte ſich ſtumm und wollte gehen.

„Sie dürfen mir danken, ehe Sie gehen", ſprach Katha= rina II., ſich raſch zu ihm wendend, „küſſen Sie mir die Hand, ich erlaube es Ihnen."

Maxim ließ ſich auf ein Knie nieder und führte die Hand der Monarchin an ſeine Lippen.

„Wie reſpektvoll," ſpottete Katharina, „Sie halten mich

wohl für eine grausame Tyrannin, ja, für Semiramis selbst, wie mich Voltaire galant getauft hat, und ich, ich will von meinen Untertanen nicht allein verehrt, sondern auch geliebt werden, und Sie behaupten doch, mich zu lieben, Maxim Petrowitsch."

Der junge Offizier kniete wie auf Kohlen.

„Stehen Sie auf," befahl die Kaiserin leise und schmeichelnd, „ich sehe, daß ich selbst mich der angenehmen Mühe unterziehen muß, Sie küssen zu lehren." Maxim erhob sich, und das schöne, gebieterische Weib legte sanft die vollen Arme um seinen Hals.

„So, mein junger Freund, so machte es Venus, als sie Adonis am Abhange des Libanons traf, und der schöne Jüngling verlor allen Respekt vor der Göttin und küßte sie. Nun, fehlt Ihnen auch jetzt noch der Mut dazu?"

Katharina zog ihn an sich, und ihre Lippen berührten feucht und glühend die seinen.

„Nun — ich will sehen, ob Sie auch gelehrig sind."

Maxim hatte trotz seiner Angst bei dem sinnbetörenden Kuß des herrlichen Weibes eine Art Rausch erfaßt, er ließ es sich nicht noch einmal befehlen. Rasch entschlossen umfaßte er mit seinen kräftigen Armen die Zarin und küßte sie noch einmal.

Jetzt zitterte sie an seiner Brust, und das Blut schoß ihr verräterisch in die Wangen.

„Jetzt gehen Sie," sprach sie, „ich liebe Sie, Maxim Petrowitsch; dies auf den Weg."

Als Maxim in einem Zustand unbeschreiblicher Verwirrung in den Audienzsaal zurückkehrte, stand Potemkin in einer Fensternische und winkte ihn zu sich.

„Also das nennen Sie Dankbarkeit, Herr Leutnant", begann er mit unterdrückter Wut.

„Exzellenz, ich verstehe nicht", stammelte Maxim.

„Ich weiß alles," unterbrach ihn Potemkin, „die Zarin ist in der Laune, einen Roman mit Ihnen zu spielen, und Sie hoffen, mich zu verdrängen und an meine Stelle —"

Jetzt unterbrach Maxim ebenso heftig den mächtigen Günstling Katharinas.

„Kein Wort weiter, Sie treten meiner Ehre nahe, Exzellenz. Ich strebe nicht danach, Sie zu verdrängen, im Gegenteil, die Gunst der Kaiserin setzt mich in Schrecken, denn sie droht mir, mein Glück zu rauben. Ich liebe meine Braut, Angela Repnin, von ganzem Herzen, habe keinen anderen Ehrgeiz, als von ihr wieder geliebt zu werden, und verwünsche die Stunde, wo wir beide an diesen Hof gekommen sind."

Die Art und Weise, in der der junge Mann sprach, trugen so sehr den Stempel der Wahrheit, daß Potemkin, der stets Mißtrauische, Vorsichtige, ihm Glauben schenkte.

„Sie sollen Ihr braves Mädchen nicht verlieren," sprach er, Maxim die Hand bietend, „wir haben hier ein gemeinsames Ziel zu erreichen und wollen daher redliche Freunde und Verbündete sein."

„Wie soll ich es also anfangen, Exzellenz," erwiderte Maxim aufatmend, „um bei der Kaiserin in Ungnade zu fallen?"

„In Ungnade?" Potemkin brach in ein lautes Lachen aus, „es klingt unglaublich, hier, wo alles um Gunst und Gnade buhlt, intrigiert, kriecht und kämpft, hier sucht der ehrliche Bursche Ungnade."

„Ja wohl, Ungnade", rief Maxim, „und zwar Un=
gnade um jeden Preis!"

Noch denselben Abend erhielt Maxim durch eine vertraute
Kammerfrau der Zarin einen Brief derselben, in welchem
sie ihn zu sich berief.

Er ging zu Potemkin und beriet sich mit demselben. Der
erfahrene Mann, der einzige, unter dessen Einfluß Katha=
rina II., so lange sie lebte, stand, gab ihm eine eingehende
Instruktion, in der er jeden nur denkbaren Fall vorsah und
besprach. Beruhigt ging der junge Leutnant an das Werk.
Er begann damit, daß er nicht bei der Zarin erschien, ja,
nicht einmal ihren Brief beantwortete.

Am nächsten Tage wurde er in das Kabinett der Kaise=
rin befohlen, welche die Stirne zornig runzelte, als er ein=
trat. Potemkin hatte ihm gesagt, daß die Zarin geistreiche
Männer liebe, und ihm den Wink gegeben, sich so albern
als möglich zu stellen.

„Weshalb sind Sie gestern abend nicht gekommen?"
herrschte ihn Katharina II. an, „Sie verdienten, gezüchtigt
zu werden, wie ein unartiger Knabe."

„Hätte ich kommen sollen?" entgegnete Maxim erstaunt.

„Haben Sie meinen Brief erhalten?"

„Ja."

„Also?"

„Ja, Majestät, e r h a l t e n habe ich ihn wohl", sprach
Maxim mit dem dümmsten Gesicht von der Welt, „aber
nicht gelesen".

„Nicht gelesen? Was soll das?"

„Weil ich nicht lesen kann, Majestät."

„Sie können nicht lesen!" sagte Katharina II. starr.

„Und — und — da ich wußte, daß der Brief — daß er von Eurer Majestät — wagte ich nicht, ihn mir von jemand anderem vorlesen zu lassen", stammelte Maxim.

„Das fehlte noch," rief Katharina II., „gut, für diesmal sind Sie entschuldigt, aber Sie sollen mir sofort lesen lernen, ich selbst will Ihre Lehrerin sein. Heute abend um acht Uhr ist die erste Lektion, wagen Sie es nicht, dieselbe zu versäumen."

„Würde ich in Ungnade fallen?" fragte Maxim angenehm überrascht.

„Mehr als das," sagte Katharina II. streng, „eine neue Beleidigung würde ich unerbittlich strafen."

„Mit Degradation?"

„Jawohl, mit Degradation und dann —"

„Dann?" rief Maxim erschreckt.

„Ja, dann sind Sie gemeiner Soldat, mein lieber Freund," fuhr die Zarin fort, „und ein Soldat, den man dem strengsten Kommandanten übergibt. Bei dem geringsten Vergehen — und ein guter Kommandant sorgt dann dafür, daß Sie bald eines begehen — sind Sie ohne Pardon der Knute verfallen."

„Oh, ich werde pünktlich sein, Majestät", seufzte Maxim, der mit schlotternden Knien vor dem schönen Weibe stand, das ebenso grenzenlos grausam sein konnte, als es zu lieben imstande war.

„Auf heute abend denn —"

Der Abend kam. Schon eine halbe Stunde vor acht Uhr stand Maxim vor der Türe des kaiserlichen Boudoirs, in das er diesmal beschieden war, und hinter dieser Tür mußte Angela der Zarin bei dem Negligé behilflich sein,

das diese machte, um ihren Bräutigam zu berücken. Die
reizende Unordnung der weiß gepuderten Locken und Löck=
chen schien gelungen, Reifrock und Korsett der Rokoko=
dame, ähnlich den Rüststücken eines mittelalterlichen Rit=
ters, waren abgelegt, über einem Brüsseler Hemde floß
ein langer Rock von weißer Seide von den Hüften der
Zarin bis zur Erde hinab und in schimmernder Schleppe
nach. Jetzt schlüpfte Katharina langsam, sich selbstzu=
frieden in dem Spiegel betrachtend, in den weiten Schlaf=
pelz von blutrotem Samt, der mit glänzendem Hermelin
gefüttert und verschwenderisch ausgeschlagen war. Indem
sie ihre Arme anmutig in dem reichen Pelzwerk badete,
drohte das arme Mädchen hinter ihr in die Knie zu sinken.

„Was hast du?"

„Ach! der Pelz ist so schwer."

Die Augen voll Tränen, befestigte Angela zuletzt noch
einen weißen Spitzenschleier auf dem Haupte der Kaiserin,
welcher auf ihren Schultern herabfallend alles das, was
er zu verbergen schien, sinnbetörend durchschimmern ließ.

„Glaubst du, daß er mich so lieben wird, Angela", sagte
die Zarin, sich mit einem stolzen Blick im Spiegel mu=
sternd.

„Ich fürchte", wollte das Mädchen zur Antwort geben.
„Wem wäre es möglich, Sie nicht zu lieben!" sagte sie
dann.

Katharina küßte sie auf die Stirne und entließ sie,
dann warf sie noch einen Blick in den Spiegel und öff=
nete die Tür.

„Treten Sie ein."

Sie ließ sich nachlässig auf einem Fauteuil nieder und

betrachtete mit unverhülltem Vergnügen den schönen, jungen Menschen, der demütig und in sein Schicksal ergeben wie ein Sklave vor ihr stand. Und war er nicht in der Tat ihr Sklave, der Sklave ihrer Leidenschaft, ihrer Laune?

„Reichen Sie mir das Buch, das dort auf dem Toilettentisch liegt", befahl die Kaiserin. Maxim gehorchte. „So, jetzt setzen Sie sich." Sie schob ihm mit dem Fuße den Schemel hin, und als er zu ihren Füßen saß, legte sie die Hand leicht auf seine Schulter und zeigte ihm die Buchstaben und hieß ihn, sie nachzusprechen. Maxim benahm sich so einfältig bei der Lektion, daß Katharina II. nur zu bald die Geduld verlor und ungeduldig mit dem Fuße stampfend das Buch wegwarf.

„Wie gefällt Ihnen meine Toilette?" fragte sie dann kokett, „dieser Pelz?" Sie schlug ihn einen Augenblick auseinander, so daß der Hermelin wie weißes Mondlicht an ihr herunterfloß.

„Als Kaiserin müssen Sie ihn wohl tragen," entgegnete Maxim mit absichtlicher Naivität, „aber er muß entsetzlich heiß machen."

Die Zarin begann sich über ihren Adonis zu ärgern. „Ich will versuchen, Sie die Buchstaben schreiben zu lassen," sagte sie nach einer kleinen Pause, „stellen Sie den kleinen Tisch dort hierher vor mich."

Nachdem Maxim es getan, verlangte sie Feder und Tinte. Nun winkte dem Günstling, der um jeden Preis in Ungnade fallen wollte, die verlockendste Gelegenheit zu einem Hauptcoup; er nahm das Schreibzeug, schickte sich beim Tragen so tölpelhaft als nur möglich an, und

als er ihr nahe genug war, ließ er es mit einem lauten
Schrei fallen, die Zarin sprang auf, der schwarze Strom
rieselte über den Schnee ihres Schlafpelzes und das
Silber ihrer Robe zur Erde hinab. Im selben Augenblicke
klatschte eine derbe kaiserliche Ohrfeige auf der Wange
Maxims, dem dabei vor Seligkeit das Herz zerspringen
wollte. Es war ihm gelungen, die schöne Despotin in
Zorn zu bringen. Er schien gerettet.

„Wie kann man so ungeschickt sein?“ grollte Katharina II., und ein zweiter Schlag ihrer kleinen energischen
Hand illustrierte ihre Worte. Aber jetzt geschah etwas, was
die ganze schöne Wirkung des Coups, den Maxim ausgeführt, vernichtete, die Kaiserin hatte in der Aufregung
nicht bemerkt, daß sie, bemüht, ihre Toilette zu retten,
ihre Hände in Tinte gebadet hatte. Jetzt sah sie plötzlich,
daß die beiden Ohrfeigen, welche Maxim rechts und links
empfangen hatte, ihn in einen Neger verwandelt hatten.
„Mon dieu! Wie sehen Sie aus?“ rief sie und schüttelte
sich vor Lachen.

Maxim trat vor den Spiegel, und als er sich sah, begann er gleichfalls herzlich zu lachen. Die Zarin gewann
zuerst ihre Ruhe wieder.

„Ach, jetzt ist es mir in der Tat heiß geworden,“ sagte
sie, „reichen Sie mir ein Glas Wasser.“ Nachdem sie
getrunken, gab sie es Maxim zurück. „Sie dürfen auch
trinken,“ sagte sie, „ja, ich erlaube Ihnen sogar, Ihre
Lippen an die Stelle zu legen, auf der die meinen geruht
haben.“

„Ich danke, Majestät.“

„Sie danken —?“

„Ich — ich — trinke kein Wasser", stammelte Maxim, zum äußersten entschlossen.

„Ja, was trinken Sie denn?"

„Schnaps."

„Schnaps? — pfui! — Marsch! Aus meinen Augen."
Katharina kehrte ihm empört den Rücken, und er, überzeugt, daß er jetzt endlich wirklich in Ungnade gefallen sei, eilte aus ihrem Boudoir und tanzte im vollen Übermut der Jugend durch die Zimmer und die Treppe hinab.

Des unglücklichen Maxim Erstaunen kannte keine Grenzen, als er wenige Tage nach der heiteren Katastrophe mit der Zarin durch Potemkin die Eröffnung erhielt, daß Katharina II. durchaus nicht gesonnen sei, das Spielzeug, das sie sich erwählt hatte, so leichten Kaufes aufzugeben. Sie ließ ihn zwar wissen, daß er auf unbestimmte Zeit aus ihrer Nähe verbannt sei, aber nur, um sich gründlich und fleißig mit seiner Ausbildung in jeder Richtung zu befassen. Von der Monarchin beordert, kam zuerst ein Tanzmeister, der ihn bei dem Gesang einer alten Geige in allen möglichen Pas jener steifen zeremoniellen Zeit exerzierte, nach ihm erschien ein französischer Sprachmeister, der die Aufgabe hatte, ihm die Sprache Voltaires in möglichst kurzer Zeit einzutrichtern, und zuletzt kam ein deutscher Professor, der ihn in den Wissenschaften unterwies. Das tägliche tête-à-tête mit diesen drei Perücken gefiel Maxim ungleich besser, als jenes mit dem schönen verliebten Weibe im kaiserlichen Pelz. Er war, wie alle Russen, von großer Begier, sich zu unterrichten, erfüllt und machte überraschende Fortschritte. Drei Monate waren vergangen, in denen der junge Offizier weder die Zarin,

noch die Geliebte gesehen hatte, da wurde er eines Tages
wieder zur Monarchin beschieden.

Die Rolle des Dummkopfs und des Tölpels konnte er
nicht mehr spielen, das gab sogar Potemkin zu, er stand
also mit aller Grazie, die ihm der Tanzmeister verliehen
hatte, vor Katharina, ihrer Befehle gewärtig.

„Sie haben fleißig gelernt, Maxim Petrowitsch," be=
gann diese mit rosigem Wohlwollen, „Ihre Lehrer stel=
len Ihnen die besten Zeugnisse aus. Ich will Ihnen also
Ihre Ungeschicklichkeit in Bausch und Bogen verzeihen und
mich ein wenig mit Ihrer Karriere befassen. Heute noch
soll ein Kurier nach Berlin abgehen, ich habe Sie zu die=
ser Mission ausersehen, weil ich Ihnen Gelegenheit geben
will, sich auszuzeichnen. Aber einem Leutnant kann man so
wichtige Depeschen nicht anvertrauen. Ich habe Sie also
zum Kapitän ernannt."

„Oh! Majestät!" rief Maxim freudig überrascht und
ließ sich vor der Kaiserin auf ein Knie nieder, nicht mit
jenem wilden Enthusiasmus, wie er es sonst getan, son=
dern mit der ganzen Anmut eines französischen Kavaliers,
ganz so, wie es ihn der Tanzmeister gelehrt.

„Wie hübsch Sie jetzt knien", sprach Katharina II., ihn
durch die Lorgnette betrachtend. „So, jetzt küssen Sie mir
auch die Hand."

Maxim führte die Hand der Zarin mit galanter Zärt=
lichkeit an die Lippen.

„Sie haben auch im Küssen Fortschritte gemacht,"
sagte Katharina II. lächelnd, „verdanken Sie dieselben
auch Ihrem Tanzmeister, oder haben Sie darin andere
Lehrmeister gehabt?" Sie schlug ihn mit der Hand leicht

auf die Wange. „Holen Sie jetzt Ihre Depeschen bei dem Generaladjutanten, Herr Kapitän, und reisen Sie mit Gott."

Als Maxim bei seinem Gönner Potemkin eintrat, rief ihm dieser von weitem schon entgegen:

„Ich gratuliere, Kapitän, ich gratuliere", dann setzte er leise hinzu:

„Aber die Depeschen werden Sie nicht überbringen, ich habe bereits einen anderen damit abgeschickt. Wir werden einen neuen Streich ausführen, auf den Sie gewiß in Ungnade fallen. Gehorchen Sie mir nur blind, Sie werden es nicht bereuen."

Gegen Abend ließ sich Potemkin bei der Monarchin melden.

„Was bringst du, Gregor Alexandrowitsch, du scheinst sehr aufgeregt?" rief die Zarin.

„Und mit Recht, Majestät," entgegnete Potemkin, „Sie haben diesen Urussow gegen meinen Rat heute vormittag mit wichtigen Depeschen abgeschickt. Wenn ich nun nicht wäre, hätte sie der unvorsichtige Knabe, ohne es zu wollen, dem Feinde in die Hände gespielt."

„Wie?"

„Herr Urussow ist, seitdem er durch die mütterliche" — Potemkin betonte das Wort absichtlich sehr stark — „Vorsorge Eurer Majestät aufgehört hat, ein Einfalts= pinsel zu sein, dafür ein Raufbold, Spieler und Trinker geworden."

„Er trinkt Schnaps —"

„Jawohl, gemeinen Schnaps," fiel Potemkin ein, „und so kam er denn vor vier Stunden vollständig betrunken zurück und meldete mir, daß er die Depeschen verloren habe."

„Verloren, der Elende!" schrie Katharina II. auf.

„Majestät wissen, daß es in Rußland von Spionen unserer Gegner wimmelt. Wie leicht konnten diese für uns kompromittierenden Papiere in ihre Hände fallen. Ich bestieg also auf der Stelle selbst ein Pferd und eilte auf der Straße, welche der Kurier eingeschlagen hatte, von Schänke zu Schänke, denn in jeder hatte dieser Urussow haltgemacht und getrunken."

„Schnaps?" fragte die Zarin.

„Ja, gemeinen Schnaps," fuhr Potemkin fort, „und endlich fand ich einen klugen Wirt, der das dem Betrunkenen entfallene Paket aufgehoben und wohl verwahrt hatte. Ich sandte auf der Stelle einen anderen Kurier nach Berlin und habe den Kapitän Urussow auf die Wache führen lassen, wo er der Strafe harrt, welche Eure Majestät über ihn zu verhängen geruhen werden."

„Er muß exemplarisch bestraft werden," entschied die Kaiserin, welche zornig auf und ab ging, „ich degradiere ihn hiermit zum Gemeinen und verurteile ihn zu hundert Knutenhieben."

„Majestät, dieses Urteil ist etwas hart", bemerkte Potemkin, der nicht im entferntesten daran dachte, die Strafe vollziehen zu lassen, und dem das Lachen nahe war.

„Ich will aber hart sein," rief Katharina II., „und mehr als das, ich will in diesem Falle sogar grausam sein, die Exekution hat morgen um zehn Uhr vormittags stattzufinden, und ich selbst werde derselben zusehen."

Potemkin, welcher seine Gebieterin kannte und wußte, daß im Augenblicke nichts weiter zu machen war, verneigte sich und ging. Nach einer Stunde wurde er von neuem zu ihr beschieden.

„Es wäre doch unmenschlich, diesen schönen, jungen Menschen unter der Knute des Henkers sterben oder nur verstümmeln zu lassen", sagte Katharina II.

„Gewiß, Majestät."

„Aber bei der Degradation bleibt es."

„Wie Eure Majestät befehlen."

Am nächsten Tage war auch die Degradation aufgehoben, und als Maxim bei Potemkin erschien, eröffnete ihm dieser lachend, daß die Kaiserin ihm die überstandene Angst als Strafe anrechne und ihn zum Obersten ernannt habe.

Maxim hielt es anfangs für Scherz, aber als er das Patent sah, konnte er nicht länger zweifeln und war in seinem Jubel nahe daran, Potemkin die Hand zu küssen.

„Aber die Angst, die ich ausgestanden habe?" sagte er dann, „was für eine Angst habe ich denn ausgestanden?"

„Ja, das ist eine große Geschichte," erklärte ihm Potemkin, „während Sie mit Ihren Kameraden zechten, waren Sie zuerst verhaftet, dann degradiert und zur Knute verurteilt und dann wieder begnadigt."

„Also sie wollte mich im Ernste knuten lassen", fragte Maxim mit einigem Schauder.

„Allerdings, und noch selbst dabei zusehen," lachte

Potemkin, „ja, die Frauen sind unberechenbar, mein lieber Maxim Petrowitsch, und vor allem dann, wenn sie uns lieben."

Bald, nachdem der junge Oberst sein Regiment über= nommen hatte, fand in der Nähe von Moskau ein großes Manöver unter den Augen der Kaiserin statt. Ein Teil der Truppen unter dem Kommando Suwarows stellte die Türken vor und sollte durch eine kühne Flankenbewegung umgangen und gezwungen werden, sich der Kaiserin, an deren Seite Potemkin die Russen be= fehligte, auf Gnade und Ungnade zu ergeben.

Aber die Sache kam anders.

Nicht umsonst hatte Potemkin dem Obersten Urussow die Führung der Truppen anvertraut, welche das geniale Manöver ausführen sollten, und mit demselben tags vorher die Karte studiert.

Als der Moment kam, wo die Russen unerwartet den Türken in Flanke und Rücken fallen sollten, wartete Katharina II. vergebens auf die Reiter Urussows, welche die Reserve Suwarows anfallen, auf seine Geschütze, welche den Feind in ein Kreuzfeuer nehmen sollten. Eine Viertelstunde verstrich und eine zweite, dann sprengte Suwarow durch eine plötzliche Attacke seiner Kavallerie das Zentrum der Russen und nahm die Kaiserin ge= fangen.

Die Kaiserin machte gute Miene zum bösen Spiel, sie reichte Suwarow lachend die Hand, aber ihr ganzer Zorn entlud sich jetzt auf das Haupt des schönen Obersten.

Ein Adjutant wurde abgeschickt, ihn vor die Zarin zu laden.

Er kehrte allein und mit einer reglementwidrig heiteren
Miene zurück.

„Wo ist der Oberst?" fragte Katharina II. mit einer
gewissen Heftigkeit.

„Der Herr Oberst läßt sich entschuldigen, es ist ihm
unmöglich", — sagte der Adjutant, der in Gefahr war,
sich die Zunge abzubrechen.

„Unmöglich, wenn ich es befehle?" rief die schöne
Despotin.

„Der Herr Oberst steckt mit seinen Kanonen, Sol=
daten und Pferden bis an den Hals in einem großen
Sumpf", sagte der Adjutant.

Die Kaiserin stutzte einen Augenblick, dann brach sie
in ein schallendes Gelächter aus, in das der Generalstab
und endlich die ganze Armee einstimmte.

„Glauben Majestät nicht, daß es an der Zeit wäre,
diesen Herrn Obersten in Pension zu schicken", sagte
Potemkin, als er auf dem Rückweg neben ihr ritt.

„Oh! Durchaus nicht an der Zeit," rief Katha=
rina II. mit einem Blitz ihrer kühnen, geistvollen Augen,
„dieser Oberst ist, wie ich sehe, imstande, Sie eifersüchtig
zu machen, lieber Potemkin, und das macht mir so viel
Spaß, daß ich ihn jetzt erst recht protegieren will."

Die Kaiserin hatte mit ihrem Vertrauten Potemkin in
ihrem Kabinett gearbeitet, sie war zu dem Entschluß
gekommen, eine Reihe drückender Steuern aufzuheben
und ein ganz neues System der inneren Verwaltung ein=
zuführen, bei welchem zum ersten Male die Grundsätze
der französischen Philosophen zur Anwendung kommen
sollten. Sie hatte die Entwürfe, welche vor ihr lagen,

mit dem außerordentlichen Scharfsinn, der sie charak=
terisierte, schnell erfaßt und auf der Stelle die Schwächen
derselben erkannt und Potemkin jene Verbesserungen
diktiert, welche sie nötig fand. Nun streckte sie sich müde
in den weichen Samtpolstern aus, und ihr Auge mit
ruhigem Spotte auf den einzigen Mann heftend, der
ihrem Herzen wirklich nahe stand, fragte sie, in der
Absicht, sich mit seinen Qualen die Zeit zu vertreiben:

„Bist du noch immer eifersüchtig, Gregor Alexan=
drowitsch?“

„Auf wen?“

„Auf Urussow.“

„Nicht mehr.“

„Nicht mehr? Und was hat dich so schnell geheilt?“

„Die Überzeugung, daß meine Eifersucht grundlos
war“, sagte Potemkin.

„Du glaubst also nicht, daß ich ihn liebe?“ fragte
Katharina II. lauernd.

„Ich glaube nur nicht, daß der Oberst dich liebt.“

„Wie das?“

„Oder besser gesagt, ich glaube, daß er eine andere
liebt.“ Potemkin blickte mit einer Siegesgewißheit auf
die Kaiserin, welche dieselbe verwirrte.

„Eine andere? Du lügst.“

Potemkin zuckte die Achseln. „Überzeuge dich selbst.“

„Wie kann ich das?“

„Noch heute abend, wenn du willst.“

„Gut denn, noch heute abend, und wenn du recht
behältst?“ sprach Katharina, sich erhebend.

„Versprichst du mir, daß er in Ungnade fällt und
den Hof verlassen muß?" fiel Potemkin rasch ein.

„Ha! Mein Freund, doch eifersüchtig," sprach Ka=
tharina II. angenehm überrascht, „und wenn ich recht
behalte, Potemkin, was dann?"

„Dann schicke mich nach Sibirien", sagte Potemkin.

„Das kann ich so auch tun", entgegnete Katharina II.
mit boshafter Eile, denn sie ließ keine Gelegenheit vor=
übergehen, den Mann, dessen Macht sie fühlte, zu de=
mütigen.

„Was könntest du nicht, wenn es dir beliebt," sprach
Potemkin, ohne einen Augenblick seine Miene zu ändern,
„ich bin dein Untertan, dein Sklave."

Katharina sah ihn, ohne ein Wort zu sagen, an und
reichte ihm dann die Hand.

„Ich werde mich hüten, dich nach Sibirien zu schicken,"
sagte sie herzlich, „ich brauche dich hier viel notwendiger.
Also, heute abend." —

Als es vollkommen dunkel geworden war, ging Maxim,
wie es ihm sein Gönner geboten hatte, durch den kaiser=
lichen Garten, die von beschnittenen Taxuswänden ein=
gerahmte Hauptallee hinauf, bis zu dem Springbrunnen,
der seinen silbernen Strahl hoch in die Luft warf und
in tausend Diamanten zerschellt in die von einer nackten
Nymphe gehaltene große Muschel zurückfallen ließ. Er
setzte sich auf die Rasenbank, welche ihm bezeichnet war;
sie war durch einen Amor kenntlich, der im Begriffe,
seinen Pfeil abzuschießen, in der von der Taxuswand ge=
bildeten grünen Nische hinter ihm stand. Hier blieb er

15*

sitzen, betrachtete die wunderbaren Gebilde der Sterne an dem wolkenlosen Himmel und dachte an Angela.

Plötzlich stand eine weiße Gestalt vor ihm. War es die Kaiserin? Er erhob sich und nahm ehrerbietig den Hut ab.

„Ich bin es, Maxim", sprach eine wohlbekannte Stimme, deren süßen Klang er so lange entbehrt hatte, und zwei weiche Arme umfingen ihn. Nach einem langen Kusse machte sich Angela los. „Das ist nicht genug," sagte sie, „ich werde auf der Bank sitzen und du mußt vor mir knien und mir Liebe schwören."

„Muß ich?"

„Denke, daß wir die Kaiserin aufbringen müssen."

„Wie?"

„Frage nicht weiter, Potemkin will es so, und das sei dir genug. Auf die Knie!" Sie deutete mit ihrer weißen Hand auf den Boden und erschien Maxim mit einem Male so majestätisch, daß er ihr gehorchen mußte. Da lag er nun zu ihren Füßen und beschwor, das Auge bald zu ihr, bald zu den Sternen erhoben, allerhand Unsinn, und die Sterne hörten geduldig zu, aber Angela gab ihm einen leichten Backenstreich und flüsterte: „Nicht so toll!"

Und wie sie ihn jetzt an ihre Brust zog und sein liebes Antlitz mit Küssen bedeckte, stand Katharina II. mit Potemkin hinter der grünen Wand und fieberte vor Wut und Eifersucht.

„Ich könnte ihn zerreißen", murmelte sie, und da sie es nicht konnte, kneipte sie Potemkin heftig in den Arm.

„Hören wir, was sie sagt, die Schöne spricht mit ihm",

entgegnete der Günstling, der seine Heiterkeit mit Mühe verbarg.

„Jetzt, Maxim, jetzt gilt's," flüsterte Angela, so daß es niemand als er hören konnte, „die Zarin ist da, ich höre den Sand unter ihren Füßen knistern."

„Und ich sehe ihren Hermelinpelz durch die grüne Wand schimmern", wisperte Maxim. „Also schieß los."

„Mein lieber Oberst," begann Angela laut, „Sie schwören mir, daß Sie mich lieben, und doch scheint es mir, daß Sie eine andere Dame viel mehr als mich lieben."

„Wer sollte das sein?" erwiderte Maxim ebenso vernehmlich.

„Die Kaiserin, sagt man, und man sagt auch, daß Sie sehr in ihrer Gunst stehen", fuhr Angela fort.

„Ich will es nicht leugnen, daß sie sehr gnädig gegen mich ist," gab Maxim zur Antwort, „aber wie können Sie glauben, daß eine Frau von ihrem Genie und ihrer Würde sich so viel vergeben könnte, einen jungen unbedeutenden Menschen wie mich zu lieben?"

„Hörst du?" sagte Potemkin leise zu Katharina.

„Aber Sie, Sie lieben sie", fuhr Angela fort.

„Ich?" antwortete der junge Oberst, „Katharina II. ist die schönste Frau der Erde."

„Hörst du", flüsterte jetzt die Zarin ihrem Vertrauten zu.

„Ich verehre die große Herrscherin", fuhr Maxim fort, „und bete das schöne Weib in ihr an, aber eben deshalb wage ich es nicht, die Augen zu ihr zu erheben, und ich hätte nicht einmal den Mut, sie zu lieben."

„Hörst du", sagte Potemkin.

„Ich liebe Sie, teure Angela," schloß Maxim, „Sie allein."

„Nun denn, Herr Oberst, auch ich liebe Sie", gab Angela so laut als nur möglich zur Antwort, und sie begannen sich von neuem zu küssen wie zwei Täubchen, die beim Sternenlicht im grünen Busche schnäbeln.

„Die Verräterin!" murmelte Katharina, „sie soll es mir büßen."

„Sie?" sagte Potemkin, „das wäre eine Ungerechtigkeit und noch mehr eine Unklugheit, und dieser beiden weiblichen Schwächen halte ich meine große Kaiserin nicht für fähig."

„Du hast recht, aber sie regen mich auf und tun mir weh, und das Geküsse nimmt kein Ende, ich könnte rasend werden, komm, Gregor." Sie eilte mit den raschen Schritten eines jungen Mädchens die Allee hinab, dann durch einen grünen Seitengang, immer von Potemkin gefolgt, bis zu einer zweiten Fontäne, und ließ sich hier auf einer Rasenbank nieder, über der eine weiße steinerne Venus mit einem steinernen Adonis koste. „Sei doch kein Bär, Gregor, was tut man, wenn man unter dem flimmernden Sternenhimmel allein ist mit einer Frau?"

„Mit dem schönsten Weibe der Erde, willst du sagen, Katharina," rief Potemkin mit aufrichtigem Enthusiasmus, „man kniet nieder und betet an." Und er warf sich zu ihren Füßen nieder, und sein Antlitz in dem schimmernden Pelzwerk begraben, bedeckte er die herrliche Büste der Zarin mit feurigen Küssen. Katharina lächelte. „Aber wir sollten die beiden doch strafen", sagte sie.

„Du haſt recht,“ erwiderte Potemkin, „und zwar recht empfindlich.“

„Wie meinſt du?“

„Indem wir ſie zuſammen verheiraten.“

Als die Kaiſerin in ihrem Schlafgemach allein war, im Begriffe zur Ruhe zu gehen, erwachte mit einem Male, je mehr ſie desſelben Meiſter geworden zu ſein glaubte, ihr Gefühl für den treuloſen Adonis mit erneuter Gewalt. Sie war zu ſtolz, ihm ferner von Liebe zu ſprechen, aber ſie war Weib genug, zu wünſchen, daß er ſie liebe, ſie wollte ein Netz von Koketterie und Wolluſt um ihn ſpannen, ihn ahnen laſſen, daß ihr Beſitz für ihn nicht ſo unerreichbar war, als er dachte, und ihn dann fort=ſchicken, den Pfeil im Herzen, nicht ſie durfte die Ver=ſchmähte ſein, ſondern er ſollte zu ihren Füßen liegen, verſchmäht und verlacht.

Sie ſchrieb an ihn: „Undankbarer! Ich weiß, daß Sie eine andere lieben, aber dennoch will ich Sie noch einmal ſehen, morgen um Mitternacht im chineſiſchen Pavillon.“

Dieſen Brief erhielt Maxim am nächſten Morgen, dies=mal ging er aber nicht zu Potemkin, ſondern erſann ſich ſelbſt einen tollen Spaß. Er ſchloß die Zeilen von der Hand der Zarin in ein anderes Kuvert ohne Adreſſe und ſendete damit einen treu=verläßlichen Diener in die Kaſerne des Regimentes Simbirsk, wo ſie dem dienſttuen=den Unteroffizier für Herrn Arkadi Wuſchitſchinkoff über=geben wurden. Es währte nicht gar zu lange, und Arkadi trat ſchwer atmend bei ſeinem Freund, dem Oberſten, ein.

„Lies dieſen Brief“, ſprach er feierlich. Er ſchien um mindeſtens fünf Zoll gewachſen.

Maxim las mit großem Ernst und gab dann das Billett
Arkadi zurück.

„Was sagst du?"

„Daß du der eigentliche Glückspilz bist."

„Ich — aber ich weiß ja gar nicht, von wem diese
Zeilen sind. Ein Lakai hat sie gebracht, das steht fest,
aber es gibt viele Lakaien!" seufzte Arkadi.

„Gewiß, aber es gibt nur eine Frau, welche diese
kühnen, ich möchte sagen, despotischen Schriftzüge hat",
gab Maxim zur Antwort.

„Wer soll das sein?"

„Sieh' die Unterschrift."

„Katharina."

„Nun?"

„Nun."

„Die Zarin, wer sonst."

„Aber die liebt ja dich", sagte Arkadi mißtrauisch.

„Was dir einfällt, die Dame damals war eine ganz
andere, ihr danke ich, daß ich Oberst geworden bin,
denke dir nun, welche Laufbahn erst dir winkt, wenn die
Zarin selbst —"

„Laß mich niedersetzen, mir wird schwül", seufzte
Arkadi.

„Aber sie schreibt da, sie will mich noch einmal
sehen," fuhr er fort, „noch einmal!"

„Sehr einfach. Erinnerst du dich genau aller Um=
stände damals bei meinem Rendezvous im chinesischen
Pavillon?"

„Ja."

„Erinnerst du dich der großen majestätischen Dame, welche meine Schöne begleitete?"

„Ja."

„Das war Katharina, und damals hat sie dich gesehen, als du an die Jalousie klopftest, und sich in dich verliebt", schloß der Oberst seine Auseinandersetzung.

„Wie aber hat sie erfahren, daß ich eine andere liebe?" fragte Arkadi, der noch immer zweifelte."

„Frage sie selbst."

„Hm! hm! Heilige Mutter von Kasan, du meinst also, daß ich so, wie ich bin, heute nacht zu dem Rendez vous gehen soll!"

„Gewiß, ich fürchte nur eins, daß du nämlich bei der schmalen Türe nicht hinein kannst", lachte Maxim.

„Ich will also gehen, aber nur, wenn du mich be= gleitest, Maxim."

„Abgemacht." Sie schüttelten sich die Hände. —

Gegen Abend kam Arkadi wie gewöhnlich zu der hüb= schen Schnapswitwe; diesmal tiefe Falten auf der Stirne und die rote Nase hoch erhoben.

„Guten Abend, Frau Srebna", begann er mit Würde.

„Seit wann stehen wir so feierlich miteinander," er= widerte Nastka, die Arme in die Seiten stemmend, „trägt Er die Nase wie ein General und spricht Er wie ein Metropolit?"

„Ja, die Zeiten ändern sich, Frau Srebna, und die Menschen mit ihnen," seufzte Arkadi, „heute noch Fähn= rich, morgen vielleicht in der Tat General. Sie wissen, Anastasia Nikitischna, daß mein Herz nur für Sie schlägt, aber es sind Verhältnisse eingetreten —"

„Was schwaßt der Esel da?"

„Eine hohe Dame hat ihr Auge auf mich geworfen", fuhr Arkadi fort.

„Auf ihn? Ha! ha! ha! Wohl die Zarin selbst, nicht?" spottete Nastka.

„So ist es, Anastasia, die Zarin selbst," erwiderte Arkadi mit einem Anflug von Rührung, „mir bleibt als getreuem Untertan Ihrer Majestät nichts übrig, als zu gehorchen. Wir müssen scheiden, Anastasia Nikitischna."

„Aber das ist sehr traurig", sagte Nastka plößlich in verändertem Tone, denn es ging ihr ans Herz.

„Sehr traurig, Anastasia Nikitischna," flennte Arkadi, „geben Sie mir einen Schnaps."

Sie schenkte ein und ihre Tränen perlten mit in das Glas. —

Als es vom benachbarten Turme Mitternacht schlug, stand Arkadi mit einem Herzen voll Angst, das wie eine ganze Bauernschmiede hämmerte, an Maxims Seite vor dem chinesischen Pavillon.

„So, jeßt ist es Zeit," flüsterte Maxim; „geh' hinein."

„Aber Maxim," seufzte Arkadi, „sieh einmal die kleine, enge Türe an, wie soll ich da hinein?"

„Nur vorwärts." Maxim verbarg sich im Gebüsch, und Arkadi schob sich sachte in den Pavillon hinein, der vollkommen dunkel war. „Pst! Ist wer da?" fragte er. Keine Antwort. „Pst! Majestät!" fuhr er fort. Alles blieb stille wie zuvor. Er hätte sich am liebsten gleich wieder aus dem Staube gemacht, aber da fielen ihm allerhand angenehme Dinge ein, wie Sibirien, Knute und Ketten, und er blieb mitten im Pavillon stehen und begann andächtig zu beten.

Endlich ging die Türe hinter ihm, und Katharina trat ein. „Sind Sie da?“

„Ja, ich bin da, und erlöse uns von allem Übel, Amen“, murmelte Arkadi mit tiefer Grabesstimme.

„Sind Sie heiser, Oberst,“ sprach die Zarin, „Ihre Stimme klingt ganz anders als sonst.“

„Schon Oberst,“ dachte Arkadi, „das geht schnell, wenn das so fortgeht, bin ich, wenn sie fortgeht, mindestens General.“

„Ich sollte Ihnen eigentlich zürnen“, sprach die Zarin.

„Wegen der anderen“, fiel Arkadi ein; „keine Ursache, Majestät, ist schon aus.“

„Schon aus?“

„Infolge Hochdero Briefes abgebrochen.“

„Ist das möglich? Sie lieben mich also?“ flüsterte Katharina, Arkadi umschlingend.

„Wie ein Narr, Majestät.“

Katharina gab dem dicken Fähnrich einen feurigen Kuß. „Aber Sie sind ja dick geworden, Oberst,“ sagte sie dann erstaunt, „überhaupt erkenne ich Sie nicht mehr, Ihre rauhe Stimme und Ihre Ausdrücke, die ein wenig nach der Schnapskneipe duften.“

„Vergebung, Majestät.“

„Und Sie riechen auch nach Schnaps, fi donc!“ rief die Zarin, „nun machen Sie aber Licht.“

Arkadi gehorchte. In dem Augenblicke, wo er die Kerzen des silbernen Armleuchters angezündet hatte, stieß die Kaiserin einen Schrei aus.

„Was ist das? Wer sind Sie? Wer hat es gewagt?" rief sie im höchsten Zorne mit dem Fuße stampfend.

„Dieser Brief, — Majestät — ich glaubte — ich dachte — oh! heilige Mutter von Kasan, ich bin unschuldig!" stöhnte der Koloß und warf sich vor Katharina auf die Knie, daß der ganze Pavillon dröhnte.

„Da ist der Brief."

Die Kaiserin nahm ihn. „Diese Zeilen sind allerdings von mir."

„Ich habe sie durch einen La — La — kaien er= halten", stotterte Arkadi mehr tot als lebendig.

„Und ich habe Sie geküßt", rief Katharina mit flam= menden Augen.

„Nein, nein, nein; ich schwöre, Majestät, daß es kein Kuß war", schrie der dicke Fähnrich in der Angst seines Herzens.

„Können Sie das wirklich beschwören", sprach die Kaiserin, welcher es bei dem Anblick ihres unfreiwilligen Seladons und seiner Verzweiflung immer heiterer zu= mute wurde.

„Ich will schwören, daß dies alles ein Traum ist und ich jetzt auf meiner Stelle in der Kaserne liege, nichts als ein Traum, ein schwerer Traum."

„Ja, so ist es," sagte die Kaiserin, welche die Hand gnädig auf Arkadis Schulter legte, „und im Traume sagt Ihnen Ihre Kaiserin, daß Sie Kapitän sind."

„Ka — Ka — pi — tän?"

„Und wenn Sie erwachen, liegt das Patent unter Ihrem Kopfpolster."

*

„Und Sie haben doch wieder ein Rendezvous mit dem Obersten gehabt", sagte Potemkin plötzlich, während ihm die Kaiserin von einem neuen Handelsprojekt auf dem Schwarzen Meer sprach. Er sprach immer sehr zeremoniell, wenn er sich die Miene gab, der Beleidigte zu sein.

„Schilt mich nicht, Gregor", erwiderte Katharina II. sanft und beinahe verschämt, „ich wollte ihn noch einmal sehen, aber es ist mißlungen."

„Oh! Ich weiß."

„Still, still!" rief die Zarin.

„Zu welchem Zwecke wollten Sie ihn sehen?" fuhr Potemkin fort.

„Ich bin doch nur ein Weib," sagte Katharina II., „und wenn ich schon den Hermelin trage, ein eitles schwaches Weib im Hermelin. Ich habe die Laune gehabt, diesen jungen Adonis zu begünstigen, sie ist vorüber, jetzt quält mich eine andere Laune."

„Und diese wäre?"

„Nicht die Verschmähte zu sein", sagte sie rasch; „ihn zu meinen Füßen vor Liebe sterben zu sehen und dann auszulachen."

„Nun, das wäre noch zu erreichen", gab Potemkin lächelnd zur Antwort.

„Glaubst du, nun dann gönne mir diesen Triumph", flehte die Allmächtige.

„Mehr als das, ich will dem Obersten, der dich das schönste Weib der Erde nennt und so unbewußt schon liebt, sagen, daß er nicht ohne Hoffnung liebt", erklärte der Günstling, der die Gefahr, die ihn bedrohte, geschwunden sah; „er wird heute noch zu deinen Füßen liegen."

„Und ich werde über ihn lachen, mein Wort, Gregor Alexandrowitsch, und du weißt, das ist mir heilig.“

Die hübsche Witwe saß gegen Abend zum Sterben betrübt hinter ihren Schnapsflaschen und dachte an Arkadi, den Günstling der Zarin, den General.

Plötzlich ging die Tür auf, und er trat, von Maxim begleitet, ein. Sie hätte ihm an den Hals fliegen mögen, aber sie rührte sich nicht.

„Die Herren befehlen?“

„Zürnen Sie mir, Anastasia Nikitschna“, begann Arkadi, der sich hinter Maxim verschanzt hatte.

„Wie hätte ich das Recht, Ihnen zu zürnen“, gab Nastka kühl zur Antwort. Es war ihr nicht entgangen, daß Arkadi ziemlich kleinlaut war. „Steht es so“, dachte sie und war entschlossen, ihren Vorteil unbarmherzig auszubeuten. „Sind Sie bereits General, Herr Wuschitschinkoff?“

„Das nicht, aber Kapitän“, entgegnete Arkadi apathisch, als verstände sich das bei seinen Meriten von selbst.

„Kapitän — dieser Esel — ist das wahr?“ schrie die Witwe aufgebracht; „Er belügt uns, schäm’ Er sich, Er Branntweinfaß!“

Die beiden schwiegen, Maxim, weil er sich zusammennehmen mußte, um nicht zu lachen, und Arkadi, weil er ein Gewitter heraufziehen sah, vor dem er keine Rettung wußte.

„Ist er wirklich Kapitän geworden?“ wendete sie sich zu dem Obersten.

„Ja, Frau Srebna, er ist in der Tat Kapitän“, sagte Maxim.

„Durch die Gnade der Zarin?"

„Ja, durch Gottes Erbarmen", sagte Arkadi; „geben Sie mir einen Schnaps, Frau Srebna."

„Also die Kaiserin hat wirklich Gefallen gefunden an diesem Branntweinfaß, diesem heiseren Raben, diesem Esel", schrie die hübsche Witwe.

„Nein, Anastasia", erwiderte Arkadi gerührt; „Sie denkt nicht an mich, und ich, ich liebe nur dich, alles war eine Prüfung."

„Eine Prüfung? Wie?" sagte die Erzürnte starr.

„Ich wollte mich überzeugen, ob du mich auch wirklich liebst, und da — da ersann ich dieses Märchen", bemühte sich Arkadi zu erklären; „alles nur eine Prüfung, teure Nastka, welche du glänzend bestanden hast, du reines Gold, du"; er wollte sie umarmen.

„Halt, Musje Arkadi", sagte die hübsche Witwe kalt mit einem bösen Blick, der dem armen Kapitän kaum weniger Todesangst bereitete, als jener, der ihn zu den Füßen Katharinas niedergeschmettert hatte. „So rasch geht das nicht. Ich bin kein Kind, dem man Märchen erzählt, und was die Prüfung betrifft, so könnte ich damit viel eher bei Ihnen beginnen. So mir nichts, dir nichts kränkt man mich nicht."

„Aber was willst du denn dann eigentlich?" fragte Arkadi, der sich immer kleiner werden fühlte.

„Was ich will", sprach die Witwe mit einer Ent= schiedenheit, welche jeden Widerspruch von vornherein ausschloß. „Du hast mir meinen Teil gegeben, ich werde dir jetzt deinen geben. Du hast dich an meiner Qual belustigt, jetzt sollst du mir einmal ordentlich zappeln.

Für die Prüfung sollst du deine Strafe erleiden. Ich verzeihe dir, ja." —

„Oh! Göttliche Naßka!" schrie Arkadi, umschlang sie
und küßte sie derb auf ihre vollen, roten Lippen.

„Ich verzeihe dir, fuhr sie fort, nachdem sie sich
den Mund mit der Schürze abgewischt, „aber unter der
Bedingung, daß du dich ruhig von mir hauen läßt."

„Hauen?"

„Ja, gehauen mußt du werden", entschied sie; „also
wähle, eine tüchtige Tracht Prügel oder Trennung für
immer."

„Was soll ich tun, Maxim", jammerte Arkadi; „ich
muß ihr ihren Willen lassen."

Der Oberst ging lachend davon, er sah noch, wie
Naßka die Tür schloß und behaglich den Ärmel auf-
schürzte, dann begab er sich rasch in den Palast.

Katharina erwartete den Obersten diesmal in ihrem
Schlafgemach. Sie lag in einem weißen duftigen Schlafrock auf einer türkischen Polsterottomane und lächelte seltsam, als er damit begann, sich vor ihr niederzuwerfen und
ihren Fuß zu küssen. „Wie feurig auf einmal", sagte sie;
„was für ein Ereignis hat denn Ihre Gefühle so sehr verändert, wo nehmen Sie die Kühnheit her, mir so zu
nahen?"

„Katharina", rief Maxim, alle Etikette beiseite setzend;
„ich war blind bisher und bin auf einmal sehend geworden, die Bewunderung für dein Genie, deine Größe hat
mich geblendet, ich sah deine Schönheit, deine Reize, die
nicht ihresgleichen haben, aber der Gedanke, dich zu besitzen, schien mir zu vermessen, zu feenhaft; jetzt aber ist

die Binde gefallen, ein Himmel voll Liebe und Seligkeit
hat sich mir aufgetan, und ich fühle, wo du bist, ist der
Genuß, das Leben, die Freude; wo du nicht bist, der
Schmerz, die Qual, der Tod. Sage mir, daß ich dich
lieben darf, daß ich unter den Sklaven, welchen das Glück
zuteil geworden ist, zu deinen Füßen liegen und dir ge=
horchen, dir dienen zu dürfen, dir der am wenigsten Ver=
haßte bin."

„Nun, Oberst, ich will aufrichtig sein", sagte die Zarin,
deren Herz bei den begeisterten Worten des schönen Man=
nes eine stolze Freude erfüllt hatte; „ich hasse Sie nicht."

„Du liebst mich also?"

„Das habe ich nicht gesagt."

„Aber du erlaubst mir, dich anzubeten?"

„Ja, Oberst, beten Sie mich an", sagte sie kokett.

Maxim umschlang das schöne Weib mit einer Leiden=
schaft, die, so ehrlich er auch gegen Angela war, doch etwas
mehr als Komödie war.

Die Zarin war es, die sich endlich losmachte. „Genug",
sagte sie.

„Ich verstehe dich nicht", flüsterte Maxim; „hast du
mich zu dir beschieden, um mich wieder fortzuschicken,
wie einen Knaben?"

„Laß mich", sagte sie; „ich will mich schön machen."

„Bist du's nicht?"

„Ich will dich vollends wahnsinnig machen", murmelte
sie, erhob sich und schlüpfte in eine mit dunklem Pelz=
werk verbrämte weite Jacke, welche auf einem Stuhle
bereit lag. „Wie gefalle ich dir so?" fragte sie mit

einem Blick, der Maxim für kurze Zeit die Besinnung
raubte.

„Du bist wunderbar —", sein Auge hing trunken an
dem schönen, majestätischen Weibe, dessen herrliche Büste
in dem dunklen Pelzwerk noch blendender erschien. „Sei
mein, Katharina, ganz mein, du wolltest mich wahnsinnig sehen, ich bin es. Sei gnädig jetzt, erbarme dich
meiner."

Beide, der treue Bräutigam und das grausame, kokette
Weib, hatten ihre Rollen vortrefflich studiert, und die
Komödie klappte bis jetzt ausgezeichnet; nun kam es aber
doch ein wenig anders, als es der Oberst und die Zarin
oder gar Potemkin und Angela dachten.

Die Leidenschaft des schönen Mannes ergriff die Sinne
der Kaiserin, und als er sie auf die Ottomane niederzog
und mit feurigen Küssen die höhnischen Worte erstickte,
welche sie bereits auf den Lippen hatte, da, in dem
Augenblicke, wo er erwartete, von ihr mit Füßen getreten und verlacht zu werden, zog sie ihn plötzlich
an ihre Brust, und er mußte nun gute Miene zum bösen
Spiele machen, das eigentlich gar nicht so böse war.

Die schöne Despotin gehörte ihm, aber nur für einen
seligen Augenblick, dann erwachte mit einem Male die
neronische Natur in ihr, und sie wollte die Wollust,
den schönen Mann, den sie liebte, zu verschmähen, ebenso
voll und ungeschmälert genießen, als jene, ihn zu besitzen.

„Was glaubst du nun, Maxim Petrowitsch", begann
sie; „du glaubst, daß ich dich liebe?"

„Ich weiß es nicht", stammelte er; „ich weiß nur,
daß ich dich anbete, daß ich nicht leben kann ohne dich."

„Das wäre sehr schlimm für dich", erwiderte Katharina II. mit schneidender Kälte; „denn ich liebe dich nicht. Du warst ein Spielzeug, das mir Vergnügen machte, solange ich es nicht besaß, und mir jetzt gleichgültig, morgen vielleicht schon widerwärtig ist."

„Katharina", schrie Maxim auf.

„Was willst du noch?" fuhr sie, sich aufrichtend, fort; „du Wurm, der dazu da ist, sich unter meinem Fuße zu krümmen, Sklave! Gut genug, mir eine Stunde zu vertreiben, nicht mehr! Aus meinen Augen, du langweilst mich."

„Jetzt bist du mein, du schönes Weib", rief Maxim, sie umfassend, „und keine Macht der Welt soll dich mir entreißen."

Die Zarin stieß ihn von sich, zog ihr Pelzwerk über der blendenden Brust zusammen und klingelte. „Du sprichst im Fieber", sagte sie mit einem Blicke, den sie dem Obersten gleich einem Dolch in das Herz stieß, kalt und vernichtend.

Auf den ersten Ton der Glocke waren vier Kosaken ihrer Leibwache eingetreten, welche auf einen Wink der Kaiserin den Obersten ergriffen und durch eine Reihe von Zimmern in ein vollkommen leeres kleines Gemach ohne Fenster führten. Hier stießen sie ihn hinein und schlossen die Türe, in welcher sich ein kleines Schubfenster befand. Es ging jetzt auf, und Katharina II. blickte hinein.

„Nun, Oberst, wollen wir sehen, ob es mir nicht gelingt, die Gluten Ihrer Leidenschaft ein wenig abzukühlen", sprach sie; im nächsten Augenblicke stürzte von

16*

der Decke ein förmlicher Platzregen auf den armen ver=
liebten Toren nieder, und aus allen Wänden sprangen
kräftige Wasserstrahlen, welche gleich unsichtbaren Furien
auf ihn losschlugen. Katharina aber sah zu und lachte.

Ihre verletzte Eitelkeit war befriedigt, sie hatte Rache
genommen; und als sie zuletzt den Obersten gleich einem
nassen Pudel entließ, sagte sie — nicht mehr mit jenem
grausamen Spott, der ihn so vernichtet hatte, sondern
mit liebenswürdiger Schalkhaftigkeit: „Lieben Sie mich
noch?“

„Ich bete Sie an“, erwiderte Maxim, sich vor ihr
niederwerfend, „und werde Sie anbeten bis zum letzten
Atemzuge.“

Das gefiel der Kaiserin, und sie reichte ihm beim Ab=
schied gnädig die Hand zum Kusse.

Am nächsten Tage hieß es, Oberst Urussow sei in
Ungnade gefallen und habe seinen Abschied bekommen.
Angela folgte ihm nach wenigen Tagen, um mit der
Bewilligung der Zarin seine Frau zu werden. Ehe noch
ein Jahr vergangen war, waren die jungen Eheleute mit
einem schönen, kräftigen Knaben beschenkt, und Potemkin,
der Taurier, war sein Pate.

Ein Damen-Duell

Das Fußregiment der Preobraschenskischen Garden hatte die Wache im Winterpalaste bezogen. Es war im Frühsommer, aber die Zarin Katharina II. schien noch immer nicht daran zu denken, das festliche Petersburg mit dem idyllischen Landaufenthalt von Zarskoje Selo zu vertauschen.

In der geräumigen, weißgetünchten Wachstube schliefen die Soldaten sitzend, aus Furcht, ihre großen, festgewickelten Zöpfe zu beschädigen; in dem kleinen anstoßenden Offizierszimmer lagerten Leutnants und Junker von den verschiedensten Regimentern um einen langen, schmierigen Tisch und spielten Onze et demi; sie spielten bereits den ganzen Nachmittag und spielten bis in die Nacht hinein bei dem spärlichen Lichte einer kleinen Öllampe, welche von der rußigen Decke herabhing. Nur einer spielte nicht. Es war ein junger, schlanker Offizier mit blühendem Gesicht und großen, hellblauen Augen unter dunklen Wimpern und dunklen Brauen, welche sich beinahe kokett von dem weißen Toupet abhoben. Er saß, die Beine weit von sich gestreckt, die Hände nach rückwärts in die Taschen seines grünen Uniform-

rockes versenkt, in einer finstern Ecke und starrte vor
sich hin.

Jetzt verließ auch ein Zweiter den Spieltisch; er atmete
auf und blickte um sich, dann näherte er sich dem Kame=
raden in der Ecke.

„Du spielst nicht mehr, Koltoff?" begann er, die Hand
auf seine Schulter legend.

„Nein — und du?"

„Ich bin fertig", erwiderte der Zweite. „Ich habe
alles verspielt."

„Ich auch," sprach Koltoff, „aber bei dir, mein lieber
Lapinski, bedeutet dies im Grunde nichts, oder doch nicht
viel. Eine Karambole mit deinem teuren Vater, eine
Sittenpredigt, und damit gut. Ich bin ruiniert. Ich habe
entsetzlich viel Schulden, wie du weißt, und keinen Vater,
der sie zahlen würde, nicht einmal einen Onkel, den
ich beerben könnte; ich habe heute meine Gage verspielt
in der wahnsinnigen Hoffnung, das Glück könnte mir
lächeln und mir ein paar tausend Rubel in den Schoß
werfen wie neulich dem Grafen Saltikoff, und jetzt stehe
ich da ohne eine Kopeke, und in ganz Rußland gibt es
niemand mehr, der mir eine Kopeke leiht. Mir bleibt
also nichts übrig, als mich zu erschießen."

„Hör mir auf", erwiderte sein Freund. „Wie du
richtig bemerkt hast, gilt es nur eine Karambole mit
meinem teuren Vater, und wir haben Geld."

„Das heißt, du hast Geld."

„Nein, wir."

„Ich kann doch nicht —"

„Was kannst du nicht?"

„Von deinem Gelde leben", sprach Koltoff; „die Ehre gebietet mir, mich zu töten."

„Ah! ich glaube, du hast zuviel getrunken", erwiderte Lapinski, die Achseln zuckend; „aber sage mir lieber gleich, wieviel du brauchst, es geht in einem."

Koltoff schwieg.

„Nun, wenn du durchaus nicht willst," sprach Lapinski ärgerlich, „ich dränge meine Liebe und Freundschaft niemandem auf."

Damit stülpte er den dreieckigen, goldbordierten Hut so heftig auf seinen wohlgepuderten Kopf, daß eine weiße Wolke aus demselben emporwirbelte, und verließ sporenklirrend die Wache; als er jedoch vor dem niedrigen Tore seines Wohnhauses stand und bereits den Klopfer in der Hand hatte, da fielen ihm die Worte seines Kameraden schwer und beängstigend auf die Brust; er kehrte um und ging mit raschen Schritten zu Koltoffs Wohnung, sprang über die Planke, welche den Hof derselben umfaßte, und die morsche Holztreppe empor.

Durch die Türe seines Freundes fiel ein weißer Streifen Licht auf die Diele. Er war also gleichfalls nach Hause zurückgekehrt und noch wach. Lapinski klopfte. Keine Antwort. Er klopfte stärker und rief zugleich: „Um Gottes willen, mach auf; Geld, es ist Geld da für dich!"

Nun hörte er Schritte, dann wurde eine Lade zugeschoben, dann öffnete Koltoff.

Lapinski erschrak über die Veränderung, die in so kurzer Zeit mit seinem Freunde vorgegangen war; das Haar hing ihm wirr in das bleiche Gesicht, die Augen waren tief in ihren Höhlen eingesunken und zeigten ein unheimliches, unruhiges Feuer.

Lapinski hatte instinktmäßig, als wenn er ihn von einem Vorhaben abhalten wollte, seine Hand ergriffen und blickte verstört im Zimmer umher, ohne daß er etwas Verdächtiges entdecken konnte, dann näherte er sich rasch dem Tische, welcher in der Fenstertiefe stand und auf dem Koltoff zu schreiben pflegte. Dieser machte eine Bewegung, aber schon hatte der Kamerad eine Lade hervorgezogen und in derselben die Pistole entdeckt, deren Hahn noch gespannt war.

„Also wirklich?" stammelte Lapinski; mehr vermochte er im Augenblicke nicht.

Beide schwiegen einige Zeit. Dann nahm Lapinski das Wort. „Habe ich dir nicht gesagt, daß ich dir Geld schaffen will?"

„Ich erkenne deine treue Freundschaft von ganzem Herzen an", erwiderte Koltoff, „aber ich bin nicht imstande, auf fremde Kosten zu leben. Es handelt sich ja bei mir nicht um momentane Hilfe. Es fehlt jede Aussicht für die Zukunft, und wenn ich auch von Brot und Wasser leben und Spiel und Frauen für immer abschwören will, wie soll ich von meiner elenden Leutnantsgage meine Schulden zahlen? Zuletzt wird mir doch nichts übrig bleiben als — eine Kugel."

„Sollte es wirklich keinen anderen Ausweg mehr geben?" sprach Lapinski. „Laß uns nachdenken. Aber versprich mir vor allem, nichts gegen dein Leben zu unternehmen, ehe unser Witz sich nicht erschöpft hat. Gib mir die Hand darauf."

„Unter Bedingungen", entgegnete Koltoff.

„Gut," entschied der erstere, „wenn wir binnen einem Monate zu keinem Resultate gelangt sind, steht es dir frei —"

„Mich zu erschießen?"

„Zu erschießen, zu ersäufen, zu vergiften, rädern zu lassen, was dir besser gefällt."

„Abgemacht."

Die Kameraden schüttelten sich herzlich die Hände.

„Aber was hast du für ein Projekt?" begann Koltoff.

„Vorderhand noch gar keins," erwiderte Lapinski, „aber mir ist nicht bange darum. Gäbe es etwas Erfinderisheres auf der Welt als das Hirn eines Leutnants? Also gib acht! Fangen wir gleich mit dem Kühnsten an. Stürze Orloff und schwinge dich zum Günstling der Zarin auf."

„Was fällt dir ein?" rief Koltoff.

„Warum nicht?" meinte der Kamerad. „Die Geschichte ist nur halb so lebensgefährlich wie das Erschießen, du bist ein hübscher Junge, es muß dir gelingen."

Koltoff antwortete mit einem lauten Lachen.

„Warum lachst du?" fuhr Lapinski fort. „Heutzutage ist alles möglich, alles, sag ich dir, das Wunderbarste und Seltsamste, genau so wie zuzeiten des Kalifen Harun al Raschid. Aber ich sehe, zu einem solchen Wagestück hast du nicht den Mut, oder ist Katharina II. vielleicht nicht ganz nach deinem Geschmack? Ziehst du die schwarzen Augen vor?"

„Genug des Spaßes!" sagte hierauf Koltoff, „der Weg, den ich gehen soll, muß vor allem ein ehrlicher sein."

„Hm" — Lapinski sann nach. „Ich hab es", schrie er plötzlich auf. „Ich hab es. Du mußt heiraten."

„Heiraten? Nein, da will ich mich lieber erschießen", erwiderte der Leutnant mit dem Ausdrucke wirklichen Entsetzens in dem jugendlichen Gesichte.

„Verloren bist du einmal," lachte der Kamerad, „so wähle mindestens die angenehmste Todesart und — heirate."

„Angenommen, ich könnte mich entschließen," sprach Koltoff, „wo fändest du eine Frau für mich; eine reiche Frau, die dem armen, verschuldeten Offizier die Hand reichen würde?"

„Nichts leichter als das," erwiderte Lapinski, „ein armes Mädchen zu finden, das dich nimmt, aus purer Liebe nimmt, das hielte schwer; unsere Fräulein von altem Adel und leerem Geldsack spekulieren sämtlich auf Generäle oder mindestens auf einen reichen Bojaren vom Lande; aber eine Dame, die selbst ein großes Vermögen hat, kann sich schon den Luxus gestatten, einen Mann zu nehmen, den sie liebt."

Koltoff lächelte. „Du hast vielleicht schon eine Braut für mich in petto?"

„Warum nicht? Hundert auf einmal," sprach Lapinski, „ich habe darin schon manchem braven Menschen geholfen, aus reinem Vergnügen an der Sache, und weil ich, wie dir bekannt, in allem Ordnung liebe und halte, so habe ich mir zu diesem Zwecke ein genaues Lexikon aller unserer heiratsfähigen Damen angelegt."

„Wie?" rief Koltoff immer heiterer, „ein Heiratslexikon?"

„Hier," fuhr Lapinski fort, ein ziemlich voluminöses Notizbuch hervorsuchend, „da hast du es. Du findest sie alle beisammen, unsere Schönen, jede mit genauer Personbeschreibung, sowie Angabe ihres Vermögens, Charakters, Vorlebens und anderweitiger Verhältnisse."

„Das ist in der Tat kostbar", lachte Koltoff. „Laß also sehen." Und die beiden munteren Offiziere begannen das Heiratslexikon zu studieren.

„Ich wäre dafür, alphabethisch vorzugehen," begann Lapinski nach einer Pause, „versuche bei der ersten dein Glück, und bekommst du einen Korb, so belagere die zweite, und sofort von A bis Z."

„Das wäre doch zu leichtsinnig," meinte Koltoff, „ich bin meinetwegen bereit, meinen Nacken dem Pantoffel einer Frau zu beugen, aber es muß ein Pantoffel sein, — eine Frau, wollte ich sagen, welche ich liebe."

„Wie ist also dein Geschmack, blond, braun, schwarz?"

„Vor allem lege ich auf bescheidenes Wesen Wert."

„Dann erschieße dich auf der Stelle," rief Lapinski, „im Reiche und am Hofe der nordischen Semiramis Katharina II. ein bescheidenes Wesen! Weißt du nicht, daß unsere besten Frauen, von dem Beispiel oben verführt, mindestens Amazonen und Blaustrümpfe sind?"

„Was also tun?"

„Wenn du schon zu gewissenhaft bist, alphabetisch vorzugehen, so laß das Fatum entscheiden", meinte der übermütige Kamerad.

„Wie?"

„Wie? Ganz einfach. Wir machen es wie die Araber, wenn sie ihren Koran um Rat fragen," erwiderte Lapinski, „wir stechen mit einer Nadel in mein Lexikon, und dort, wo die Spitze haften bleibt, dort hast du deine Braut zu suchen."

„Gut."

Lapinski nahm hierauf eine Nadel und verfuhr ganz in der Weise und mit dem Ernste orientalischer Fatalisten, dann schlug er das durchstochene Notizbuch auf. „Du hast ungeheures Glück", sagte er, nachdem er den Stich aufgesucht und geprüft. „Dein Schicksal führt dich zu der zugleich schönsten und reichsten Dame meines Verzeichnisses."

„Laß sehen!" rief Koltoff erregt.

„Lubina Fürstin Mentschikoff," las Lapinski, „Witwe des Fürsten Iwan, dreiundzwanzig Jahre alt, hohe, imposante Gestalt, schlank, herrliche Formen, stolze, schöne Gesichtszüge, schwarzes Haar, schwarze, feurige Augen, tiefe Altstimme. Charakter fest und verläßlich, Wesen gebieterisch, aber liebenswürdig und anmutig, viel Geist, große Bildung, besitzt ein Vermögen von zwei Millionen Rubel, vollkommen frei und unverschuldet, ist ihren Verwandten gegenüber vollkommen selbständig. Ihr Ruf, sowohl in der Ehe als seitdem, der beste. Besondere Bemerkungen: gilt als Männerfeindin."

„Dient sie nicht in der Armee?" fragte Koltoff.

„Warte. Richtig, ja. Sie dient im Regimente Simbirsk und hat den Rang eines Majors."

„Das kommt ungelegen", meinte Koltoff.

„Weshalb? Unsere Amazonen tragen ja sämtlich Offiziersepauletten, die Gräfin Iwan Saltikoff, Frau Sama-

rin, Fräulein Sophie Narischkin und viele andere, und
Frau von Mellin kommandiert sogar ein Regiment."

„Aber ich bitte dich," rief Koltoff, „wie soll ich es anfangen, meinem Vorgesetzten eine Liebeserklärung und
einen Heiratsantrag zu machen?"

„Ich weiß nichts davon, daß dies gegen das Reglement wäre", entgegnete Lapinski. „Zu deinem Glücke hat
Peter der Große nicht im entferntesten daran gedacht,
daß es Leutnants in Reifröcken und einen Major geben
könnte, welcher der mediceischen Venus Konkurrenz macht.
Also fasse dir ein Herz, es wird dich nicht den Kopf
kosten, beziehe jetzt ruhig dein Biwak, und morgen beginnen wir die Operationen, das heißt, der Herr Leutnant der Preobraschenskischen Garde wird anfangen, dem
Herrn Major des Regiments Simbirsk den Hof zu
machen."

„Und wenn mich der schöne Major für meine Kühnheit
in den Arrest schickt?" lachte Koltoff.

„Dann tröstest du dich damit," erwiderte der Kamerad, „daß Amor dein Profos ist."

★

Es war gegen Mittag, als Koltoff am nächsten Tage
von seinem Freunde aufgepoltert wurde, welcher in rosig-
ster Laune, den Schnurrbart unternehmend aufgedreht,
mit den großen Sporen klirrend, bei ihm eintrat.

„Zu den Waffen!" schrie Lapinski. „Auf den Feind!
Der Krieg beginnt, zu den Waffen!" und zu gleicher
Zeit stellte er sich vor den Nachttisch und begann mit den
Fäusten auf demselben Reveille zu trommeln.

Koltoff, der Selbstmörder, dehnte sich behaglich in seinem Bette und gähnte. „Was drängst du so?" sprach er langsam gedehnt, „wir haben ja nichts zu versäumen."

„Wir haben sehr viel zu versäumen", rief der Kamerad; „du vergißt, daß ich nur vier Wochen Zeit habe, um dich zu verheiraten, mein Geliebter, und dann, wenn es nicht gelungen ist, bist du toll genug, deinem kost= baren Leben ein Ende zu machen. Also zu den Waffen, um so mehr, als dies die Stunde ist, wo die Fürstin Lubina Mentschikoff nach den übereinstimmenden Be= richten meiner Spione auf der Terrasse ihres Palastes die Morgenschokolade nimmt."

„Du hast schon Spione?" murmelte Koltoff erstaunt, indem er sich anzukleiden begann.

„Spione, gute Spione, sind für eine geschickte und erfolgreiche Kriegführung unentbehrlich," antwortete La= pinski, „man muß über die Aufstellung und die Be= wegungen des Feindes stets auf das genaueste unter= richtet sein, um danach seine Dispositionen treffen zu können." Der lustige junge Offizier blickte auf seine Uhr. „Es fehlt eine Viertelstunde zu Zwölf. Genau vor fünfzehn Minuten ist unsere Göttin erwacht, in weiteren fünfzehn Minuten wird sie ihre Morgentoilette beendet haben und Schlag zwölf Uhr auf die Terrasse hinaus= treten. Also beeile dich!"

In wenigen Minuten war Koltoff fertig, und die beiden Freunde durchschritten, ein französisches Kriegs= lied der Zopfzeit trällernd, die Straße, welche zu dem Palaste der Fürstin Mentschikoff führte, aber sie näherten sich dieser feindlichen Festung, wie Lapinski das in schönem

Renaissancestil erbaute, von einem weitläufigen Parke, im Geschmack von Versailles, umgebene Gebäude nannte, von rückwärts, durch ein schmutziges Gäßchen, das längs der Gartenmauer lief.

„Kein Mensch in der Nähe," sprach Lapinski, „laß uns somit vor allem rekognoszieren."

Koltoff stellte sich auf seine Anordnung an die Mauer des Parkes, und sein Kamerad schwang sich auf seine Schulter und blickte hinein. „Auch im Garten ist alles still," meldete er, „und weithin nichts zu entdecken. Wir können es also wagen, einzudringen."

Ohne weiteres schwang sich Lapinski hierauf von der Schulter seines Freundes auf die Mauer und von dieser mit Hilfe eines Astes auf einen nahestehenden Nuß= baum, von welchem er sich rasch zur Erde herabgleiten ließ.

„Warte," ertönte seine Stimme von innen, „ich will sehen, ob ich keine Bresche entdecke."

Die Bresche fand sich nicht, aber dafür eine Garten= leiter, welche vor einer halbgestutzten Taxushecke auf= gespreizt stand. Lapinski bemächtigte sich ihrer und schob sie über die Mauer, drüben wurde sie von Koltoff auf= gefangen, der wenige Sekunden danach auf der Mauer erschien und die Leiter an sich zog, um dann bequem auf ihren Sprossen in den Garten hinabzusteigen. Die beiden Freunde näherten sich nun, durch die langen, parallel laufenden Hecken verdeckt, dem Palaste, von dem eine geräumige Terrasse mit breiten Stufen gegen den Garten ablief. Sie verbargen sich hinter einem großen Boskett roter Rosen, etwa fünfzig Schritte von der= selben entfernt.

Auf der Terrasse stand zwischen schlechten, geschmack=
losen Statuen der Venus und des Liebesgottes ein kleines
Tischchen, für eine Person gedeckt, und vor demselben
ein samtener Armstuhl und ein Fußschemel von gleichem
Stoffe.

Nicht lange, und ein Diener in gestickter Livree nach
französischem Schnitte erschien und brachte auf einem
silbernen Brette die Schokolade, während ein zweiter
die Flügeltüren weit öffnete.

Eine Dame trat mit raschen Schritten in stolzer, ge=
bieterischer Haltung heraus. Nach der Beschreibung des
Heiratslexikons seines Kameraden konnte Koltoff keinen
Augenblick zweifeln, daß es die Fürstin Lubina Mentschi=
koff war, aber die lebendige Erscheinung wirkte ganz
anders als das tote Wort.

Koltoff war in der ersten Sekunde von der jugend=
lich majestätischen Gestalt, dem feinen, geistvollen Ge=
sichte, den großen, blitzenden, schwarzen Augen der schönen
Amazone überrascht, in der zweiten geblendet, in der
dritten bis zum Wahnsinn verliebt. Die Fürstin trug
ihr dunkles, nur ganz leicht gepudertes Haar in einem
großen, von einem hellroten Bande zusammengehaltenen
Knoten, über dem duftigen weißen Spitzennegligé einen
Schlafpelz von rotem Atlas mit reichem Hermelinbesatz,
nach damaliger Mode in der Taille knapp anschließend
und dann in reichen Falten sich einbauschend bis zu der
Schleppe, welche weit zurückfloß. Ohne daß sie nur im
geringsten ahnte, man beobachte sie, benahm sie sich doch
bei ihrem Frühstück mit der ganzen koketten Anmut
einer Rokokodame, so daß der junge Leutnant von der

Preobraschenskischen Garde nahe daran war, alle Sub-
ordination beiseite zu setzen und dem verführerischen
Major vom Regimente Simbirsk glattweg zu Füßen zu
stürzen.

„Nun, wie gefällt dir deine Braut?“ fragte Lapinski
im Flüstertone.

„Du hast mich hierhergeführt,“ erwiderte Koltoff, „nur
um mich noch unglücklicher zu machen; wie soll ich nur
eine Sekunde hoffen, dieses herrliche Weib, diese Gott-
heit, mein zu nennen, wo soll ich den Mut hernehmen,
mich ihr zu nähern oder gar um ihre Hand zu werben?“

„Sehr gut, ausgezeichnet,“ sprach leise sein Freund,
„du bist verliebt, ja, du brennst lichterloh, wie ich sehe.
Alles nach Wunsch —“

„Wie?“

„Laß mich nur manövrieren.“

„Was hast du vor?“

„Du mußt ihr eine Liebeserklärung machen“, fuhr
Lapinski fort.

„Ja, aber wie soll ich das anfangen?“ fragte Koltoff
ziemlich ratlos. „Ich kann doch nicht hier —“

„Ich denke nicht im entferntesten daran“, entgegnete
Lapinski.

Indes hatte sich, von dem Geräusche auf der Ter-
rasse und dem Anblick der Fürstin angelockt, von dem
Dache des Palastes herab, sowie aus allen Büschen und
Ästen eine zahlreiche Gesellschaft von Sperlingen, Finken,
Zeisigen, Stieglitzen um die schöne Frau versammelt,
welche ihr Brot zerpflückte und den schreienden und durch-

einanderflatternden kleinen Bettlern die Krumen des=
selben zuwarf.

„Genug, du wirst dich doch nie sattsehen," fuhr
Lapinski fort, „so reizend auch die Idylle gerade jetzt ist.
Komm also, ich habe einen Plan, du wirst heute noch
die Bekanntschaft der stolzen Schönen machen. Was sage
ich, heute! Auf der Stelle!"

Die beiden Offiziere verließen hierauf ihr Versteck
und den Park auf demselben Wege, auf welchem sie den=
selben betreten hatten.

★

Eine Stunde nach dem Frühstück pflegte die Fürstin
Lubina Mentschikoff eine Spazierfahrt durch die Stadt
zu machen und dann in der Kaserne ihres Regimentes
den Bataillonsrapport entgegenzunehmen und die drin=
gendsten dienstlichen Angelegenheiten zu erledigen.

Zugleich mit ihrer Equipage waren diesmal die beiden
Leutnants zur Stelle, welche sich indes darauf beschränk=
ten, den Palast und das Fuhrwerk aus weiter Ent=
fernung zu beobachten. Der Wagen der Fürstin im
Rokokostile war eine jener schwerfälligen Kriegsmaschinen,
mit denen die eroberungslustigen Damen jener Tage
zum Siege zogen; auf vier hohen Rädern ruhte ein vier=
eckiger vergoldeter Kasten mit Glaswänden, welche die in
demselben sitzende Dame von allen Seiten deutlich zu
sehen gestatteten. Ein großer, dicker Kutscher in roter
Livree, mit großem, dickem Zopf und einer weißen Hals=
binde, welche gleich einem Riesenschmetterling unter seinem

Kinn saß, leitete die schönen Holsteiner Pferde mit großer
Würde.

Zwei Lakaien sprangen aus dem Palaste hervor, der
eine riß den Schlag auf. Die Fürstin folgte raschen
Schrittes in einer Uniform, welche weibliche und männ=
liche Toilette geschmackvoll verband; über die hohen
schwarzen Reitstiefel, an denen gewaltige Sporen saßen,
fiel eine reichfaltige samtne Robe von dem Grün des
russischen Soldatenkleides, welche, da sie von keinem
Reifrock auseinandergespannt wurde, in natürlichen male=
rischen Falten fiel. Ein Überrock von gleichem Stoff und
gleicher Farbe mit rotem Aufschlag und goldenen Litzen
umschloß die Taille, an dem schwarzen Lackgürtel hing
der Stoßdegen, auf dem weißen Toupet ruhte der drei=
eckige Hut mit weißem Federbesatz.

„Nun kaltes Blut und Geistesgegenwart!" sprach
Lapinski.

Die schöne Amazone war eben im Begriff, ihre Hand=
schuhe zuzuknöpfen, als ein Bettler, welcher bisher mit
den Pferden schön getan hatte, sie um eine Gabe ansprach.
Sie warf ihm eine Münze zu, stieg elastisch in den Wagen,
der Lakai schloß den Schlag, und der Wagen rollte davon.
Die Pferde gingen im ruhigen, stolzen Trabe, aber nicht
lange. Nach wenigen Schritten schon wurden sie unruhig,
fielen in ein rascheres Tempo, begannen sich zu bäumen,
zu wiehern und zeigten Lust durchzugehen. Der Kutscher
riß sie mit aller Kraft zurück, aber ein neuer Anlauf,
den die Pferde nahmen, warf ihn vom Kutschbock herab
und in den Straßenkot. Die Pferde rasten mit dem schwer=
fälligen Wagen, welcher jeden Augenblick umzuwerfen

drohte, davon, die Fürstin war in Gefahr — sie richtete sich vom Sitze auf und suchte das Fenster zu öffnen, vergebens. Der Pöbel schrie und lief dem Wagen nach, wodurch die Pferde nur noch scheuer wurden. Da, im entscheidenden Augenblick stürzte sich Leutnant Koltoff dem Gespann entgegen, warf sich den Pferden in die Zügel und brachte sie zum Stehen. Lapinski war in der nächsten Sekunde gleichfalls zur Stelle und faßte die Pferde, während Koltoff den zertrümmerten Wagenschlag öffnete und die Fürstin, welche, von Glassplittern verwundet, am Kopfe und an den Händen blutend, ohnmächtig geworden war, heraushob. Er trug sie auf seinen Armen in ihr Palais zurück und ließ sie auf einem Lehnstuhl, den die herbeigeeilte Dienerschaft im Torwege aufstellte, nieder. Während ihre Kammermädchen ihr mit Wasser und Essenzen Hilfe leisteten, lag der junge Offizier, unbekümmert um die gaffende Umgebung, vor ihr auf den Knien und bedeckte ihre Hände mit Küssen. Endlich schlug die Fürstin die Augen auf, sah Koltoff lange und erstaunt an und fragte:

„Was ist geschehen? Wo bin ich?"

Der junge Offizier erklärte ihr die Lage, in welcher sie sich befand, indes kam sie selbst vollkommen zur Besinnung und dankte ihrem Retter mit einigen abgebrochenen Worten, dann erhob sie sich und zog sich, auf den Arm einer alten Amme gestützt, in ihre Gemächer zurück.

Koltoff suchte seinen Freund auf, welcher ihn mit einem selbstgefälligen Lächeln erwartete.

„Nun, du dankst mir nicht einmal," begann er, „hab' ich meine Sache nicht gut gemacht?"

Koltoff verstand seinen Kameraden nicht und sah ihn mit unzweideutigem Erstaunen an. „Du — wie soll ich das verstehen?" stammelte er endlich.

„Hältst du dich für so einen Glückspilz," erwiderte Lapinski, „daß die fürstlich Mentschikoffschen Pferde dir zuliebe aus eigenem Antriebe durchgehen, damit du die Ehre und das Vergnügen hast, ihre Gebieterin zu retten?"

Koltoff war vollständig verblüfft. „Also du hast — aber wie?" stotterte er.

„Hast du den alten Bettler bemerkt, welcher sich an den Pferden zu schaffen machte, während deine Göttin einstieg?" fragte Lapinski.

„Ja, nun?"

„Der geriebene Bursche hat dem einen Gaul, mit dem ich übrigens das lebhafteste Bedauern fühle, einen brennenden Feuerschwamm in die Nüster gesteckt."

„In deinem Auftrag?" schrie Koltoff auf.

„Allerdings, damit du Gelegenheit habest, der Fürstin das Leben zu retten", entgegnete sein Kamerad mit vollkommener Seelenruhe.

„Du bist ja ein furchtbarer Mensch!" rief Koltoff. „Bedenke, welches Unglück geschehen konnte!"

„Ich habe keinerlei Bedenklichkeit, wo es das Glück, das Leben eines Freundes gilt", erwiderte Lapinski. „Übrigens ist alles gut abgelaufen, wozu sich also jetzt über alle möglichen und unmöglichen Möglichkeiten den Kopf zerbrechen!"

„Aber wenn die Fürstin tot geblieben wäre?"

„Nun, so hätten wir sie beweint", entgegnete der leichtfertige Gardeleutnant, „und das Heiratslexikon von neuem zu Rate gezogen. Aber sie ist vor der Hand nicht gestorben, und der Schreck, den der Herr Major trotz seiner schönen Uniform und seinem Degen ausgestanden, wird ihm hoffentlich nicht schaden. Du bist jetzt auf das glänzendste bei der schönen Libuna eingeführt, und ich kann es mir lebhaft vorstellen, wie sie jetzt aufgelöst auf ihrer Ottomane ruht und du ihr im Traume erscheinst, schön wie Adonis, stark und mutig wie Herkules, von bengalischen Flammen effektvoll beleuchtet. Komm, mein Junge, trinken wir eine Flasche guten Weines!"

„Ja, das wollen wir," stimmte Koltoff bei, „auf das Wohl der Fürstin."

„Was fällt dir ein?" lachte Lapinski; „auf jenen großen Unbekannten, der den Feuerschwamm entdeckt hat."

Gegen Abend erschienen die beiden Offiziere in voller Parade in dem Palaste der Fürstin, um über das Befinden derselben Erkundigungen einzuziehen. Nachdem man ihnen darüber die beruhigendsten Versicherungen gegeben, traten sie den Rückweg an.

„Höre," begann Lapinski, „wir können uns doch nicht so ohne weiteres damit zufrieden geben, daß man uns mitteilt, die Fürstin sei so gut wie unversehrt und vollkommen wohl. Es ist anständig und klug, daß wir unserer Freude darüber, daß dieser Unfall keine ernsten Folgen gehabt hat, auf irgendeine Weise Ausdruck geben. Was hältst du von einer Serenade?"

Koltoff brach in lautes Lachen aus. „Eine Serenade, ohne eine Kopeke im Sack zu haben?"

„Warum nicht?" erwiderte sein ausgelassener Kamerad, seine Säcke umkehrend. „Sieh mich an, ich besitze noch

bare anderthalb Rubel, und doch wollen wir allen Geld=
säcken zum Trotz der Fürstin heute eine Serenade brin=
gen, wie sie das kleine Weibchen gewiß noch nicht erlebt
hat."

Während Koltoff noch den Kopf schüttelte, zählte La=
pinski das Geld, ein und einen halben Rubel, in seine
Hand und beauftragte ihn, Papiere in allen Farben, Öl
und Unschlittkerzen einzukaufen; er selbst nahm es auf sich,
die Musik, sowie ein preziöses Bukett, wie er sich aus=
drückte, herbeizuschaffen.

„Ich fange an zu glauben, daß du mit dem Teufel
im Bunde bist", meinte Koltoff.

„Allerdings," erwiderte Lapinski, „und zwar mit einem
armen, aber lustigen Teufel."

Damit trennten sich die Freunde.

Nach einer Stunde trafen sie, wie es Lapinski ange=
ordnet hatte, in der Kaserne der Preobraschenskischen
Garde zusammen, Lapinski mit einem riesigen Bukett,
dessen Zusammenstellung zwar viel zu wünschen übrig
ließ, das aber nichtsdestoweniger durch die Seltenheit
seiner Blumen und die Pracht seiner Farben imponierte.

„Wie kommst du dazu?" fragte Koltoff, während er
den schweren Strauß in der Hand hielt und bewundernd
betrachtete.

„Auf die billigste Weise von der Welt", erwiderte
Lapinski; „ich stieg auf dem bekannten Wege in den
Garten der Fürstin und band dort höchst eigenhändig das
Bukett."

„Du hast also die Blumen gestohlen?"

„Nehmen wir an, es wäre so," erwiderte der wenig

bedenkliche Kamerad, „so geschah es nur, um sie der Eigentümerin wieder in kürzester Zeit zurückzustellen."

„Du bist unverbesserlich", meinte Koltoff.

Lapinski hatte indes bei sämtlichen Wäscherinnen des Regiments die Wäschestangen requiriert, und jetzt begannen seine Soldaten unter seiner Anleitung aus den von Koltoff eingekauften Kerzen und dem in Öl getränkten farbigen Papiere Lampions zu verfertigen und auf den Stangen zu befestigen. Das Ganze ging so militärisch rasch und genau vor sich, daß mit eingetretener Dunkelheit der Abmarsch beginnen konnte.

Vorne gingen Soldaten mit brennenden Lampen in allen Farben, dann folgten in einem Spalier von Lampions die beiden Offiziere, Koltoff mit dem Bukett und hinter ihnen sämtliche kleine Tambours und Pfeifer der Preobraschenskischen Garde in voller Parade, frisch gepudert, mit steifen Zöpfchen. Den Zug schlossen wieder Soldaten mit Lampions. Zahlreiche Gaffer folgten; als man vor dem Palaste der Fürstin halt machte, war bereits eine unabsehbare Menschenmenge versammelt.

Lapinski stellte seine Leute in ein Karree, welches, von den farbigen Lampions umgeben, gar nicht übel aussah, und postierte sich mit Koltoff unmittelbar vor der Front desselben dem Balkon des schönen weiblichen Majors gegenüber. Als alles bereit war, hob er den Rohrstock, welchen damals jeder Offizier trug, und die Tambours eröffneten die seltsame, echt soldatische Serenade mit einem höllischen Wirbel, dann fielen die Pfeifer ein und alle zusammen spielten nunmehr den originellen, zierlich pedantischen Marsch, nach welchem die Rokokosoldaten damals

marschierten und der auch damals bei Gassenlaufen üb=
lich war.

Es währte nicht lange, so klang die Glastür des Bal=
kons, und die schöne Lubina trat heraus im weißen Nacht=
gewande, eine Samtmantille umgeworfen; sie blickte sicht=
lich erstaunt auf die Menge, die Tambours, die Offiziere;
erst als Koltoff den Hut abnahm und mit einem kräf=
tigen Wurf den riesigen Blumenstrauß emporschleuderte,
so daß er zu den Füßen der Fürstin niederfiel, erkannte
diese den Retter ihres Lebens und verstand seine Absicht.
Sie dankte mit artiger Verneigung, hob die Blumen auf,
und als die Tambours wieder ihren Wirbel schlugen, hielt
sie sich die Ohren zu und brach in lautes Lachen aus.

Lapinski gebot Ruhe. Die Fürstin dankte nochmals
mit einem bezaubernden Lächeln und zog sich zurück.
Wenig Augenblicke später erschien ein Kammerdiener,
welcher in ihrem Namen die beiden Offiziere einlud, zu ihr
zu kommen.

„Vorwärts!" flüsterte Lapinski seinem strahlenden Ka=
meraden zu. „Jetzt liegt alles in deiner Hand. Erkläre dich
ihr auf der Stelle. Ich führe indes meine kleinen Helden
nach Hause."

Während die Serenade schwenkte und abmarschierte,
wobei Lapinski noch tüchtig wirbeln ließ, stieg Koltoff
langsam, bei jedem Treppenabsatz anhaltend und Atem
schöpfend, die Stiege empor. Der Kammerdiener führte
ihn durch eine Flucht herrlich eingerichteter Säle, schlug
eine Portiere zurück und im nächsten Augenblick stand der
junge Offizier der reizenden Frau gegenüber, mit ihr allein

in einem Boudoir, wie es nur jene Zeit so kokett und sinnverwirrend einzurichten verstand.

Die Fürstin war so taktvoll, nicht nach seinem Freunde zu fragen, sondern lud Koltoff mit der anmutigsten Handbewegung und dem liebenswürdigsten Lächeln, als verstehe sich ihr tête-à-tête von selbst, ein, neben ihr auf dem echt türkischen Diwan Platz zu nehmen.

„Vergeben Sie," begann Koltoff, „Fürstin, die armselige Art und Weise, in der ich meiner Freude über Ihre Rettung aus einer so ernsten Gefahr Ausdruck gegeben habe, aber —"

„Weshalb vergeben?" unterbrach ihn die Fürstin. „Es war eine echt militärische Serenade."

„Sie sind zu gütig", erwiderte der Gardeleutnant, „aber ich bitte nochmals, nicht danach meine Gefühle für Sie zu beurteilen."

„Ich bin von Ihren guten Gesinnungen gegen mich überzeugt", sagte die schöne Frau, indem sie ihre dunkle Samtmantille fallen ließ und die Büste einer olympischen Göttin zeigte.

„Oh, ich wäre glücklich, wenn ich mein Blut für Sie verspritzen, mein Leben für Sie geben könnte!" erwiderte Koltoff leidenschaftlich erregt.

„Illusionen der Jugend!" sprach die Fürstin; „aber Sie wählen Worte, wie man sie nur einer Frau gegenüber gebraucht, welche man liebt."

„Und Sie finden es recht traurig, daß ein armer Leutnant die Fürstin Mentschikoff zu lieben wagt?"

„Traurig? Nein."

„Also lächerlich!" rief Koltoff.

„Noch weniger", erwiderte die schöne Frau, mit den Spitzen ihres Deshabilles spielend. Zugleich zuckte ein mutwilliges Lächeln um ihre Mundwinkel.

„Aber Sie lachen doch", rief Koltoff vorwurfsvoll.

„Über Ihre Zaghaftigkeit," erwiderte die kokette Rokokoschöne, „sie steht dem Soldaten schlecht an."

„Sie ermutigen mich also?"

„Wozu?"

„Sie zu lieben."

„Lieben Sie mich denn?" rief die Fürstin und schlug ein helles Lachen an.

„Aber jetzt lachen Sie doch über den armen Leutnant!" sagte Koltoff bitter.

„Bei Gott, nein!" entgegnete die Fürstin auf einmal sehr ernst.

„Lachen Sie nur," fuhr der junge Offizier fort, „verspotten Sie mich auf das unbarmherzigste, ich liebe Sie dennoch und werde Sie immer lieben; ich bin glückselig, daß ich Ihnen nun einmal sagen darf, wie sehr, wie unaussprechlich ich Sie liebe, wenn Sie mich auch auf der Stelle für immer aus Ihrer Nähe verbannen."

„Wer sagt Ihnen, daß ich dies tue?" entgegnete die Fürstin, welche sich offenbar an der jugendlichen Glut des Leutnants ergötzte.

„Sie verbannen mich nicht?" schrie Koltoff auf.

Die schöne Lubina legte den Finger auf den Mund, um vorerst den Ausbruch seiner Freude ein wenig zu mäßigen, und als der hübsche Offizier noch einmal, noch dringender, aber leise fragte, schüttelte sie den Kopf. Oh, wie reizend, wie verheißend war dieses Kopfschütteln für Koltoff.

„Sie lieben mich also wieder?" fragte er, von der Liebenswürdigkeit seines Vorgesetzten, des Majors vom Regimente Simbirsk fortgerissen.

„Das habe ich nicht gesagt," beeilte sich Lubina, seine Hoffnungen kokett vernichtend, einzufallen, „aber —", sie lächelte wieder mit ihrem bezaubernden Lächeln, „ich erlaube Ihnen, mich zu lieben."

„Und Sie erlauben mir, um Ihre Gunst, um Ihre Hand zu werben?" rief der von neuem entflammte Leutnant.

„Wie kühn auf einmal!" sagte die Fürstin.

„Sie verbieten es mir wenigstens nicht?" drängte Koltoff, ihre kleine Hand ergreifend, welche sich vergebens in die weißen Spitzenwellen zu retten suchte.

„Nein, nein", lachte Lubina.

In demselben Augenblicke lag Koltoff zu ihren Füßen und küßte ihre Hände, und die schöne Rokokodame wurde auffallend rot, trotz der weißen und roten Schminke, mit der ihr Gesicht bemalt war.

*

Einige Tage später, an einem warmen Sommernachmittag, gingen die Fürstin und Koltoff in einer schmalen Allee des Mentschikoffschen Parkes, durch die dichte grüne Taxuswand vor der Sonne geschützt, auf und ab. Sie sprachen lange nicht, sondern schienen damit beschäftigt, mit ihren Blicken den Faltern zu folgen, welche paarweise über die Spaliere herein- und hinausflogen und, hier und da sich auf der Erde niederlassend, ihre farbenprächtigen Flügel auseinanderspannten. Endlich schlug die schöne Lu-

bina einen Seitenweg ein, und sie kamen zu einem rei=
zenden Plätzchen, einer massiven Steinbank, von den
Zweigen einer alten Eiche beschattet, der gegenüber ein
Springbrunnen plätscherte, und hinter der riesigen Mar=
mormuschel, in welche derselbe sein helles schäumendes
Wasser warf, stand eine von einem Italiener der Antike
fein nachgebildete Gruppe, Venus und Adonis. Koltoff
heftete seine Augen mit einem so seltsamen Ausdrucke
auf diese Gruppe, daß Lubina, ihn leicht mit dem Fächer
treffend, fragte, ob er die marmorne Dame schöner finde
als sie.

Koltoff gab keine Antwort. Nach einer kleinen Weile
seufzte er aber und sprach: „Glauben Sie nicht, daß die
Menschen damals weit glücklicher waren als jetzt?"

„Sie meinen, weil die schönen Göttinnen des Olymps
damals zu den Sterblichen herabstiegen?"

„Nein, weil sie lieben konnten," sprach Koltoff, „es ist,
als hätten Korsett und Reifrock alle natürlichen Empfin=
dungen erstickt."

„Warum gerade Korsett und Reifrock?" fiel die Fürstin
ein. „Glauben Sie, daß das Jabot und der Zopf dem
Herzen freieren Spielraum lassen?"

Der Leutnant zuckte die Achseln, ihm schien es doch,
daß er außerordentlich liebe und darin den verliebten
Heroen des Altertums in nichts nachgebe, aber die Fürstin
war anderer Ansicht. ·

„Sie glauben, mich zu lieben," sprach sie, „aber was
ist das, was Sie da empfinden? Ein wenig Einbildung,
ein wenig Eigensinn und sehr viel — Eitelkeit. Heutzutage
liebt man nicht mehr, sondern hat Liaisons, und nicht

das Herz, nicht die Leidenschaft sind es, welche diese zarten Bande knüpfen, nur die Langeweile."

"Und was hätte diesen Umschwung in der menschlichen Natur hervorgebracht?"

"Die Philosophie," erwiderte die Rokokodame, "wir denken zu viel über unsere Gefühle nach, als daß dieselben tiefe Wurzeln fassen könnten, und wir haben Ideale, welche uns die Freude an der Wirklichkeit verderben, und wäre die letztere noch so schön, noch so lachend. Bleiben wir gleich bei mir selbst stehen. Sie haben mir, gleich im ersten Augenblicke, als ich nach jenem Unfall zur Besinnung kam und Sie vor mir knien sah, sehr wohl gefallen —"

Koltoff errötete und blickte verschämt zu Boden.

"Sie gefielen mir an jenem Abende, wo Sie mir nach der originellen Serenade Ihre Liebe gestanden," fuhr Lubina fort, "beinahe noch besser, und jetzt —"

"Jetzt finden Sie mich bereits unausstehlich!" rief Koltoff.

"Nein," erwiderte die Fürstin, mit ihrem Fächer und jedem einzelnen Worte tändelnd, "jetzt glaube ich sogar, daß ich Sie liebe."

"Sie lieben mich!" schrie der junge Offizier auf, und so heftig zwar, daß ein kleines Rotkehlchen, das vom Rande des Bassins aus neugierig mit seinen Edelsteinaugen das Paar betrachtet hatte, erschreckt aufflog.

"Es scheint," sagte die Fürstin, "oder was soll es bedeuten, daß mein Herz so heftig klopft, wenn Sie eintreten, und auch dann, wenn Sie bei mir sind, lange noch?

entscheiden Sie selbst." Und die kokette Schöne nahm die
Hand des jungen Offiziers und legte sie auf ihr Herz.

„In der Tat", stammelte Koltoff.

„Nun denn, nehmen wir an, daß ich Sie liebe", fuhr
Lubina fort. „Wie lange werde ich Sie lieben? Ich bin
so unglücklich, ein sehr hohes männliches Ideal in meiner
Seele zu tragen. Begegnet mir nun ein Mann im Leben,
der durch einen oder den anderen oder mehrere jener
Vorzüge, welche ich von einem echten Manne unzertrenn=
lich halte, meine Phantasie erregt, so meine ich ihn zu
lieben, ja, ich liebe ihn vielleicht wirklich, ich bin begeistert
von ihm, ich könnte alle die Torheiten eines jungen Mäd=
chens begehen, bis — bei fortgesetzter und schärferer Be=
trachtung — an meinem glänzenden Monde die Flecken
hervortreten."

„Wie?"

„Bis ich jene dunklen Stellen entdecke, welche jeder
Mensch in seinem Wesen hat," fuhr die schöne Frau fort,
„denn ich sehe plötzlich, wie weit der Mann, den ich
liebe, von dem Manne entfernt ist, den ich mir träume,
und ich bin enttäuscht, meine Neigung ist entwurzelt, ich
habe kaum Mitleid, wo ich vor kurzem noch Bewunderung
hatte."

„Das ist aber recht traurig", sagte Koltoff, eigentlich
wußte er aber weder, was er von der Fürstin denken,
noch was er sagen sollte.

„Sie sehen also, fuhr diese fort, „daß ich Unrecht
begehe, Unrecht an mir und dem Manne, dem ich mich
gebe, wenn ich eine neue Ehe eingehe."

„Und wie ist das männliche Ideal beschaffen, das

Ihnen vorschwebt?" fragte Koltoff nach einer kleinen Pause.

„Der Mann, den ich liebe, dem ich gehören soll," erwiderte Lubina, „muß alle Vorzüge des Körpers mit jenen des Geistes vereinigen, er muß zu gleicher Zeit ein vollkommener Kavalier, ein tapferer Soldat und ein Philosoph von nicht gewöhnlichem Geiste sein."

„Sie verlangen viel", stammelte der junge Leutnant, ihn erschreckte vorzüglich die Philosophie.

„Gewiß finden sich alle diese Eigenschaften selten vereinigt," sagte Lubina, „ja, vielleicht nie. Voltaire ist häßlich wie ein Affe, und Moritz von Sachsen hat die Logik eines Korporals; aber wenn dies wirklich so ist, bin ich, wenn mein Geist in höheren Regionen schwebt, verpflichtet, statt meiner göttlichen Träume mit der gemeinen Wirklichkeit vorlieb zu nehmen. Beklagen Sie mich."

Die Fürstin versank in Nachdenken.

„Werde ich je mein Ideal finden?" sprach sie nach einiger Zeit, den Blick ihrer dunklen seelenvollen Augen schwermütig in die Weite verloren.

Koltoff schwieg, und er schwieg auch beharrlich, als die schöne Frau, scheinbar unabsichtlich, zuerst mit ihrer Fußspitze die seine berührte, dann mit ihrem vollen warmen Arm seine Hand streifte. „Eine seltsame Frau," dachte er, „sollte sie wirklich unfähig sein zu lieben?"

Und die Fürstin? Die Fürstin sagte zu sich: „Ein seltener Leutnant. Er scheint zu viel in Plato gelesen zu haben."

*

Koltoff kam bald täglich zu der schönen Fürstin, ja, es gab Tage, wo er dienstfrei war und sich dafür von früh bis abends dem Dienste der launischen Göttin weihte, und Lubina verfügte in der Tat über ihn wie eine Olympierin über den Erdgeborenen, wie die Gebieterin über den Sklaven. Wenn sie ausritt, war es Koltoff, welcher ihr in den Sattel helfen, welcher sie begleiten mußte, und das Reiten mit ihr war ein gefährliches Ding, denn sie setzte kühn über Gräben und Hecken und andere Hindernisse, so daß der dienende Kavalier nicht selten in die Gefahr kam, das Genick oder doch mindestens Arm und Bein zu brechen. Im Parke wurde ein Schießstand eingerichtet, Lubina schoß mit ihrem Anbeter um die Wette, und hier bewährte sich neuerdings, daß Amor blind ist, denn der gute Leutnant fehlte regelmäßig die Scheibe, und alle die schönen alten Bäume, welche dieselbe umgaben, trugen bereits die Spuren seiner Kugeln.

Im Parterre des Palastes war ein kleiner Fechtsaal eingerichtet, in welchem sich die kühne Amazone und ihr Anbeter täglich auf der Mensur gegenüberstanden, Lubina über dem weißen, hochgeschürzten Gewande einen leichten Brustpanzer, beide mit Drahtmasken und großen Stulphandschuhen, das Floret in der Hand, und dann, nachdem der Appell gegeben, gab es kaum etwas Reizenderes, als die schöne Frau, wenn sie mit schlangenähnlicher Behendigkeit die Stöße des Gegners auffing, zurücksprang, und wieder zum Angriffe übergehend, ihn bis an die Wand trieb, wo sie ihn gewöhnlich durch eine Finte entwaffnete und ihm die Spitze ihrer Waffe zum Zeichen des Sieges auf die Brust setzte.

Aber es blieb nicht bei diesen Körperübungen, bei denen
der Offizier in seinem Elemente war; er mußte der Ama=
zone, welche sich, wie alle vornehmen Damen ihrer Zeit,
mit Philosophie, Naturwissenschaften, schöner Literatur,
Geschichte beschäftigte, auch auf den geistigen Kampfplatz
folgen, und so eifrig Koltoff war, in jenen Stunden,
welche ihm seine Göttin frei ließ, das Versäumte nach=
zuholen, seinen Kopf mit den Philosophemen der Grie=
chen, Römer und der französischen Enzyklopädisten zu fül=
len, sich mit den herrlichen Werken eines Homer und
Virgil, eines Horaz und Ovid, wenn auch nur in schlechten
französischen Übersetzungen, bekanntzumachen, die Mode=
dichtungen Voltaires, Diderots, Lafontaines zu verschlingen,
die Fürstin, welche mit einem, wenn auch sehr oberfläch=
lichen, doch weitschweifenden Wissen einen lebhaften, weib=
lich feinen Geist und eine große natürliche Beredsamkeit
verband, bereitete ihm viel schwere Stunden; er geriet end=
lich ganz in die Rolle eines Schülers dem gelehrten
Meister gegenüber und stellte sich zu den physikalischen
Experimenten und den astronomischen Beobachtungen, bei
denen er Lubina beistehen mußte, so naiv an, daß die
Fürstin sich an ihm noch mehr ergötzte, als an den er=
zielten wissenschaftlichen Ergebnissen.

Eine griechische Rotunde auf einer großen Wiese ihres
weitläufigen Parkes bildete das Studio der Fürstin; es
enthielt im Erdgeschoß einen chemischen Herd und alle
die mysteriösen Anstalten der damaligen, noch mit der
Alchimie Hand in Hand gehenden Chemie und Physik;
in dem oberen Stockwerk befand sich eine große Biblio=
thek, zwischen deren hohen Fächerkästen Globen, Büsten

berühmter Männer der Wissenschaft und Tiergerippe auf=
gestellt waren; das oberste Geschoß mit weit durchbroche=
nen Fenstern und die Plattform dienten zu astronomischen
Zwecken, und wenn die Fürstin, durch einen weiten
schwarzen Samttalar und eine runde Samthaube vor
der kalten Nachtluft geschützt, mit ihrem Adepten hier oben
erschien und das Sternrohr zu richten begann, machte sie
den Eindruck eines weiblichen Faust.

Es schien aber der gelehrten Amazone bald nicht mehr
zu genügen, daß ihr Anbeter sich ohne Groll von ihr
entwaffnen ließ und ihr mit den Retorten und Quadranten
zur Hand war. Er mußte die Flöte blasen lernen, um sie
zu begleiten, wenn sie auf dem Piano spielte, er nahm
auf ihr Geheiß Tanzstunden bei einem Pariser Tanz=
meister, welcher sich in Petersburg niedergelassen hatte,
und hatte die Aufgabe, täglich nach dem Essen, während
seine Göttin in dem künstlich verdunkelten Zimmer ruhte,
ihre Hunde spazieren zu führen.

Endlich gab ihm Lubina förmliche Proben auf, ganz
wie die Damen der Troubadours und Minnesänger es zu
tun pflegten. Sie hatte in ihrem Parke unter anderem
einen großen braunen Bären, welcher in einem weiten
Zwinger verwahrt war. Derselbe war sehr jung in ihren
Besitz gekommen und zeigte daher nur noch geringe
Spuren von Wildheit. Immerhin war jedoch eine Unter=
haltung unter vier Augen mit ihm ein Wagestück.

Lubina verlangte also eines Morgens mit dem liebens=
würdigsten Lächeln von der Welt von ihrem Anbeter,
er möchte in den Käfig des Bären steigen und den drol=

18*

ligen braunen Gesellen nach der damaligen Mode frisieren.

Koltoff war im ersten Augenblick starr, aber er besann
sich nicht lange und gehorchte. Zu seinem Glücke stand
er seit langem schon, ohne daß seine grausame Herrin es
wußte, mit dem Bären auf gutem Fuße. Er brachte ihm
täglich Obst und Honigscheiben, welche derselbe mit einem
artigen Knurren und Brummen entgegennahm.

Auch diesmal führte der Gardeleutnant derlei Leckereien
bei sich, und nachdem er noch zwei Pistolen und ein per-
sisches Jagdmesser zu sich gesteckt und sich mit Kamm,
Bürste, Pomade und Puder versehen hatte, ließ er sich
von dem Gärtner den Zwinger aufschließen und trat in
das Gefängnis seines gefährlichen Freundes, während
die schöne Lubina, vor dem Gitter stehend, mit einem seltsamen, halb neugierigen, halb schauerlichen Reiz die eigentümliche Szene beobachtete. Der Bär blieb anfangs vollkommen gleichgültig, er ließ seinen mächtigen Kopf auf
den Vordertatzen ruhen und blinzelte nur mit den kleinen
Augen nach rechts und links.

Koltoff rief ihn mit starker Stimme an. Er rührte sich
nicht. Hierauf warf der kecke Leutnant etwas von seinem
Obst in die Futterschüssel des Bären und schob sie ihm
hin. Der Bär schnupperte, setzte sich auf und leckte an dem
Obst. Plötzlich richtete er sich aber in seiner vollen impo-
nierenden Größe auf und wollte, ein eigentümliches Ge-
winsel ausstoßend, Koltoff umarmen.

Die Fürstin erschrak und schrie auf, sie hielt ihren
Anbeter für verloren.

Der Bär hatte indes durchaus nichts Übles im Sinn,

der Geruch des Honigs, den Koltoff bei sich führte, hatte ihn aus seiner süßen Ruhe geweckt, und als er, sich aufrichtend, seinen Freund erkannte, versuchte er nach echt täppischer Bärenart denselben zu liebkosen. Koltoff schob ihm rasch eine große Honigscheibe in den Rachen, worauf sich der Bär artig niedersetzte und, die Augen wie ein echtes Leckermaul schließend, zu naschen begann.

Nun war der Augenblick da, das kühne Wagnis auszuführen. Koltoff besann sich nicht lange, sondern nahm den zottigen Kumpan frisch in die Arbeit, er kämmte ihm, so gut es ging, mit Hilfe der Pomade das Kopfhaar zu einem Toupet zusammen und beeilte sich, so oft das Tier ungeduldig zu werden schien und ihm darüber brummend seine Bemerkungen machte, demselben eine neue süße, duftende Honigscheibe zuzuwerfen. In wenigen Augenblicken war der große Kopf des Bären dicht eingepudert, schneeweiß gleich dem eines Elegant, und Koltoff zog sich rasch auf den Fußspitzen zurück. Als sich die Tür des Zwingers hinter ihm schloß, atmete er auf. Das gefährliche Abenteuer war überstanden.

Lubina überhäufte ihn mit schwärmerischen Lobeserhebungen, ihr Herz schien bezwungen, aber zur größten Überraschung des armen Leutnants gab sie ihm noch denselben Abend eine neue Prüfung auf.

„Sie haben mir einen so großen, bewunderungswürdigen Beweis von Ihrer Kaltblütigkeit und Ihrem Mute gegeben," sagte sie, „daß es Ihnen gewiß selbst erwünscht sein wird, mir nun auch eine Probe von Ihrem Geiste und Ihren Kenntnissen zu geben."

Koltoff erschrak, er fand keine Worte und verneigte sich stumm.

„Ich werde Ihnen eine Ihrer würdige Aufgabe stellen", fuhr die gelehrte Amazone fort. „Schreiben Sie ein Werk unter dem Titel ‚Der Mensch und die Natur', weisen Sie in demselben alle Beziehungen nach, welche zwischen beiden bestehen, zeigen Sie, inwieweit der Mensch von seiner großen Mutter abhängig ist, abhängig bleiben muß, worin er sich von ihr befreien, ja sogar über sie stellen und auf sie einen Einfluß gewinnen kann. Aber ich vergesse, daß Sie ja selbst es sind, welcher uns über diese Materie ganz neue, ungeahnte Perspektiven eröffnen wird."

Koltoff hatte sich noch nie so unglücklich gefühlt, nie in seinem Leben, nicht einmal in jener Nacht, wo er sich erschießen wollte, als heute, wo er die schöne Fürstin Mentschikoff als zukünftiger Verfasser des Buches „Der Mensch und die Natur" verließ. Wo sollte er die Ideen, wo die Kenntnisse, ja, wo nur das leere Papier zu diesem verwünschten Werke hernehmen? Er ließ sich den ganzen folgenden Tag im Palaste Mentschikoff nicht sehen, sondern irrte trübselig in den Straßen umher, sah auf der Wache dem Kartenspiel der Kameraden zu und schlich endlich zu seiner Tanzstunde, und überall war es ihm, als ob ihn eine Stimme verfolge und ihm in das Ohr raune: „Der Mensch und die Natur!" und wie er bei der Menuette in der dritten Position stehend den ersten Geigenstrich seines Tanzmeisters Monsieur Perdrix erwartete, entfuhren ihm unwillkürlich die unseligen Worte: „Der Mensch und die Natur!"

Der kleine Franzose, welcher eben den Bogen erhoben hatte, setzte ab und sah den Leutnant erstaunt an.

„Der Mensch und die Natur," wiederholte er, „was haben Sie damit?"

„Bemitleiden Sie mich," erwiderte Koltoff, „ich soll ein Buch schreiben über diesen Gegenstand, ein philosophi=sches Werk in der Art der französischen Enzyklopädisten, und habe keinen Dunst davon."

„Nun, so lassen Sie es bleiben", meinte der kleine Franzose.

„Aber es hängt mein Lebensglück, ja, vielleicht mein Leben von diesem unseligen Buche ab!" rief Koltoff.

„Ihr Leben?" entgegnete der Tanzmeister lächelnd.

„Ich schwöre es Ihnen, mein Leben", rief der Russe, und dabei sah er so verzweifelt aus, daß der kleine Fran=zose dadurch überzeugt wurde und mit ihm auf Rettung zu sinnen begann.

Als Koltoff ihn zum Vertrauten gemacht und in alle Umstände eingeweiht hatte, machte der kleine Franzose plötzlich einen Luftsprung und begann dann, seine alte verstimmte Geige mörderisch mit dem Bogen bearbeitend, in der Stube herumzutanzen, und zwar alle nur denk=baren Schritte und Takte durcheinander, dann schlug er eine Pirouette und sagte, vor dem erstaunten Koltoff in einer graziösen Positur stehenbleibend:

„Ich rette Sie, ich schreibe Ihnen das Werk."

„Wie," schrie Koltoff, „Sie wollen, herrlicher, gol=dener Monsieur Perdrix?" Er umfaßte den kleinen Mann, hob ihn in die Luft und sprang mit ihm herum. „Nun, wie aber machen wir das?" sagte der Leutnant, als er

Monsieur Perdrix wieder der Erde zurückgegeben hatte; „denn ich für meinen Teil will lieber täglich zweimal den Bären frisieren und pudern, als eine Zeile daran schreiben."

„Wie? Wie ich das mache, junger Leonidas?" schmunzelte der alte durchtriebene Tanzmeister. „Sie bekommen das Werk, parole d'honneur, aber Sie fragen mich nie, wie ich es gemacht habe."

Es vergingen einige Wochen.

Koltoff kam gegen Abend stets nur für Augenblicke zu der Fürstin, und war auch sonst wenig zu sehen, er gab sich ganz die Miene, in seinen Studien vergraben zu sein.

Indes war der Tanzmeister Monsieur Perdrix in der Tat in einem wahren Gebirge von Büchern vergraben, er hatte alles, was an philosophischer und naturhistorischer Literatur in der Residenz Katharinas II. aufzutreiben war, um sich angehäuft und schrieb, auf das Geratewohl in die Masse hineingreifend, und bald den, bald jenen Band, jetzt Aristoteles, jetzt Hippokrates, dann Voltaire, Quesnay, Baco, und wieder einmal Aristoteles amputierend — denn abschreiben oder bestehlen ist kein Wort für die mörderische literarische Schlächterei, welche der Alte unter den Philosophen anrichtete — und schrieb und las und schrieb wieder und hatte in nicht vier Wochen ein ganz stattliches Manuskript beisammen. Allerdings gehörte davon kein Gedanke, keine Phrase, kaum eine Wendung ihm, aber er hatte mit der seinem Volke eigentümlichen Geschicklichkeit alles klar geordnet und — was nur in einer streng entwickelten, akademischen Sprache, wie die seine, dem

Halbgebildeten möglich war — in gutem, klarem, ja elegantem Französisch niedergeschrieben.

Koltoff war, als er das Manuskript las, auf dessen Titelblatt in schöner Frakturschrift die Worte: „Der Mensch und die Natur, ein philosophischer Versuch von J. Koltoff; Leutnant in der Preobraschenskischen Garde" standen, von seinem eigenen Werke so begeistert, ja gerührt, daß er Tränen vergoß, Monsieur Perdrix seinen Lebensretter nannte, ihn umarmte, küßte, in fünf Kneipen schleppte, in jeder auf Kosten Lapinskis glänzend bewirtete und ihm endlich, gleichfalls aus Lapinskis Tasche, ein Honorar von zehn Rubeln, damals in der Tat eine stolze Summe, einhändigte.

Lapinski, der von „dem Menschen und der Natur" kein Wort verstand, zeigte sich gleichfalls entzückt.

Koltoff konnte also mit dem Bewußtsein einer Leuchte der Wissenschaft vor die schöne Lubina treten. Noch denselben Abend las er die Schrift des Tanzmeisters, von der er jetzt schon selbst überzeugt war, daß es seine Schrift sei, der Fürstin vor, welche ihn von Zeit zu Zeit durch ein „wie geistreich!" oder „vortrefflich!" oder „in der Tat ganz neu, vollkommen neu!" unterbrach, so daß er zuletzt, mit gerechtem Stolz erfüllt, ihr und sich selbst das Wort gab, bei diesem ersten Schritt, den er so bescheiden einen „Versuch" genannt hatte, nicht stehenzubleiben, sondern zu seinem und seines Vaterlandes Ruhme auf dem so glücklich betretenen Pfade fortzuschreiten.

„Der Mensch und die Natur" aber kam aus den Händen des schönen Majors in jene der Fürstin Daschkoff und wurde von dieser der Zarin vorgelegt. Und Katharina II., dieses geniale Weib mit dem kühnen Blicke eines großen Mannes, las es. Sie las es und sagte: „Es enthält nichts Neues, aber es verrät umfassende Kenntnisse und ist sehr gut geschrieben."

Damit war das Glück des jungen Offiziers gemacht.

Einige Tage nach der kaiserlichen Lektüre erhielt er das Patent eines Kapitäns im Regimente Tobolsk, welches damals gleichfalls eine Dame, die schöne Amazone Frau von Mellin, befehligte. Das Manuskript des französischen Tanzmeisters aber wurde auf Kosten der Petersburger Akademie gedruckt.

Der Siegesjubel des philosophischen Offiziers wurde nur dadurch ein wenig getrübt, daß auch der „Kapitän" Koltoff, der Verfasser des Buches „Der Mensch und die Natur", die schöne Amazone mit nicht größerem Erfolg belagerte, als der Leutnant Koltoff, der Friseur des Bären.

Die kokette Schöne wich mit ebensoviel Geschick als Ausdauer jeder Auseinandersetzung aus.

Und endlich geschah es, daß Koltoff eines Abends bei der liebenswürdigen Lubina einen anderen fand. Dieser andere war ein schöner Pole Czartoriski, welcher den polnischen Gesandten nach Petersburg begleitet hatte; er zeichnete sich durch die seiner Nation nächst der französischen eigentümliche Eleganz und Feinheit des Benehmens aus, hatte in Paris die Modeschriftsteller kennen gelernt und verstand es, über das physiokratische System und die Rechte des Menschen ebenso blendend zu sprechen, wie über die Toilette der Marquise von Pompadour und die Einrichtungen des Hirschparkes.

Als er die Fürstin verließ, küßte er ihr mit einem mehr

liebenswürdigen als ehrerbietigen Blick die Hand, und die
Fürstin erwiderte diesen Blick mit einem Lächeln.

Koltoff, in dem längst alles wogte, begann zu fiebern.
Kaum hatte der Pole das Gemach verlassen, so überhäufte
er Lubina mit Vorwürfen, welche ihn ruhig, ja gleichgültig
anhörte.

„Also dies ist Ihr neues Ideal?" rief der von Eifersucht entstellte wütende Kapitän endlich.

„Sie sind in der Tat ein Mann von Geist", erwiderte
die Fürstin. „Sie erraten, was andere kaum ahnen. Sie
haben mich in diesem Augenblicke über meine eigenen Gefühle aufgeklärt. Ja, dieser Pole ist mein Ideal, er —"

„Für wie lange?" unterbrach sie Koltoff barsch, „es gab
eine Zeit, wo Sie ein anderes Ideal hatten."

„Jawohl, ein anderes," lispelte die Fürstin mit einem
müden Lächeln, „ich habe schon viele Ideale gehabt."

Koltoff ging mit großen ungeduldigen Schritten in dem
duftigen Boudoir auf und ab, so daß sich die weißen Fen-
stervorhänge wie Segel aufblähten und die Porzellanchinesen auf dem Kamin mit den großen Köpfen zu nicken
begannen. Jetzt blieb er vor der übermütigen Frau, welche
er gegen seinen Willen köstlich unterhielt, stehen und sprach
sehr ernst, beinahe feierlich: „Wir müssen zu einem Resultate kommen, Madame!"

„Also kommen wir zu einem Resultate", spottete Lubina.

„Heute noch?"

„Heute noch!"

„Sie werden offen und ohne Rückhalt auf meine Fragen
antworten!"

„Ja."

„Offen und ohne Rückhalt?"

„Offen und ohne Rückhalt."

„Lieben Sie mich noch?" begann Koltoff sein Verhör. Die Fürstin schwieg.

„Ich bitte um Antwort", rief Koltoff schon etwas unartig. „Lieben Sie mich noch?"

„Wie soll ich darauf antworten?" lispelte die Fürstin.

„Sie versprachen mir zu antworten, offen und ohne Rückhalt," fuhr Koltoff vor Wut zitternd fort, „also antworten Sie."

Die Fürstin zögerte noch immer.

„Lieben Sie mich noch?" fragte Koltoff immer heftiger.

„Ich weiß es nicht", erwiderte die Fürstin, die Achseln zuckend.

„Nun, vielleicht wissen Sie, ob Sie jenen Herrn lieben?" schrie Koltoff.

„Ich weiß es ebensowenig", sagte die Fürstin.

„Jedenfalls scheine ich hier überflüssig zu sein", sprach Koltoff und nahm seinen Hut. In demselben Augenblick sprang die Kokette auf und hielt ihn zurück. „Sie dürfen nicht gehen," sprach sie ebenso stolz als bringend, „ich verbiete es Ihnen."

Koltoff stieß ein grobes bäuerisches Gelächter aus und ging, er war auf das Äußerste gebracht, da — er war eben im Begriffe, die Tür hinter sich zu schließen — geschah, was er am wenigsten erwartet, die Fürstin brach in Weinen aus, sank zu Boden und bekam Krämpfe. Koltoff eilte ihr zur Hilfe, er war von neuem gefangen.

Der Monat, welchen sich Lapinski zu seiner Verheiratung

ausbedungen, war längſt verfloſſen, aber Koltoff ſchien es
nicht zu bemerken, er dachte nicht im entfernteſten mehr
daran, ſich zu erſchießen. Er kam täglich wie zuvor zu der
Fürſtin, war täglich nahe daran, vor Wut und Eiferſucht
zu erſticken, nahm jedesmal ſeinen Hut, um für immer zu
gehen, und blieb jedesmal von der ſchönen Kokette im neuen
Netze gefangen.

Er wäre nie in ſeinem Leben zu einem Ende gekommen,
wenn nicht Lapinſki, ſein treuer Kamerad, neuerdings in‐
terveniert hätte.

„Es iſt klar, daß die Fürſtin dich liebt," ſagte dieſer
eines Tages zu Koltoff, der ihm ſeine Leiden klagte, „denn
liebte ſie dich nicht, ſo hätte ſie längſt den Polen genom‐
men und dich gehen laſſen, denn du biſt wahrhaftig weder
ſo liebenswürdig, noch ſo geiſtreich, wie du dir einbildeſt,
troz deines Werkes ‚Der Menſch und die Natur'; es kann
alſo nicht bloß der Reiz deiner Unterhaltung ſein, der dich
ihr ſo wert macht, daß ſie ſofort Krämpfe bekommt, wenn
du an das Deſertieren denkſt. Sie liebt dich, alſo benuze
dein Heidenglück, bringe auf eine Entſcheidung von ihrer
Seite, und wenn ſie, wie ich erwarte, dich abweiſt, bleibe
einmal wirklich aus, ſei ein Mann, troze nur eine Woche
ihren Tränen, ihren Krämpfen, ihren Bitten, ihren Briefen,
und ſie iſt dein."

Koltoff ging noch an demſelben Abend an die Ausfüh‐
rung deſſen, was ihm ſein Freund ſo klar entwickelt hatte.
Er nahm eine gewiſſe ernſte, ja, würdevolle Miene an und
blieb anfangs ſo einſilbig, daß die Fürſtin ihren Anbeter
herzlich langweilig fand, und als nicht einmal das wärmſte
Lob, das ſie dem Polen ſpendete, ihn aus ſeiner Ruhe

brachte, begann die schöne Frau zu gähnen und endlich mit ihrem Affen zu spielen.

„Dies muß ein Ende nehmen", begann der Kapitän ziemlich rauh.

„Was muß ein Ende nehmen?" erwiderte die Fürstin, welche mit Vergnügen Leben in die Situation kommen sah.

„Das Spiel, das Sie treiben", sagte Koltoff.

„Wer will mir verbieten, mit meinem Affen zu spielen?" antwortete Lubina boshaft.

„Also Ihr Affe bin ich", schrie Koltoff auf.

„Wer spricht denn von Ihnen?" unterbrach ihn die Fürstin mit einem kühlen Lächeln.

„Von wem sprechen wir denn?"

„Von meinem Affen, diesem reizenden Tierchen hier", entgegnete Lubina, indem sie dasselbe zärtlich an ihre Brust schloß.

„Ich aber spreche von mir," begann Koltoff von neuem, „von Ihnen, von uns."

„Ach! tun Sie das," lispelte Lubina, „ich höre Sie so gern sprechen."

„Sie haben mir erlaubt, um Ihre Gunst, um Ihre Hand zu werben," fuhr der Kapitän fort; „ich bin heute gekommen, um mir eine Entscheidung über mein Schicksal zu holen, und ich werde nicht gehen, ohne dieselbe von Ihnen empfangen zu haben."

„Aber bedenken Sie doch, Kapitän, was die Leute sagen würden, wenn Sie sich bei mir einlogierten", erwiderte Lubina spöttisch.

„Sie wollen mir also keine entscheidende Antwort geben?"

„Nein," erwiderte die Fürstin, „aber wenn Sie fort=

fahren, so zu schreien und zu poltern, werde ich mich er=
innern, daß ich Ihr Vorgesetzter bin."

„Auch das noch!" stammelte Koltoff, dem der Zorn
den Atem benahm. „Wissen Sie, daß Sie eine Kokette
sind, eine herzlose Kokette?"

„Möglich", erwiderte Lubina und begann zu lachen.

„Verspotten Sie mich nur," schrie der Kapitän außer
sich, „Sie sind doch mein und kein Mensch soll Sie mir
entreißen!" Zugleich stürzte er auf seinen schönen Vor=
gesetzten los und schloß ihn in seine Arme. Die Fürstin
schrie um Hilfe, während Koltoff sie mit Küssen bedeckte,
aber es kam ihr niemand zu Hilfe, als der kleine Affe, wel=
cher seine Herrin in Gefahr sah, Koltoff auf den Rücken
sprang und ihn so lange biß und kratzte, bis der wahn=
sinnige Anbeter die Fürstin losließ und auf ihren Befreier,
blutend, den Degen in der Hand, Jagd machte.

Aber jetzt kam Lubina ihrem Liebling zu Hilfe.

Mit voller Majestät trat sie dem Wütenden entgegen.
„Herr Kapitän", rief sie mit Kommandoton. „Ich befehle
Ihnen, sofort Ihren Degen einzustecken." Und als Koltoff,
wenn auch sichtlich betroffen, nicht gleich Folge leistete, fuhr
sie, mit dem Fuße stampfend, im Zorne fort: „Wissen Sie,
was Sie begehen? Das ist Insubordination. Ich sende Sie
hiermit auf die Wache!"

Koltoff wollte sich entschuldigen.

„Kein Wort!" rief der schöne Major. „Geben Sie mir
Ihren Degen..."

Koltoff übergab der Geliebten seinen Degen, verneigte
sich und ging.

*

Nachdem Koltoff volle vierundzwanzig Stunden auf der Wache gewesen, erhielt er seinen Degen zurück. Die Fürstin begleitete diesen Akt mit keinerlei Kundgebung von ihrer Seite; sie saß in ihrem Boudoir und lachte mehr als je und erwartete ihren Anbeter sofort nach seiner Freilassung als reuigen Sünder vor sich zu sehen.

Aber er kam nicht.

Es verging ein Tag, es vergingen zwei, eine Woche, Koltoff kam nicht. Der Major vom Regimente Simbirsk und der Kapitän vom Regimente Tobolsk trotzten miteinander, wie ein paar unartige Kinder. Koltoff schweifte zu Fuß und zu Pferd ruhelos in der wüsten Landschaft von Petersburg umher, er schlief nicht, er aß nicht, er fühlte sich im höchsten Grade unglücklich; aber er hatte sich geschworen, nie und nimmer den ersten Schritt zur Aussöhnung mit der Fürstin zu tun, und er blieb fest. Lubina Mentschikoff quälte ihre Kammerfrauen, ihre Soldaten, ihren Affen, ihre Hunde, vor allem sich selbst; aber sie war zu stolz, einzugestehen, daß sie zu weit gegangen war, daß sie mit Koltoff ein kokettes Spiel getrieben, und vor allem zu stolz, einzugestehen, daß sie ihn liebe; und das fühlte sie jetzt beinahe zu ihrer Beschämung täglich mehr; sie entbehrte ihn, sie sehnte sich nach ihm, sie weinte vor Zorn in ihre Kissen, aber sie brachte es doch nicht über sich, ihm zuerst die Hand zur Versöhnung zu bieten, so gern sie auch die seinige ergriffen hätte.

Da geschah es, daß eines Tages den Offizieren des Regiments Tobolsk bei der Wachtparade von ihrem Obersten Frau von Mellin ein neuer Kamerad vorgestellt wurde, der Leutnant Sophia von Narischkin.

Dieser neugeschaffene Leutnant war eines der reizendsten Mädchen der damaligen russischen Aristokratie. Auf dem Lande, in der idyllischen Umgebung eines russischen Dörfchens, in den patriarchalischen Sitten russischer Landedelleute aufgewachsen, war Sophia von Narischkin, wie viele Frauen und Mädchen jener Tage, von der Erscheinung Katharinas geblendet, durch eine abenteuerliche Phantasie dem Kreise ihrer Familie, der engen weiblichen Sphäre entrückt, zur Amazone geworden, aber zu gleicher Zeit das unschuldige, gute, ehrbare Landmädchen geblieben, das mit aristokratischem Anstand und angeborenem Mutterwitz eine edle Einfalt der Gesinnung verband, welche damals an dem Hofe von Petersburg nicht weniger selten war, als an jenem von Versailles.

Man ist nie mehr geneigt, sich zu verlieben, als wenn man von einer Geliebten beleidigt, getäuscht oder verlassen worden ist.

Koltoff sah in sich ein Spielzeug, das die schöne Lubina zu ihrem Zeitvertreibe benutzt und dann weggeworfen hatte. Alles, was die Natur des Mannes ausmacht, empörte sich in ihm bei diesem Gedanken, und es ist natürlich, daß er im ersten Augenblicke, wo er das schöne hochgewachsene Mädchen mit den wunderbaren blauen Augen sah, es liebte und beinahe in dem nächsten schon es demselben gestand. Der Eindruck, den der junge Kapitän auf Sophia machte, war auch kaum weniger günstig. Das kameradschaftliche Verhältnis erleichterte die Annäherung, und so waren Koltoff und Fräulein von Narischkin bald unzertrennlich, und sie fanden es beide so natürlich, sich zu lieben, daß sie vollkommen darauf vergaßen, es sich zu

sagen, und sich über ihre Absichten für die Zukunft zu ver=
ständigen.

Um so mehr beschäftigte sich die Welt mit denselben, und
man nannte Fräulein von Narischkin längst die Braut des
Kapitäns Koltoff, ja, man bezeichnete schon den Hoch=
zeitstag, ehe die Liebenden über den ersten Kuß hinaus
waren.

Das Gerücht drang natürlich auch zu der Fürstin Ment=
schikoff, und die schöne Frau entdeckte plötzlich, daß sie den
Mann, den sie so raffiniert auf die Probe gestellt, den sie
selbst von sich gestoßen, mit der heftigsten Leidenschaft
liebte; sie verzehrte sich vor Eifersucht und war sofort ent=
schlossen, alles aufzubieten, um ihn wieder zu ihren Füßen
zurückzuführen. Er liebe sie noch immer, sagte sich ihre
Eitelkeit, nur weil sie ihn so schlecht behandelt, habe er sich
aus Verzweiflung in die Arme einer anderen geworfen.
Welche Reize konnte das simple Landmädchen für ihn
haben! Ein Wink von ihr, dem schönen, eleganten, geist=
vollen Weibe, und er war ihr Sklave wie zuvor.

Sie schrieb an ihn, indes noch immer hochmütig, wenige
Zeilen nur, sie erlaube ihm zu kommen. Aber Koltoff war
unartig genug, von der Erlaubnis keinen Gebrauch zu
machen. Sie schrieb ein zweites Mal, es klang schon wie
Entschuldigung, und als Koltoff dennoch nicht kam, bat sie
ihn um Vergebung und ersuchte ihn, zu kommen. Koltoff
gab noch immer kein Lebenszeichen. Da war der Stolz der
schönen Kokette gebrochen; sie hatte den Mann, den sie
liebte, dessen Besitz ihr zu ihrem Glücke unentbehrlich schien,
für sich verloren und noch dazu verloren an eine andere,
die ihn liebte und die er wieder liebte. Sie schrieb noch

einmal, sie gestand ihre Liebe, sie verriet ihre Leidenschaft, ihre Eifersucht und sie flehte um eine Unterredung.

Koltoff erwiderte in ebenso höflicher wie entschiedener Weise, er habe der Fürstin nichts zu sagen, und nichts, was es auch sei, was sie ihm etwa mitzuteilen hätte, könne jetzt noch die Situation ändern. Wie sie über ihr Ideal längst enttäuscht sei, so sei er fern von seinen früheren Illusionen, fern davon, sie noch anzubeten. Er bitte sie also, auf die gewünschte Unterredung zu verzichten.

Eine Laune des Zufalls wollte es indes, daß Koltoff zwei Tage, nachdem die Fürstin seine Antwort empfangen hatte, ihrer Karosse in einer engen Gasse begegnen mußte, wo ein Ausweichen unmöglich war.

Die Fürstin ließ halten und wartete nicht ab, bis der Lakai heruntersprang; sie beeilte sich, den Schlag selbst zu öffnen und Koltoff beide Hände entgegenzustrecken.

Der Kapitän nahm sie jedoch nicht, sondern verneigte sich mit kalter Artigkeit, und nachdem er sich über das Befinden der Fürstin beruhigt hatte, entfernte er sich rasch mit einem ebenso zeremoniellen Gruße.

Die Fürstin aber warf sich in eine Ecke des goldverzierten Wagens und weinte.

★

Dem kurzen russischen Herbst war ein strenger Winter gefolgt; die nordische Kapitale hatte sich in ihren weißen Schneepelz gehüllt; die armen Leibeigenen, die Kleinbürger rückten in ihrem Isbi und in den Branntweinschenken zusammen, die Reichen und Großen an den Kaminen ihrer Paläste; Konzerte wechselten mit Theatervorstellungen, Ge-

19*

sellschaften mit Bällen ab. Die Fürstin Lubina Mentschi=
koff schien ihren flüchtigen Anbeter vergessen zu haben,
und Koltoff und Fräulein von Narischkin waren noch im=
mer kein Brautpaar. Der Verfasser des Buches „Der
Mensch und die Natur“ hatte indes ein neues Buch „Be=
trachtungen über die Fortschritte des menschlichen Geistes“
mit Hilfe des französischen Tanzmeisters Monsieur Per=
drix vom Stapel gelassen und damit die Aufmerksamkeit
der Petersburger Bureaux d'esprit und der Kaiserin
Katharina II. in noch höherem Maße auf sich gezogen.

Auf dem ersten Hofballe dieses Winters erschien er denn
auch mit einem ganz neuen Bewußtsein, mit dem, für
einen kenntnisreichen und geistvollen Mann zu gelten, von
der Gunst der Zarin wie von einer Glorie umgeben. Er
verlor sich auch diesmal nicht, wie sonst, im glänzenden
Schwarme der Kameraden, mit ihnen die Damen betrach=
tend, ihre Toiletten bewitzelnd und ihre Chronik rekapitu=
lierend, sondern gesellte sich zu einigen gewiegten Diplo=
maten und gefeierten Gelehrten der Petersburger Akade=
mie der Wissenschaften.

Die Stirn in tiefe Falten gelegt, hatte er sogar für
Sophia von Narischkin, welche bald nach ihm eintrat, nur
einen höflich kühlen Gruß und schien die Fürstin Mentschi=
koff, welche stolz an ihm vorüberrauschte, nicht einmal zu
bemerken.

Im Gedränge fügte es sich, daß sich die beiden Neben=
buhlerinnen das erstemal gegenüberstanden und feindselige
Blicke wechselten. So prächtig, ja berauschend die Erschei=
nung der Fürstin in ihrer schweren, weißen, mit Rosen=
buketts in farbiger Stickerei bedeckten Robe, ihrem blitzen=

den Diamantenschmuck war, so konnte Sophia doch den
stechenden, drohenden Blick in ihren schwarzen Augen ruhig
aushalten und spöttisch lächeln, denn sie war ja Siegerin,
und die Besiegte gestand es sich zu, daß dieses schlanke
Mädchen mit den großen, treuen, naiv fragenden Augen
bezaubernd war.

Das kurze tête-à-tête der Damen wurde durch den
Eintritt der Zarin unterbrochen. Alle Blicke wandten sich
der schönen genialen Monarchin zu, welche in natürlicher,
ungezwungener Majestät durch den Saal schritt.

Katharina II. war noch immer schön, und sie verstand
es, wie keine andere Frau, sich immer so zu kleiden, daß
ihre Schönheit zur siegreichsten Geltung kam.

Sie trug ein veilchenblaues Samtkleid, dessen vier-
eckiger, mit Hermelin besetzter Ausschnitt ihre herrliche
Büste blendend hob. Streifen von Hermelin, durch Ko-
karden desselben Pelzwerkes unterbrochen, liefen bis zu
dem Saum des Gewandes, der breit mit Hermelin ausgeschlagen in reicher Schleppe zurückfloß. Das hoch-
aufgekämmte, schneeweiß gepuderte Haar trug eine kleine
Nadel von Diamanten mit dem griechischen Kreuz, zwischen
den Löckchen, welche auf der Stirne niederfielen, zitterten
einzelne Diamanten gleich Tränen.

Die Kaiserin schien heute abend in besonders guter
Laune, sie erwiderte die ehrfurchtsvollen, beinahe demütigen Grüße ihres Hofes mit huldreicher Herablassung, richtete, ein reizendes Lächeln um den kleinen Mund mit den
vollen Lippen, an verschiedene Personen das Wort und begann endlich in liebenswürdig scherzendem Tone ein län-
geres Gespräch mit dem Zoologen Lagetschnikoff, welcher

zu gleicher Zeit eines der bekanntesten Mitglieder der Petersburger Akademie der Wissenschaften und der schönste Mann Rußlands war.

Das Orchester eröffnete den Ball, wie es damals im slavischen Osten Sitte war, mit einer Polonäse. Die Kaiserin nahm den Arm des Grafen Panin und schritt mit ihm an der Spitze der Kolonne. Der zweite Tanz war die Menuette.

Die Fürstin Lubina Mentschikoff, durch den Anblick ihrer Nebenbuhlerin und die Gleichgültigkeit Koltoffs, welcher sie, die gefeierte Schöne, die stolze Herrin von viertausend Seelen, zu übersehen wagte, auf das äußerste aufgebracht und gereizt, griff jetzt zu dem letzten tyrannischen Mittel, um sich dem Manne zu nähern, der noch vor kurzem ihr unterwürfiger Sklave gewesen war, sie machte von ihrem Rechte als Hofdame und Fürstin Gebrauch und befahl den Kapitän zum Tanz.

Koltoff aber beging das Unerhörte, nie Dagewesene, diesem Befehl nicht Folge zu leisten, er entschuldigte sich bei dem Kammerherrn, welcher ihm denselben überbrachte, und — tanzte mit Sophia Narischkin, welche an diesem Abende alle Damen des Hofes in den Schatten stellte und der Gegenstand allgemeiner Bewunderung war. Dies war zuviel.

Das Orchester hatte nur wenige Takte der Menuette gespielt, als die Fürstin Mentschikoff, ihrer selbst nicht mehr mächtig, die Reihen der Tanzenden durchbrach, um Fräulein von Narischkin zu insultieren.

„Ich habe Sie zum Tanze befohlen, Kapitän," sprach sie zuerst zu Koltoff gewendet, „und Sie wagen es —", weiter kam sie nicht, die Wut erstickte ihre Stimme.

„Ich gehorche einem früheren Befehl des Fräulein von Narischkin", erwiderte Koltoff kalt.

„Ah! Die Prinzessin muß also vor Ihrer Dirne, vor einer Landstreicherin zurückstehen!" rief Lubina im höchsten Zorn.

„Sie vergessen sich", fiel Koltoff ein, während Fräulein von Narischkin, bis in die Lippen bleich, der Fürstin entgegentrat.

„Ich verlange Genugtuung für diesen Schimpf, den ich nicht verdient habe", stammelte das brave, hochentrüstete Mädchen.

„Da haben Sie Ihre Genugtuung", rief die Fürstin und vergaß sich soweit, daß sie den Fächer erhob, um die Nebenbuhlerin zu schlagen. In demselben Augenblicke trennten die Umstehenden, von der Handlungsweise Lubinas empört, die Streitenden, aber der öffentliche Skandal war fertig; die Zarin befahl beiden Damen, sofort den Saal zu verlassen.

Sie gehorchten. Die Fürstin wurde von dem Grafen Orloff zu ihrem Wagen gebracht, wo sie in konvulsivisches Weinen ausbrach.

Fräulein von Narischkin hatte sich indes, an dem Halse ihrer Mutter schluchzend, mit dem naiven Ausbruck zu Koltoff gewendet:

„Ich kann Ihnen nicht helfen, Sie müssen mich jetzt heiraten."

Koltoff, außer sich vor Entzücken, Ort und Umgebung vergessend, schloß das schöne, beleidigte Mädchen an seine Brust, und Fräulein von Narischkin verließ den Winter-

palaſt erſt, nachdem ſie den Kapitän als ihren Bräutigam
vorgeſtellt hatte.

Damit war aber die Sache nicht zu Ende.

Am nächſten Tage ſendete Fräulein von Nariſchkin, ohne
Wiſſen ihrer Eltern und ihres Bräutigams, Frau Hedwig
von Samarin zu der Fürſtin Lubina Mentſchikoff mit einer
Herausforderung zum Zweikampfe, und die Fürſtin nahm
dieſelbe „mit Vergnügen" an. In der nächſten Stunde
verhandelten die Sekundanten der beiden Teile, Frau Hed=
wig von Samarin, Offizier im Regimente Tobolsk, und
Gräfin Saltikoff, Major im Regimente der finniſchen
Schützen, über die Bedingungen des Renkontres.

Es wurde feſtgeſetzt, daß die Waffen Piſtolen ſein ſoll=
ten, und die Gegner auf dreißig Schritt Entfernung auf
Kommando zu gleicher Zeit ſchießen, und zwar dreimal.
Wenn ſich in dieſen drei Gängen keine Verwundung ergäbe,
ſo ſei dadurch der Ehre Genüge geſchehen und der Zwei=
kampf als beendet anzuſehen.

★

Den nächſten Morgen trafen ſich die beiden Parteien
in einem Wäldchen in der Nähe Petersburgs. Es war ein
ſchöner, ruhiger, aber empfindlich kalter ruſſiſcher Winter=
tag, weithin nichts zu ſehen, als ein paar große Raben,
welche mit ihren ſchwarzen Fittichen langſam über den
weißen Himmel ſegelten.

Da der Schnee ziemlich hochlag, ſo mußte für Duellan=
ten und Zeugen erſt die Bahn freigemacht werden, wozu
die letzteren Bauern aus der Gegend requirierten. Als alle
Vorbereitungen beendet waren, kam zuerſt Fräulein von

Narischkin in phantastisch prächtigem Schlitten, welcher einen großen weißen Schwan darstellte, und gleich nach ihr die Fürstin.

Beide Damen beeilten sich, die Bärenfelle, mit denen sie bedeckt waren, und die großen Pelze, in welche sie sich eingehüllt hatten, abzuwerfen, und standen sich nun, nachdem sie sich kalt, aber artig begrüßt, in der koketten Amazonentracht jener Zeit gegenüber.

Die Fürstin Lubina Mentschikoff trug hohe schwarze Reitstiefel, über der reichfaltigen grünen Samtrobe einen Überrock von gleichem Stoffe mit dem Aufschlage des Regiments Simbirsk, reich mit Zobelpelz besetzt und mit Gold verschnürt.

Die Toilette des Fräulein von Narischkin, der durch Katharinas Vorliebe sogar hoffähig gewordenen Kosakentracht nachgebildet, bestand in Halbstiefel von rotem Saffian, einem kurzen, roten Samtrock, welcher nicht weiter als bis zu dem Fußknöchel herabfiel, einer enganschließenden Jacke von demselben Stoffe mit breiter Hermelinverbrämung und einer hohen runden Mütze von Hermelin.

Die beiden Damen maßen sich mit Blicken, welche deutlich genug ihre Unversöhnlichkeit verrieten, dennoch versuchten die Sekundanten, wie es ihre Pflicht war, dieselben zu einem Ausgleiche zu bewegen. Vergebens. Die Fürstin hatte erst auf der Fahrt zu dem Duellplatze erfahren, daß Fräulein von Narischkin die Braut Koltoffs sei, und war entschlossen, ihre Nebenbuhlerin zu töten.

So wurde denn die Entfernung abgeschritten, an den Stellen, wo sich die beiden duellierenden Damen aufstellen sollten, je ein Pflock eingeschlagen. Dann luden die Sekun=

danten gemeinschaftlich die Pistolen und gaben endlich das
Zeichen zur Aufstellung. Noch wenige Sekunden, und die
Fürstin und Fräulein Narischkin standen sich gegenüber, die
Pistole, den Hahn gespannt, in der Hand. Die Zeugen
nahmen ihren Posten ein und gaben das Kommando:
„Fertig!" Keine der beiden Amazonen verriet eine Bangig=
keit, im Gegenteil zeigten sich beide kaltblütig und uner=
schrocken, wie alte geriebene Duellanten von Profession.

„Eins — zwei — drei —"

Zwei Schüsse blitzten.

Die Sekundanten sprangen herzu. Niemand war ver=
wundet. Man lud also die Waffen von neuem und nahm
von neuem Stellung.

Noch einmal ertönte das Kommando, noch einmal knall=
ten die Pistolen; diesmal war die Mütze des Fräulein
Narischkin von der Kugel der Fürstin durchlöchert, Fräu=
lein Narischkin nahm sie ab, betrachtete sie lächelnd und
stülpte sie wieder auf. Ehe jedoch die Pistolen zum dritten
Male geladen werden konnten, kamen im Karriere zwei
Reiter herbei, welche von weitem schon mit einem weißen
Tuche wehten, und zu gleicher Zeit wurde ein Schlitten
sichtbar, welcher gleichfalls die Richtung nach dem Kampf=
platze nahm.

Die beiden Reiter waren Koltoff und Lapinski. Sie
sprangen von den schweißbedeckten, schäumenden Pferden,
und der erstere eilte, die kämpfenden Damen zu trennen.
Er bat, er beschwor, er drohte, alles vergebens. Fräulein
von Narischkin verlangte zornglühend, mit dem Fuße
stampfend, Abbitte von seiten der Fürstin für die angetane
Beleidigung; die schöne Witwe wies dagegen jedes Ansinnen

dieſer Art mit ſtolzer, höhniſcher Heftigkeit zurück. Beide riefen endlich, man möge die Bahn freigeben, damit ſie zum dritten Male die Kugeln wechſeln könnten.

Während dieſes Wortwechſels war der Schlitten, wel= cher, wie die Offiziere, auch von Petersburg kam, pfeil= ſchnell herangeſchoſſen, die dampfenden Roſſe hielten un= weit des Duellplatzes, und zwei Damen, in koſtbare Pelze gehüllt und dicht verſchleiert, ſtiegen aus und nahten ſchnel= len Schrittes. Die erſte, im kaiſerlichen Hermelin, maje= ſtätiſch und gebieteriſch, trat zwiſchen die Streitenden und gebot Einhalt, zugleich den Schleier zurückſchlagend. Es war die Zarin Katharina II., ihre Begleiterin die Fürſtin Daſchkoff.

Die Zarin hatte von dem ungewöhnlichen Zweikampfe erfahren und war herbeigeeilt, um womöglich das Blut= vergießen noch zu verhindern. Sie fragte die beiden Da= men, welche in einiger Verlegenheit vor ihr ſtanden, mit einem Blicke, welcher keinen Widerſpruch aufkommen ließ, ob ſie ſich ihrem Schiedsſpruche unterwerfen wollten.

Beide Duellantinnen verbeugten ſich ſchweigend.

Die Monarchin ließ ſich hierauf die Urſache des Zwei= kampfes mitteilen, aber ſie begnügte ſich nicht mit den Er= klärungen der beiden Damen, ſie forſchte nach dem tie= feren Grunde ihres Haſſes, der ſich ſo unzweideutig aus= ſprach, und als ſie Koltoff erblickte, wandte ſie ſich an ihn, und der junge Offizier war ehrlich oder indiskret genug, alles zu geſtehen. Katharina II. lächelte.

„Hören Sie alſo mein Urteil in dieſem ſeltſamen Streite“, ſprach ſie dann. „Ich verbiete die Fortſetzung dieſes Zweikampfes, der Ehre iſt Genüge geſchehen; was aber diesen jungen Offizier betrifft, so befehle ich, daß er jener der beiden Damen seine Hand reichen soll, welche ihn mehr liebt."

„Dann gehört er mir!" rief die Fürstin.

„Nein, mir!" fiel Fräulein von Narischkin ein.

Beide schworen, daß sie nicht leben könnten ohne ihn.

Katharina II. lächelte wieder.

„Sie machen mir die Sache recht schwer", sagte sie, die Achseln zuckend. „Indes habe ich einen neuen Ausweg gefunden. Koltoff ist die Ursache dieses Streites, es ist daher gerecht, daß er seine Schuld büßt. Da Sie beide gleichgerechte Ansprüche an seine Person zu haben glauben, und es nicht möglich ist, ihn in zwei Teile zu teilen, so gebiete ich, daß er sich an jenen Baum dort stellt, und Sie, meine Damen, solange auf ihn schießen, bis Ihr Blutdurst gesättigt ist."

„Das ist ja nicht möglich!" stammelte Fräulein von Narischkin.

„Was wäre unmöglich, wenn ich es befehle?!" erwiderte die Kaiserin, die stolzen Brauen finster zusammenziehend. „Vorwärts, Koltoff, an jenen Baum dort!"

Der junge Offizier war totenbleich geworden, aber er gehorchte.

Die Gräfin Saltikoff lud die Pistolen.

„Nun schießen Sie, meine Damen!" befahl Katharina II.

Die Fürstin spannte den Hahn ihrer Pistole und trat vor. „Ich liebe ihn so sehr," sprach sie auf das höchste erregt, „daß ich ihn lieber tot zu meinen Füßen sehen will, als in den Armen einer andern", und sie zielte auf Koltoff.

In dem Augenblicke jedoch, wo sie abdrückte, schlug ihr Fräulein von Narischkin mit einem Aufschrei der Verzweiflung den Lauf in die Höhe, so daß der Schuß in die Luft ging.

„Nein, nein," rief sie zugleich, „er darf nicht sterben, nehmen Sie ihn hin, meine Liebe ist zu groß, ich will ihn lieber verlieren, als sein Blut fließen sehen!"

Die Fürstin jubelte. „Nun sind Sie mein, Koltoff," rief sie, „mein Sklave!"

„Gemach," sprach die Kaiserin, ihr die Hand auf die Schulter legend, „Fräulein von Narischkin hat bewiesen, daß sie ihn mehr liebt als Sie. Er gehört ihr!"

Zwei Wochen später feierte Koltoff seine Vermählung mit Sophia von Narischkin.

Venus und Adonis

I.

An einem heißen Sommernachmittag des Jahres 1785 hatte in einem dichten, schattigen Gebüsch des Parkes von Zarskoje Selo ein junger Maler sein luftiges Atelier aufgeschlagen. Seine schlanke Gestalt und sein edel ge= schnittener Kopf mit den glühenden, dunklen Augen ver= rieten auf den ersten Blick den Italiener. Er saß auf einem Stein und zeichnete, und vor ihm stand sein Modell, ein junges, hübsches russisches Bauernmädchen mit blondem Haar und vollem Busen, das er trotz ihrem verschämten Widerstreben zu diesem Zwecke von der nahen Gänseweide entführt hatte. Plötzlich teilten sich die Zweige des grünen Musenasyles, und eine Frau von dem Um= fange einer holländischen Heringstonne stand vor den beiden. Die ländliche Venus stieß einen gellenden Schrei aus und lief davon, während der italienische Maler einige kräftige heimatliche Flüche ausstieß. Der weibliche Stören= fried stand indes, die Arme auf der kolossalen Brust verschränkt, vor ihm und lachte so, daß sich der ganze Riesenkörper schüttelte. Es war offenbar eine vornehme Dame, denn sie hatte das reiche Haar gepudert und trug ein weißes Negligé von den kostbarsten flandrischen Spitzen. Sie mochte vor Jahren schön gewesen sein, aber jetzt war ihre Gestalt geradezu unförmig, und das Gesicht, in die Breite verzerrt, trug den Stempel gemeiner Wollust; nur ihr Auge konnte noch bestechen, es war ein großes, schönes blaues Auge voll Geist und Kühnheit, und es lag etwas Gebieterisches in dem Blick desselben.

„Welcher Satan hat Sie hergeführt, Madame?" begann der Maler in ziemlich gutem Französisch.

„Der Satan der Neugierde", erwiderte die Unbekannte; „ich sah Sie zeichnen, und da ich die Künste liebe und beschütze —"

„Sehr edel von Ihnen," unterbrach sie der Italiener, „aber eben deshalb hätten Sie mir die Kleine nicht verscheuchen sollen; nun bleibt das Bild unvollendet."

„Sie sollen mich dafür malen", erwiderte der weibliche Koloß mit nachlässiger Majestät.

„Sie? Ist das Ihr Ernst?" rief der Maler.

Die Dame nickte, während der junge Italiener in ein ebenso unartiges als ausgelassenes Gelächter ausbrach.

„Sie wollen mich also nicht malen?" begann die Dame, die stolzen Brauen finster zusammenziehend.

„Es fällt mir nicht ein."

„Bin ich nicht schön?" fragte die Unbekannte mit unnachahmlichem Selbstbewußtsein.

„Oh! Sie sind außerordentlich schön," erwiderte der Maler scherzend, „aber beinahe ebenso dick als schön."

„Wie nennen Sie sich?"

„Tomasi", sagte der Maler, zuckte die Achseln und
packte zusammen.

„Ich gefalle Ihnen offenbar nicht," sagte die Un=
bekannte, „aber dies hat nichts zu sagen, Sie gefallen
mir, und Sie werden mich malen, adieu." Sie nickte
gnädig mit dem Kopfe und schritt langsam davon. Der
Italiener folgte ihr von weitem, in dem Laubgange, in
den er nun einbog, fand er seinen Freund und Lands=
mann Boschi, mit dem er nach Rußland gezogen war,
um dort, gleich den französischen Philosophen und den
italienischen Sängern, an dem glänzenden Hofe der leicht=
sinnigen Zarin Katharina II. sein Glück zu machen. Er
teilte ihm sein Abenteuer mit, und sie lachten noch beide
über das Monstrum, das sich durch seinen Pinsel ver=
ewigen lassen wollte, als ein Offizier der Garde vor sie
hintrat und sich erkundigte, welcher von ihnen der Maler
Tomasi sei.

„Ich!" sagte der junge Italiener.

„Ich habe den Befehl, Sie in den Palast zu führen",
sagte der Offizier.

„Mich? Und auf wessen —"

„Auf besonderen Befehl Ihrer Majestät der Kaiserin."

Tomasi folgte hierauf dem Offizier, welcher ihn durch
die Allee des Parkes und die Korridore des prachtvollen
Sommersitzes der Zarin bis zu einer Türe führte, vor
der er Halt machte. „Hier treten Sie ein," sagte er,
„Frau von Protasow, Hofdame Ihrer Majestät, er=
wartet Sie, von ihr werden Sie das Weitere hören."
Es entging dem schlauen Italiener nicht, daß der Offi=
zier dabei eigentümlich spöttisch lächelte. Tomasi er=

wartete, dadurch irregeführt, hinter der Portiere, welche
er jetzt teilte, den weiblichen Koloß zu finden, dessen
Bekanntschaft er im Park gemacht. Um so angenehmer
war er enttäuscht, als er, auf einer Ottomane ausgestreckt, eine junge Dame erblickte, welche ihm im
ersten Augenblicke als ein Ideal der Schönheit und Anmut erschien. Sie war zwar, gleich allen russischen Frauen,
ebenfalls üppig, aber von einer reizenden, sinnverfüh-
renden Fülle, welche nirgends die als klassisch geltenden
Körperlinien zu sehr überschritt; ihr feines Gesichtchen
zeigte ebenso regelmäßige als gewinnende Züge, und die
dunklen Augen blickten unter den langen Wimpern mit
einer Art schelmischer Lüsternheit hervor, welche den sonst
kecken Maler nicht wenig in Verwirrung setzten. Die
Dame wies ihm einen Sitz an und betrachtete ihn noch
einige Zeit seltsam prüfend, ehe sie das Wort an ihn
richtete.

„Ich bin Sofia von Protasow," begann sie endlich,
„Sie kennen wohl mein heiteres Amt."

„Vergeben Sie, ich bin ebenso fremd am Hofe der
großen Katharina wie in Rußland überhaupt", entgegnete
der Maler.

„Hören Sie also," sagte die schöne junge Frau, „die
Zarin ist, wie Sie auch außer Rußland erfahren haben
werden, ebenso schwach als Weib, wie sie groß ist als
Regentin."

„Man erzählt, daß sie ihre Günstlinge wie Handschuhe
wechselt", fiel der Italiener ein; „aber ich finde dies
sehr begreiflich bei einer Frau, welche zugleich die mäch-
tigste und schönste in Europa ist."

„Sie vergessen, daß Katharina II. jetzt sechsundfünfzig
Jahre zählt," erwiderte Frau von Protasow, „sie war
noch mit Vierzig so verführerisch, daß jeder ihrer Günstlinge mit demselben Eifer der Frau wie der Monarchin
huldigte; aber jetzt ist sie unförmig dick und strömt eine
Atmosphäre aus, welche das stärkste Parfüm zu über-
täuben nicht imstande ist. Und dieser Fettklumpen ist
ebenso verliebt und in seinen Neigungen ebenso flatter-
haft, wie es einst die jugendschöne Frau war. Katharina II. betreibt heute die Liebe wie ein Gourmand das
Essen, sie will nicht bloß speisen, gut und fein speisen,
sondern sie verlangt die größte Abwechselung; es ver-
geht kein Tag, wo sie nicht ein neues Opfer — Pardon,
einen neuen Glücklichen — entdeckt und zu ihrem Zeitvertreib wählt. Heute haben Sie Gnade vor ihren
Augen gefunden."

„Ich!" stammelte Tomasi entsetzt.

„Sie scheinen nicht sehr entzückt von der Aussicht,
welche sich Ihnen eröffnet", meinte Frau von Protasow
spöttisch.

„In der Tat — nicht", sagte der Italiener; „aber wie
kommt die Kaiserin dazu? —"

„Sie hat Sie vor einer Viertelstunde etwa im
Parke —"

„Dieses Monstrum, das mein Modell vertrieben, mit
dem ich so kurz angebunden war —", fiel Tomasi ein.

„War Katharina II.", sprach Frau von Protasow.

„Und dieses Weib soll ich lieben?" schrie Tomasi, „das
ist ja unmöglich."

„Die Kaiserin versteht das Unmögliche möglich zu

machen", lächelte die schöne Frau. „Vergessen Sie nicht, daß ihr allerhand liebreizende Bagatellen zur Disposition stehen, wie die Knute, Sibirien und nötigenfalls das — Schafott."

„Das Schafott!" schrie der Italiener auf, dem es eisig über den Rücken rieselte.

„Nun — sie hat Mirowitsch enthaupten lassen aus keinem anderen Grunde, weil ihr seine fanatische Liebe anfing lästig zu werden", erklärte die Protasow, „sie kann einmal das Umgekehrte versuchen."

„Mein Gott! in welche Geschichte bin ich da hineingeraten", jammerte der Maler; „Odysseus in dem Palaste der Circe war gegen mich beneidenswert."

„Ist denn das Unglück, von einer Kaiserin geliebt zu werden, gar so groß?" spottete Frau von Protasow.

„Gewiß," entgegnete Tomasi, „wenn die Kaiserin, wie es hier der Fall ist, über zwei Zentner wiegt."

„Aber Rubens hat doch sehr dicke Ideale gemalt."

„Ich bin kein Rubens, meine Gnädige."

„Ihre Verzweiflung ist ebenso heiter als verdächtig", sprach die Vertraute Katharinas nach einer kleinen Pause. „Ich zweifle keinen Augenblick länger, daß Sie verliebt sind, verliebt in eine andere."

„Bei allen Heiligen, nein, mein Herz ist frei", schwor der Maler.

„Frei — ganz frei?"

„Vollkommen frei."

„Nun, das ändert die Sache ein wenig zu Ihrem Vorteil," sprach die reizende Frau mit einem seltsamen

20*

Lächeln, „denn es gibt noch eine Dame in diesem Palaste
der Circe, welche Gefallen an Ihnen findet."

„Gefallen — an mir?"

„Großen Gefallen."

„Und ist diese Dame vielleicht auch? —" erwiderte
der Italiener, mit seinen Händen den riesigen Umfang
der Zarin andeutend.

„Diese Dame ist allerdings auch nicht gerade mager",
entgegnete Frau von Protasow.

„Aber doch jung und schön?" rief Tomasi.

Frau von Protasow zuckte die Achseln. „Ich kenne
Ihren Geschmack nicht," sprach sie, den Kopf kokett
zur Seite neigend, „sehen Sie sich sie also noch einmal
gut an und entscheiden Sie selbst."

II.

In den nächsten Tagen trennte sich Frau von Protasow immer nur für wenige Augenblicke von dem Geliebten. Während draußen die Sonne Menschen, Tiere und
Pflanzen zu versengen drohte, hielt die reizende Kerker-
meisterin Tomasi in ihren weiten, kühlen Gemächern gefangen. Dann lag sie träge auf einer türkischen Polster-
Ottomane, und der glückliche Maler saß zu ihren Füßen
und spielte die Laute, oder sie plauderten allerhand kin-
disches Zeug, wie es nur ein paar Verliebte können.

Und kam der Abend heran, dann schwärmten sie,
gleich lustigen Bienen, in den grünschattigen Laubgängen
des Parkes, um endlich, wenn der Himmel die ganze

Pracht seiner Sterne, gleich einer Stickerei in Gold, entfaltet hatte, den Palast der gütigen Fee dieses Sommernachtsmärchens aufzusuchen.

Die Kaiserin schien, zum Glück für die Liebenden, den Italiener vergessen zu haben, um so unangenehmer wurde Sofia von Protasow überrascht, als Katharina II. ihr plötzlich einmal, bei einem Lever, einen Wink gab, näherzutreten, und ohne sich vor den anwesenden Damen und Herren des Hofes und ihrem Günstling Potemkin im mindesten zu genieren, mit sichtbarem Interesse um den jungen Maler fragte.

„Ich habe bis heute gezögert, Eurer Majestät Bericht zu erstatten," begann Frau von Protasow errötend, „weil ich leider nicht in der Lage bin, von dem jungen Menschen irgend etwas Günstiges zu melden."

„Wirklich," erwiderte Katharina befremdend, „finden Sie ihn nicht schön?"

Frau von Protasow zuckte die Achseln. „Ich wage es nicht, dem Urteile Eurer Majestät vorzugreifen, aber Tomasi ist ebenso roh als schön."

„Was Sie Rohheit nennen," sprach die Zarin, mit ihrer Schokolade beschäftigt, „ist vielleicht nur unbändige Männlichkeit."

„Vergebung, Majestät," beeilte sich Frau von Protasow zu erwidern, „dieser Italiener ist viel mehr ein ungezogener Knabe als ein Mann, die gemeinsten Manieren beeinträchtigen seine körperlichen Vorzüge."

„Ihr sonst so scharfer Blick scheint diesmal getrübt, liebe Sofia," entgegnete die Zarin, „da muß ich mir wohl selbst Klarheit verschaffen."

„Aber, Majestät —"

„Genug von dieser unbedeutenden Angelegenheit", entschied die eigenwillige Selbstherrscherin; „ich will Tomasi heute noch sehen, und er soll mich malen, verstehen Sie, Protasow?"

Die arme verliebte Frau, welche in diesem Augenblicke alles verloren sah, denn Katharina gegenüber war Ungehorsam soviel als Selbstmord, verneigte sich stumm und verließ dann rasch den Flügel der Kaiserin, um Tomasi ihr Leid zu klagen. Dieser wollte indes die Sache durchaus nicht ernst nehmen. „Vor allem will ich Sie jetzt malen, teure Sofia," sprach er, seine Staffelei zurechtrückend, „und dann wollen wir sehen, wie wir der liebevollen Heringstonne dort drüben, trotz ihrem Sibirien, einen Possen spielen."

„Aber die Zarin will Sie heute noch sehen, Tomasi."

„Pah!"

„Sie wird an mir und Ihnen Rache nehmen, wenn wir ihr Widerstand leisten."

Tomasi lachte und begann seine Farben zu mischen.

„Also Sie wollen mich wirklich malen", seufzte die schöne, junge Frau.

„Gewiß, und zwar auf der Stelle."

„Aber wie? In welcher Toilette?"

„Ich werde Sie als eine der olympischen Schönheiten malen."

„Ich soll eine Göttin werden", stammelte die kokette Dame.

„Sie sind es bereits," lachte Tomasi, „und ich stelle den glücklichen Sterblichen vor, zu dem Sie von Ihrem hohen Olymp herabgestiegen sind, Endymion, wenn Sie wollen."

„Unmöglich, ich kann doch nicht als Diana —", stammelte Frau von Protasow.

„Oh! Die Marquise von Pompadour hat sich auch mit den Emblemen dieser jungfräulichen Jägerin malen lassen," fiel Tomasi ein, „auch Sie sollen Bogen und Köcher tragen, um die Liebespfeile anzudeuten, welche Sie ohne Mitleid nach allen Männerherzen versenden."

„Schmeichler!"

Der Italiener gab der schönen Frau die Attitude und begann hierauf zu malen. Plötzlich schrie Frau von Protasow auf: „Ich hab's, ich hab's", und begann im Gemach herumzutanzen.

„Was haben Sie?" fragte der Maler verblüfft.

„Wir sind gerettet!" jubelte Frau von Protasow. „Ich kenne einen Freibauern hier in der Nähe, bei dem ich Sie verborgen halten will, und der Kaiserin sage ich, daß Sie plötzlich erkrankt sind und deshalb Zarskoje Selo verlassen haben."

Ohne ihren Anbeter weiter zu fragen, packte sie ihn in ihre gedeckte Portechaise und ließ ihn auf Umwegen durch ihre vertrauten Diener nach dem Hofe des Freibauern bringen, während sie selbst ein Pferd bestieg und vor ihm an Ort und Stelle eintraf, um rasch alles übrige mit dem treuen und bereitwilligen Alten abzumachen. Dann kehrte sie in den Palast zurück und ließ sich auf der Stelle bei der Kaiserin melden.

„Wo bleibt der Maler?" rief Katharina II., welche in einem prachtvollen Negligé in einem Fauteuil saß und sich von Zeit zu Zeit von oben bis unten mit Parfüm besprengte.

„Er — er ist verhindert", stammelte die Vertraute.

„Verhindert, wenn ich befehle!" sprach die Zarin schwer atmend, ihre Brust begann im Zorn gleich einem Meer zu wogen.

„Tomasi ist plötzlich krank geworden, Majestät!" fuhr Frau von Protasow fort, „er hat Zarskoje Selo verlassen und befindet sich bei einem Bauern hier in der Nähe."

„Er hat auf der Stelle gesund zu werden," gebot Katharina II., „und wenn er binnen einer Stunde nicht vor mir erscheint, sollen ihn vier Grenadiere holen."

„Unmöglich, Majestät!" rief Frau von Protasow, „denn Tomasi hat eine Krankheit, welche ebenso gefährlich als ansteckend ist."

„Doch nicht die Blattern?" fragte die Zarin rasch.

„Jawohl, die Blattern, Majestät", erwiderte Frau von Protasow aufatmend.

„Dann freilich," murmelte Katharina, „dann geht es nicht."

„Gewiß nicht," bekräftigte die Vertraute, „Majestät dürfen Ihre gefeierte Schönheit nicht einer solchen Gefahr aussetzen."

„Finden Sie mich noch schön?" lächelte Katharina II. gnädig.

„Wer käme in Ihre Nähe, ohne von Ihren Reizen begeistert zu sein."

„Wirklich, ich sehe heute sehr gut aus," sprach Katha-

rina — sie hatte sich schwerfällig erhoben und ihren riesi=
gen Körper zu dem nächsten Wandspiegel geschleppt —
„sehr gut. Sobald Tomasi wieder gesund ist, soll er mich
als Venus malen.“

III.

Der Herbst hatte den Hof der nordischen Semira=
mis früher als sonst aus Zarskoje Selo vertrieben, auch
Tomasi war nach Petersburg übergesiedelt, wo er in
Gesellschaft seines Freundes Boschi den Hintertrakt des
Palastes Protasow bewohnte und die schöne Gebieterin
desselben in allen möglichen Stellungen und Toiletten
zeichnete und malte. Der ganze Olymp wurde entvöl=
kert, um ihren Palast zu schmücken; hier stieg die Ge=
liebte als Anadiomene aus dem Meeresschaum, dort ver=
wandelte sie, von ihren Nymphen umgeben, Tomasi=
Acteon in einen Hirsch, während sie in dem nächsten
Saale als Götterkönigin, den Pfau zur Seite, neben
Jupiter=Boschi thronte.

Der Winter verging den Liebenden in Gesellschaft der
Musen und des kleinen schalkhaften Liebesgottes ganz
vortrefflich. Die Kaiserin hatte in dem bacchantischen
Strudel ihrer verschwenderischen Hofhaltung, ihrer Bälle,
Assembleen, Schlittentagen und winterlichen Volksfeste den
schönen italienischen Maler samt seinen Blattern vergessen.

Und wieder war es Frühling geworden und wieder
Sommer, und Katharina II. residierte neuerdings in dem
reizenden Landsitz der russischen Zaren. Ein Zufall wollte,
daß sie eines Abends mit der Prinzessin Mentschikoff

promenierend an jenem Gebüsche vorbeikam, in welchem sie Tomasi damals zeichnend überrascht hatte.

Mit einem Male stand, durch eine leicht erklärliche Ideenassoziation hervorgezaubert, das Bild des schönen Italieners in voller Farbenfrische wieder vor ihrer Seele.

„A propos!" begann sie, „haben Sie nie mehr etwas von jenem italienischen Maler gehört, Prinzessin, welcher mich im vorigen Jahre malen sollte, jedoch durch einen merkwürdigen Zufall an demselben Tage, an dem er zu beginnen hatte, an den Blattern erkrankt ist?"

„Wie hieß er, Majestät?" erwiderte die Prinzessin. „Ich habe nie etwas von ihm gehört."

„Sein Name ist mir entfallen," sprach Katharina II., „aber seine jugendlich schlanke Gestalt steht deutlich vor mir."

„Ein italienischer Maler?" sann die Prinzessin nach. „Doch nicht jener am Ende, den Frau von Protasow diesen Winter geheimnisvoll in ihrem Palaste beherbergt hat, der die Plafonds und Wände ihrer Säle mit den prächtigsten Bildern aus der Mythologie geschmückt?"

„Unmöglich!" rief die Zarin, „aber nein, doch nicht unmöglich, Prinzessin. Wenn diese Protasow, wenn sie mich hintergangen hat, Sie sollen dann einmal sehen, wie ich strafen kann." Ihre Augen rollten unheimlich, und die ganze Fettmasse, Katharina II. genannt, begann gleich einer Gallerte zu zittern.

Kaum war die zentnerschwere Despotin in den Palast zurückgekehrt, befahl sie Frau von Protasow in ihr Arbeitskabinett, in dem sie, an eine zornige Ente mahnend, mühsam auf und ab wackelte.

„Bon soir, meine Teure!" begann sie. „Sagen Sie mir doch, was aus dem italienischen Maler geworden ist, den vorigen Sommer die Blattern verhindert haben, mich zu malen."

„Er hat — er ist — er wird —", stammelte die Vertraute in unbeschreiblicher Verwirrung.

„Man beschuldigt Sie, ma chère, ihn in Ihrem Hause in St. Petersburg gefangen zu halten", inquirierte die Monarchin, mit den Fingern ungeduldig auf der Fensterscheibe trommelnd.

„Zu welchem Zweck?" entgegnete die Protasow mit einem erzwungenen Lächeln.

Katharina trat auf sie zu und heftete ihre durchbringenden blauen Augen forschend auf ihr Antlitz. „Soll ich es Ihnen sagen?"

„Ich kann beim besten Willen nicht erraten", sagte die Vertraute, welche ihre Ruhe so ziemlich wiedergewonnen hatte.

„Man erzählt, daß er Ihren Palast mit Gemälden geschmückt hat", fuhr die Zarin fort.

„Allerdings", hauchte die Protasow.

„Sie kennen also seinen Aufenthalt?"

„Ja."

„Sehr gut. Ich gebe Ihnen also drei Tage Zeit, um diesen — wie heißt er doch — diesen Maler aufzutreiben. Ich will mich von ihm malen lassen, es ist einmal eine Laune von mir, und ich wünsche nicht, daß Sie in irgendeiner Weise sich nachlässig zeigen oder meine Absicht durchkreuzen. Bon soir!"

Damit wurde die am ganzen Leibe bebende Vertraute von der auf das höchste gereizten Kaiserin entlassen. Sie bestieg sofort Ihre Portechaise und ließ sich nach dem Höfchen des alten Freibauern tragen, bei dem sie, wie im vorigen Jahre, Tomasi und seinen Freund Boschi einquartiert hatte.

„Ich bin die unglücklichste Frau der Welt", rief sie in dem Augenblick, wo sie die Schwelle der Isba überschritt, in der die beiden Maler hausten.

„Was ist geschehen?" fragte Tomasi erregt.

„Die Kaiserin — ich weiß nicht, wie sie sich Ihrer wieder erinnert hat — genug, sie will sich von Ihnen um jeden Preis malen lassen", berichtete die geängstigte Schöne; „sie hat mir befohlen, Sie längstens binnen drei Tagen zu ihr zu bringen. Mir droht Ungnade, Entlassung, ja, vielleicht noch weit mehr."

„Nun, so lassen Sie mich denn in Gottes Namen das Monstrum malen", fiel Tomasi ein.

„Aber die Blattern, sie wird die Spuren derselben vergebens suchen und erraten, daß wir sie getäuscht haben. Oh! Sie ist furchtbar in ihrem Zorne, grausam, unerbittlich", seufzte die schöne Frau.

„Verdammt!" murmelte Tomasi.

„Ich habe einen glücklichen Einfall", rief plötzlich Boschi, der indes vor sich hingebrütet hatte. „Sehen Sie einmal meine Visage an, wie die von den Blattern zerrissen ist, ja, sie haben mir sogar das linke Auge zerstört. Ich habe so ziemlich Tomasis Gestalt, ich werde bei der Zarin seine Rolle spielen, und uns allen ist geholfen. Ihre Idylle erfährt keine Unterbrechung, und

ich mache noch mein Glück an diesem kuriosen Hofe, so
wahr ich Adriano Malefuzzi Boschi heiße."

„Boschi, du bist ein Prachtkerl!" schrie Tomasi auf,
„ein wahres Genie, ich habe es immer gesagt."

„Wir sind gerettet", jauchzte Frau von Protasow.
„Morgen abend schon will ich Sie der Zarin vorstellen,
versuchen Sie, was Ihr Mutterwitz und die Kühnheit, an
der es Ihnen ebensowenig fehlt, über die launenhafte
Herrscherin von Gottes Gnaden vermögen."

Während die Liebenden sich an dem nächsten Tage
gleich mutwilligen Kindern in dem Obstgarten, welcher
die Isba des Freibauern umgab, sorglos umhertrieben,
schien Boschi mit einem Male ganz verwandelt; er, auf
dessen Zunge sonst stets irgendeine Bosheit oder ein
Witz saß, ließ den Kopf hängen und machte die trüb=
seligste Miene von der Welt. Seine Mappe in der Hand,
schlenderte er in der Gegend hin und her und hielt
allerhand tragikomische Monologe.

„Oh, warum bin ich nicht schön?" sagte er immer
wieder zu sich selbst, „ich könnte jetzt der Günstling der
mächtigsten Monarchin der Erde werden. Sie ist zwar
rund wie ein Heringsfaß und riecht auch wie ein solches,
aber sie kommandiert ein großes Reich, unermeßliche
Schätze stehen zu ihrer Verfügung."

Er blieb vor einem Bache stehen, welcher murmelnd
über die Steine sprang und ihn zu verspotten schien.

„Bin ich denn wirklich so häßlich?" fragte er und
beugte sich über das Wasser, aus dessen bewegtem
Spiegel ihn sein verzerrtes Gesicht angrinste. „In der
Tat ein abscheulicher Kerl, aber dieser Bach hier ist ein

mutwilliger Geselle, der seinen Scherz mit mir treibt.
Ich will einen redlicheren fragen!"

Einige hundert Schritte weiter lag ein kleiner Teich.
Boschi lief zu demselben hin und betrachtete sich neu=
gierig in demselben. „Nun sehe ich viel besser aus,"
seufzte er, „aber zum Verlieben doch nicht. Verflucht sei
die Stunde meiner Geburt!"

Er befand sich jetzt auf einer großen, frisch gemähten
Wiese, welche mit zahlreichen Heuschobern bedeckt war;
in einiger Entfernung lag ein hübscher Landsitz, dessen
weißgetünchte Mauern von dem frischen Grün der sie um=
gebenden Baumgruppen wirksam abstachen. Das Ganze
gab ein freundliches ländliches Bild, so verschieden von den
Landschaften seiner toskanischen Heimat, daß Boschi, von
demselben gefesselt, sich in den nächsten Heuschober setzte
und zu zeichnen begann.

Plötzlich war es ihm, als ob der Heuschober seufzte.

„Seltsam," brummte er, „ein Heuschober, der ebenso
unglücklich zu sein scheint wie ich, am Ende ist er ver=
liebt. He! wer ist da?"

Keine Antwort.

„Also doch der Heuschober."

Nach einiger Zeit ertönte hinter ihm ein deutliches
Schnarchen.

„Nicht übel," lachte Boschi, „nun schläft er gar. Hier
in diesem von Menschenhand noch ziemlich unentweihten
Lande scheint die Natur beseelt zu sein wie zu Äsops
Zeiten in Griechenland. Aber wir wollen doch sehen."

Boschi erhob sich und umschritt langsam den Heu=
schober, da lag plötzlich ein Jüngling von außerordent=

licher Schönheit vor ihm im Heu auf dem Rücken und schlief. Rasch holte er sich seine Mappe und begann den herrlichen Fremden, der weit mehr als das Seufzen des Heuschobers an Hellas mahnte, zu zeichnen.

Boschi war mit seiner Skizze beinahe fertig, als der schöne Schläfer seine jungen Glieder zu strecken begann und zugleich die vollen roten Lippen zu einem lauten Gähnen öffnete.

„Rühren Sie sich nicht, mein Herr, Sie verderben mir mein Bild!" schrie der Maler.

Der Fremde war jetzt vollkommen wach geworden, setzte sich auf und sah ihn erstaunt an.

„Legen Sie sich nur noch für wenige Minuten auf den Rücken", rief Boschi.

„Zu welchem Zweck?" fragte der Fremde, der den Italiener nicht begriff.

„Sehen Sie nicht, daß ich dabei bin, Sie zu zeichnen?"

„Mich?"

„Ja, Sie."

Der junge Mann lachte hell auf.

„Lachen Sie, soviel es Ihnen Vergnügen macht," erklärte Boschi, „aber nehmen Sie Ihre frühere Stellung ein."

Der Fremde, dem das Abenteuer Spaß machte, fügte sich endlich den Bitten des Italieners, und dieser konnte ungestört seine Zeichnung vollenden. „So, jetzt sind Sie frei," sprach er, seine Mappe zusammenpackend, „darf ich schließlich noch fragen, mit wem ich die Ehre habe?"

„Mein Name ist Platon Zuboff," erwiderte der Jüngling, sich erhebend, „ich bin Leutnant in der Preobra schenskischen Garde und im Augenblick hier auf Urlaub bei meinen Eltern. Das Gebäude, das Sie dort sehen, ist der Stammsitz unserer Familie. Und Sie?"

„Boschi, Maler aus Florenz", sprach der Italiener.

„Aber wissen Sie, mein junger Herr, daß Sie ein Glückskind sind?"

„Ich?"

„Ja, Sie."

„Sie irren," sagte Zuboff, „ich bin der unglücklichste Mensch in ganz Rußland, vielleicht in der ganzen Welt."

„Unmöglich."

„Doch," fuhr der schöne Leutnant fort, „ich kann nicht avancieren, und meine Geliebte hat einen anderen geheiratet, wollen Sie noch mehr?"

„Nicht zu glauben, Sie — ein junger Mann von so seltener Schönheit —?"

„Oh! Sie schmeicheln —"

„Nicht im mindesten."

„Mir hat noch nie jemand gesagt, daß ich schön bin, und so vergeben Sie mir, wenn ich Ihren Worten wenig Glauben schenke."

„Das verstehen Sie nicht", schrie Boschi. „Wenn ich Ihnen sage, Sie sind schön, so können Sie überzeugt sein, daß Sie es sind. Und Sie lassen sich so ohne weiteres vom Schicksal verfolgen, Sie, ein Mann, von der Natur mit allen jenen Gaben beschenkt, um an dem Hofe der nordischen Semiramis die erste Rolle zu spielen? Lassen Sie mich machen, junger Held, wir müssen Freunde werden, und wenn Sie diesen Leutnantsrock mit der Generalsuniform vertauscht haben, dann vergessen Sie Ihren treuen Boschi nicht ganz."

„Sie halten es für möglich?" rief Zuboff.

„Ich werde Sie protegieren," sprach Boschi mit komischer Würde, „und das ist in diesem Augenblicke mehr, als wenn Potemkin Sie beschützen würde."

„Aber ich verstehe nicht —", stammelte Zuboff.

„Sie brauchen auch gar nichts zu verstehen."

*

Am folgenden Tage wurde Boschi, der sich auf das lächerlichste aufgeputzt hatte, durch Frau von Protasow bei der Kaiserin eingeführt, welche in einem Fauteuil saß, die Füße auf einen Sessel ausgestreckt, und ein neues französisches Buch las. Sie sah den Maler lange forschend an und begann endlich über seine Toilette, welche an seinen Farbenkasten mahnte, zu lächeln.

„Sie also sind der Maler Tomasi?" fragte sie.

„Ja, Majestät."

„Ich hätte Sie beinahe nicht wiedererkannt," fuhr Katharina II. fort, „es ist zu lange her, daß ich Sie nicht gesehen habe."

„Oh! Majestät sind zu gütig gegen ihren submissen Knecht," erwiderte Boschi mit einem plumpen Kratzfuß, „Majestät wollen mir nicht sagen, daß mich in der Zwischenzeit diese abscheulichen Blattern so zerrissen haben, daß mich mein bester Freund, der Maler Boschi, beinahe nicht mehr kennt."

„Ich bedaure Ihr Unglück lebhaft," sprach Katharina II., das Buch weglegend, „Sie waren ein sehr hübscher Mann, ja, sehr hübsch, ohne Übertreibung, man mußte Ihnen auf den ersten Blick gut sein."

„Und jetzt finden Majestät, daß ich eine Art Ungeheuer geworden bin," rief Boschi, „aber ich hoffe, daß eine Dame von Ihrem beispiellosen Genie mir deshalb ihre Gunst nicht ganz entziehen wird."

„Ich hatte die Absicht, mich von Ihnen malen zu lassen", begann die Zarin.

„Oh! geben Sie diese Absicht nicht auf, Majestät", flehte Boschi. „Wenn Sie mich der außerordentlichen Gnade würdig finden, durch meinen Pinsel die Reize der schönsten Frau der Welt zu verewigen."

„Sie dachten damals anders über diesen Punkt", fiel die Zarin lächelnd ein.

„Damals habe ich noch nicht Rubens studiert", beteuerte Boschi, „aber jetzt schwöre ich, daß Sie an Reizen nicht Ihresgleichen haben, Majestät, ich schwöre dies, so wahr ich Tomasi heiße."

„Gut denn, Sie sollen mich malen", entgegnete Katharina II., Boschi stürzte in überströmender Dankbarkeit zu ihren Füßen nieder und küßte die kleine fette Hand, welche sie ihm huldvoll reichte. „Ich will aber kein Porträt, sondern irgendein mythologisches Bild", fuhr sie fort. Es war die Eitelkeit aller durch Korsett und Stöckelschuhe entstellten Damen der Rokokozeit, auf der Leinwand in der Rolle irgendeiner stark dekolletierten Frau zu prangen.

„Natürlich ein mythologisches Bild," schrie der schlaue Italiener, noch immer vor der nordischen Semiramis auf den Knien, „und wenn ich Sie so vor mir sehe, Majeſtät, in Ihrer ganzen unwiderſtehlichen, koloſſalen Schönheit, ſo ſage ich mir, Sie können nur die Liebes= göttin vorſtellen, keine andere. Ich werde ein großes Bild malen in dem Genre wie jenes Paolo Veroneſes im Palazzo Manfrei zu Venedig, ‚Venus und Adonis‘.“

„Ja, aber wo nehmen wir den Adonis her, mein lieber Tomaſi?“ ſeufzte die Zarin.

„Schade, daß die Blattern Sie ſo mitgenommen haben, Sie wären ein prächtiger Adonis geweſen. Oh! wie ſchön Sie waren, armer Tomaſi!“ Sie legte ihm zärtlich die Hand auf die Schulter.

„Das iſt einmal nicht zu ändern, Majeſtät,“ rief Boſchi, „aber ich werde mir ſchon ein paſſendes Modell auftreiben, laſſen Sie das nur meine Sorge ſein.“

Schon am nächſten Tage begann Boſchi zu malen, er ſkizzierte die ganze Szene und ließ dann die Zarin ſitzen. Es gelang ihm vortrefflich, das ſchwierige Pro= blem zu löſen, ein gutes Porträt zu liefern und doch zu= gleich ein berückend ſchönes Weib auf die Leinwand zu zaubern. Katharina II. erſchien auf ſeinem Bilde um mindeſtens dreißig Jahre verjüngt, mit allen Reizen geſchmückt, welche ſie zur Zeit beſaß, als ſie, den Hut mit Eichenlaub bekränzt, bei der roten Schenke die Truppen zur Empörung gegen ihren Gemahl, den Zaren Peter II., fortriß. Sie war ſehr zufrieden und konnte ſich kaum von dem Bilde trennen, als Boſchi es in ſeine Wohnung bringen ließ, um auch den Adonis zu malen, der vorläufig nur mit ein paar kühnen Strichen gezeichnet, zu ihren Füßen lag. Es wurde Herbſt, und der Hof war wieder in St. Petersburg, als er das Ge=

mälde beendet hatte. Er stellte es in einem Saale des
Winter-Palastes auf und ließ die Zarin einladen, es zu
prüfen. Katharina II. kam so rasch, als es nur ihr
Körperumfang gestattete. Boschi zog den Vorhang,
welcher das Bild verhüllte, weg. In diesem Augenblicke
stieß sie einen Schrei der Bewunderung aus. „Herr=
lisch!" rief sie, „entzückend! Sie sind ein ausgezeichneter
Künstler, Tomasi, aber dieser Adonis, dieser Jüngling,
welcher an süßer Schönheit seinesgleichen sucht, ist wohl
nur Ihr Ideal?"

„Nein, Majestät," erwiderte Boschi trocken, „dieser
Adonis ist ein wirklicher lebendiger Mensch und nennt sich
Platon Zuboff."

„Unmöglich," rief Katharina II., das Bild anstarrend,
„mindestens haben Sie ihn sehr verschönert."

„Nicht im mindesten," entgegnete der Maler, „übrigens
können sich Majestät selbst davon überzeugen."

„Ja, das will ich auch," sagte die Zarin in unbe=
schreiblicher Aufregung, „und heute noch, ja, auf der
Stelle."

Als Boschi mit dem schönen Zuboff in den Saal trat,
in welchem die Zarin noch immer in das Anschauen des
Bildes sich vertiefte, blieb diese anfangs sprachlos, dann
stammelte sie, bald den Adonis auf der Leinwand, bald
den Jüngling, der errötend vor ihr stand, mit den
Augen verschlingend: „Ja, Tomasi, Sie haben recht,
das ist Adonis, wie er leibt und lebt." Dann näherte sie
sich Zuboff, der sich demütig auf sein Knie niederließ,
und sprach, ihn auf die Wange klopfend: „Sie ge=
fallen mir sehr gut, junger Mann, wenn Ihre Geistes=

gaben in keinem zu großen Mißverhältnis mit Ihrer körperlichen Schönheit stehen, werden Sie Ihr Glück machen, ich sage Ihnen das, ich, die Kaiserin." Mit gnädigem Lächeln reichte sie ihm die Hand, und Zuboff preßte dieselbe stürmisch an seine Lippen.

Die Kaiserin seufzte, sie hatte sich im ersten Augen= blicke sterblich in ihn verliebt, aber so schwach dieses große Weib auch war, sie verlor ihre äußere Würde, den Glanz ihrer Krone nie aus dem Auge und hätte um alles in der Welt keinen unbedeutenden Menschen durch ihre Gunst Einfluß auf die Geschicke ihres Staates gewinnen lassen wollen.

Sie sandte also Zuboff zu Frau von Protasow und beauftragte die letztere, den Adonis so vertraut als nur möglich zu machen und im intimen Verkehr mit ihm seine Talente sowie sein Wesen und seinen Charakter zu studie= ren und ihr dann Bericht zu erstatten.

Die ganz außerordentliche Schönheit Zuboffs machte auf Frau von Protasow denselben Eindruck wie auf die Zarin. Die junge, weltgewandte Frau fand anfangs keine Worte, denn — als sie ihn mit der kindischen Bewegung eines schwärmerischen Mädchens einlud, neben ihr auf dem Sofa Platz zu nehmen, schoß ihr das Blut verräterisch in die Wangen, und als Zuboff, den das reizende Weib, mit dem er sich allein sah, gleichfalls entzückte, ihre Hand be= rührte, begann sie zu beben. Der Pfeil Amors hatte ihr Herz ebenso ernstlich verwundet, wie jenes ihrer kaiserlichen Gönnerin.

Eine Stunde verrann in zärtlichem Geplauder und eine zweite. Frau von Protasow hatte ihre Ruhe wiedergewon=

nen und ließ alle die feinen gefährlichen Künste ihrer Koketterie spielen, um den schönen Adonis zu fesseln, zu erobern, was sehr überflüssig war, denn er lechzte ja förmlich danach, sich in ihr Netz zu stürzen.

Aus einem zeremoniellen Besuch war zuletzt eine Schäferstunde geworden. Beide hatten an diesen Ausgang nicht im entferntesten gedacht. Die Tür war offengeblieben, und so geschah es, daß Zuboff zu den Füßen der reizenden Frau lag und sie ihn mit den üppigen Armen umschlungen hielt und Tomasi, der wirkliche Tomasi, der begünstigte Anbeter der Frau von Protasow, plötzlich im Boudoir der schönen Verräterin vor der Gruppe stand, welche, so malerisch sie war, ihn in beispiellose Wut versetzte.

„Sofie!" schrie er auf, „was muß ich sehen! Schlange! Satan! Ich erwürge dich." Er stürzte auf die Geliebte los, aber Zuboff hatte sich rasch erhoben und seinen Degen gezogen.

„Was will dieser Mensch?" fragte er, gleichfalls von Eifersucht ergriffen.

„Beachten Sie ihn nicht," entgegnete Frau von Protasow mit unglaublicher Kaltblütigkeit, „er ist nicht ganz bei Sinnen, und wenn er seinen Anfall hat, quälen ihn die merkwürdigsten Einbildungen, lassen Sie mich allein mit ihm, ich werde ihn schon zur Räson bringen."

„Einbildungen?" schrie der Italiener, „ich bilde mir also ein, daß Sie mich lieben?"

„Gewiß bilden Sie sich das ein," unterbrach ihn Frau von Protasow mit einem mutwilligen Gelächter, „gehen Sie, Zuboff, seien Sie ohne Sorgen, ich fürchte mich nicht vor ihm."

Zuboff steckte seinen Degen ein, küßte die Hand der schönen Frau und verließ mit einem triumphierenden Blick auf Tomasi das Gemach. Kaum war Frau von Protasow allein mit dem Maler, schnellte sie vom Sofa empor, ergriff Tomasi bei den Ohren und begann ihn, gleich einem unartigen Jungen, bei denselben hin und her zu zerren. „Wie können Sie mich so bloßstellen," rief sie dabei, „wir sind geschieden, für immer geschieden. Verlassen Sie mich auf der Stelle!"

Kaum hatte sie ihn losgelassen, fiel Tomasi vor ihr auf die Knie und begann sie um Vergebung zu bitten. Sie schmollte noch einige Zeit, dann sagte sie: „Gut, ich will diesmal noch mit Ihnen gnädig sein, aber wehe Ihnen, wenn Sie noch einmal eifersüchtig sind."

„Habe ich denn keine Ursache dazu?" wendete der arme verliebte Maler schüchtern ein.

„Nein."

„Wirklich nicht? — aber die Situation, in welcher —"

„Zuboff ist seit heute der Günstling der Zarin," sagte Frau von Protasow rasch, „Sie wissen, daß Katharina II. kleine Stücke in französischer Sprache verfaßt und von ihrem Hofe aufführen läßt. In ihrem neuesten Produkte spielen ich und Zuboff die Liebenden, und so waren wir eben daran, eine Szene zu probieren."

„Wirklich?"

Alle weiteren Zweifel erstickte die Frau mit ein paar feurigen Küssen.

IV.

Den Bericht, den Sofie von Protasow nach acht Tagen der Zarin über Platon Zuboff erstattete, lautete so günstig, daß Katharina II. den Adonis auf der Stelle zum Obersten avancieren und ihm Gemächer im Palaste anweisen ließ. Er war nun der tägliche Genosse der beiden Frauen und sie wetteiferten, ihn mit Liebenswürdigkeiten zu überhäufen. Auch Boschi, der falsche Tomasi, hatte sein Glück gemacht. Katharina II. hatte ihm eine bedeutende Summe für sein Bild „Venus und Adonis" auszahlen lassen und weitere Szenen aus der Mythologie sowie ein Porträt Platon Zuboffs bei ihm bestellt. Auch erhielt er eine Wohnung und ein prächtiges Atelier im Palast.

Tomasi schien vollkommen beruhigt; da wollte ein boshafter Zufall, daß er eines Abends, als ihn Sofie bereits verabschiedet hatte, zurückkehrte, um sein Skizzenbuch zu holen, das er in ihrem Boudoir vergessen hatte. Schon im Korridor hörte er ein paar Stimmen, welche sich im Zimmer seiner Schönen lebhaft zu unterhalten schienen, als er sich ihrer Türe näherte, unterschied er deutlich die ihre und jene eines Mannes. Sofort fiel sein Verdacht auf Zuboff. Er legte das Auge an das Schlüsselloch und sah seinen Nebenbuhler mit Frau von Protasow auf einer Ottomane sitzen. Sie hielten sich umschlungen, plauderten, und von Zeit zu Zeit zog die Treulose den Adonis an sich und küßte ihn auf die vollen, blühenden Lippen.

Tomasi klopfte.

Es wurde still, aber niemand meldete sich.

Er klopfte noch einmal.

Jetzt rief Frau von Protasow: „Wer ist da?"

„Ich, liebe Sofie."

„Ich bin bereits zu Bett", gab sie zur Antwort.

„Ich habe mein Skizzenbuch vergessen," fuhr der Ita=
liener fort, „sei so freundlich, mir nur für einen Augen=
blick zu öffnen."

„Du kannst es morgen holen."

„Nein, meine Liebe, denn ich will den Morgen be=
nutzen und nach der Natur zeichnen."

„Du wirst eben morgen nicht zeichnen."

„Ist jemand bei dir," begann jetzt Tomasi, den die
Eifersucht wahnsinnig machte, „dein Betragen ist sehr ge=
eignet, Verdacht einzuflößen."

„Narr!" rief die Verräterin, „ich muß dir also öffnen,
um dich zu überzeugen, wie albern du bist."

Tomasi blickte wieder durch das Schlüsselloch, er sah,
wie Frau von Protasow den Adonis in einer Fensternische
verbarg, die Vorhänge zuzog und dann über ihr Nachtkleid
einen prächtigen Schlafpelz warf.

Endlich öffnete sie. Tomasi trat ein, schloß die Tür
und heftete einen Blick voll Schmerz und Wut zugleich
auf das schöne Weib, das ihm mit halb aufgelöstem Haare,
das dunkle schwellende Pelzwerk um die üppige Büste und
die vollen Arme, reizender als je erschien. „Also doch ver=
raten," murmelte er, „durch eine falsche, gleißnerische
Schlange, aber ich werde dich zertreten, Schlange, du sollst
mir keinen mehr bestricken." Er ergriff die Geliebte beim
Arm und riß sie zu Boden.

„Bist du von Sinnen?" stammelte Frau von Protasow.

„Ich bin nur zu sehr bei Verstand," schrie er, „ich sehe jetzt alles klar, Elende, ich werde dich töten und dann ihn, der dort hinter dem Vorhang steckt."

„Hilfe," rief die schöne Frau, „Hilfe!"

Schon hatte Tomasi die starke seidene Schnur von ihrem Schlafpelz herabgerissen, um ihren Hals geschlungen und drohte sie damit zu erwürgen, als ein Faustschlag in das Genick ihn zu Boden streckte und im nächsten Augenblicke Zuboff den Fuß auf den Halbbetäubten setzte. Ehe er sich fassen konnte, hatte die schöne Verräterin r sch entschlossen mit derselben Schnur, mit der er sie erdrosseln wollte, seine Füße gefesselt, und es wurde nun seinem Nebenbuhler leicht, ihm mit ihrer Hilfe auch die Hände auf den Rücken zu binden und ihn mit einem Taschentuche zu knebeln.

Jetzt, wo der unglückliche Maler sich weder regen, noch einen Laut von sich geben konnte, trat Frau von Protasow vor ihn hin und sprach mit spöttischem Lächeln: „Nun, Tomasi, bist du jetzt zufrieden? Wenn du es noch nicht wissen solltest, so sage ich es dir jetzt, du langweilst mich, ich liebe dich nicht mehr, ich liebe diesen Adonis hier, dich aber werde ich über die Grenze schaffen lassen, denn du fängst an, mir lästig zu werden."

Noch in derselben Nacht wurde Tomasi auf Befehl des Polizeichefs, welcher der Vertrauten der Kaiserin stets zur Verfügung stand, in einer Kibitke, mit Ketten beladen, von Polizeidienern eskortiert, abgeführt und erst an der preußischen Grenze freigelassen.

Er rächte sich in sehr origineller Weise durch zwei Bilder, welche er in Paris ausstellte und die unbeschreibliches Auf=

sehen erregten. Das eine stellte Katharina II. als Circe dar, plump wie eine holländische Nymphe, von ihren Höflingen umgeben, welche ihrem Charakter entsprechend in Tiere verwandelt sind. Orloff erscheint als Bär, Potemkin als Tiger, Zuboff als Pfau.

Die zweite Leinwand zeigte Frau von Protasow als Diana, welche von Tomasi als Aktäon im Bade überrascht wird und denselben in einen Hirsch verwandelt. Es war der Augenblick festgehalten, wo die Verwandlung damit beginnt, daß auf dem Haupte Tomasis ein Geweih emporschießt.

Von beiden Bildern fertigte der Italiener Stiche an und sendete Exemplare an die Zarin, welche sich rasend ärgerte, und an Frau von Protasow, welche herzlich darüber lachte.

Inhalts-Verzeichnis